# 江恒源教育思想谫论

刘　燕　尚继武　著

東南大學出版社
SOUTHEAST UNIVERSITY PRESS
·南京·

## 内容提要

江恒源是连云港籍著名教育家，是连云港师范高等专科学校的开创者之一。江恒源一生为教育事业殚尽精思，留下的教育著述蕴含着丰富而深刻的教育思想，涵盖了职业教育、师范教育、农村教育等多个领域，涉及道德教育、劳动教育、农业教育、社会服务教育等诸多主题。

本书按领域及主题回顾和梳理了江恒源的教育思想，不仅具有重要的史料价值，且对当下师范教育的发展乃至我国教育事业的高质量发展，都有重要的借鉴意义。

**图书在版编目(CIP)数据**

江恒源教育思想谫论 / 刘燕，尚继武著. -- 南京：东南大学出版社，2024. 11. -- ISBN 978-7-5766-1659-0

Ⅰ. G40-092.7

中国国家版本馆 CIP 数据核字第 20244ZC142 号

**责任编辑**:刘　坚(635353748@qq.com)　　**责任校对**:张万莹

**封面设计**:王　玥　　**责任印制**:周荣虎

**江恒源教育思想谫论** Jianghengyuan Jiaoyu Sixiang Jianlun

| | |
|---|---|
| **著　　者** | 刘　燕　尚继武 |
| **出版发行** | 东南大学出版社 |
| **出 版 人** | 白云飞 |
| **社　　址** | 南京市四牌楼 2 号(邮编:210096　电话:025-83793330) |
| **经　　销** | 全国各地新华书店 |
| **印　　刷** | 广东虎彩云印刷有限公司 |
| **开　　本** | 787mm×1092mm　1/16 |
| **印　　张** | 13 |
| **字　　数** | 260 千 |
| **版　　次** | 2024 年 11 月第 1 版 |
| **印　　次** | 2024 年 11 月第 1 次印刷 |
| **书　　号** | ISBN 978-7-5766-1659-0 |
| **定　　价** | 78.00 元 |

本社图书若有印装质量问题，请直接与营销部调换。电话(传真):025-83791830

# 总序

连云港师范高等专科学校是一所省市共建、以市为主的公办全日制普通高等学校，学校前身为始建于1914年的江苏省立第八师范学校，后历经江苏省东海师范学校、海州师范学校等重要发展阶段，曾是"海赣沭灌"地区的最高学府。"却顾所来径，苍苍横翠微"，连云港师范高等专科学校这所承载着百年教育荣光的学府，历经风雨洗礼，始终坚守着教书育人的神圣使命，不断砥砺前行。

在迎来建校110周年的重要时刻，我们深感责任之重大，使命之光荣。为更好地传承与弘扬学校百余年来发展壮大的历史与精神，我们积极发掘与利用校本文化资源。2023年，学校立项一批校本研究专项项目，旨在深入挖掘学校历史底蕴与文化内涵，为未来发展提供坚实的精神支撑与文化滋养。经过各级领导和教师的共同努力与辛勤耕耘，我校推出了五本重要的学术著作——《江恒源教育思想谫论》《连云港〈镜花缘〉研究史稿》《朱智贤教育思想研究》《朱智贤评传》《自觉与求索——彦涵艺术研究》。

《江恒源教育思想谫论》一书采用差异化研究策略，重点探讨江恒源的育人思想、劳动教育思想、职业指导思想、农村教育思想等，与江恒源职业教育思想研究形成了互补关系，共同构成了较为完整的江恒源教育思想体系。对于江恒源教育论述中那些具有超越时代价值的成分，该书尽量做到辩证对待、有所扬弃，适当发掘其当代价值和启发意义，以期为当下教育发展提供参考。连云港市的《镜花缘》研究历史已近百年，《连云港〈镜花缘〉研究史稿》系统梳理了连云港地区对《镜花缘》这一古典文学名著的研究历程，深入挖掘了地方文化特色与文学研究的交融点，呈现了独特的地域文化研究视角。《朱智贤评传》介绍了中国心理学泰斗朱智贤教授生平、学术贡献及其影响，为我们了解朱智贤教授的学术成就和人生经历提供了宝贵的资料，也为我们认识中国心理学的发展历程提供了重要的参考。《朱智贤教育思想研究》在对朱智贤教育活动进行梳理的基础上，从教育本质、儿童教育思想、师范教育及民众教育思想几方面分析、归纳和总结朱智贤教育思想。对朱智贤的教育思想进行历史反思，总结其教育思想的主要特点以及对我国当前教育改革和发展的借鉴与启发意义。《自觉与求索——彦涵艺术研究》深入剖析了彦涵的艺术世界与创作心路历程，彦涵总是能够敏锐地将艺术创作融入到对现实生活的关注，对时代演变的体察，对民生发展的思考，并努力寻找与之相适应的艺术表现形式，从而实现其创新之目的。这种“自觉与探索”的艺术品质，使其艺术创作始终能够保持与时代和人民同步，也是其旺盛的艺术生命力和创造力的根源。

这五本著作不仅是我校校本研究专项项目的丰硕成果，更是我们着力打造的“问渔文库”校本研究项目品牌的首批力作。“问渔文库”这一命名，寓意深远，它源自于我校老校长江恒源先生的字“问渔”。江恒源先生一生致力于教育事业，他的教育思想和实践经验对我校的发展产生了深远的影响。以“问渔”命名文库，既是对江恒源先生教育精神的传承和弘扬，也寄托了我们对未来学术研究的期许和追求。

这批专著成果的出版，是我校百年建校历程中的一件大事，标志着我校在校本研究方面迈出了坚实的步伐。它们从不同的角度和层面，深入挖掘和整理了连云港地区的历史文化资源和教育实践经验，不仅展示了我校在教育教学、文化传承和学术研究等方面的实力和水平，更彰显了我们学校对百年历史和精神的传承和弘扬，对于推动我校乃至整个连云港地区的学术研究和文化传承具有重要意义。

展望未来，我们将深入挖掘并利用校本文化资源，以“问渔文库”为平台，汇聚更多的学术力量和资源，推动校本研究不断深化和发展。我们期待通过这一品牌的建设，进一步彰显我校的学术特色和优势，为学校的持续发展注入新的活力与动力，为地方文化的发展和传承贡献更多的智慧和力量。

“潮平两岸阔，风正一帆悬”，我们坚信，在各级领导的鼎力支持与全体师生的齐心协力下，连云港师范高等专科学校必将迎来更加灿烂的明天！

杨浩

**2024. 7. 26**

# 前言

江恒源与笔者所在的连云港师范高等专科学校有着深厚的渊源关系。

江恒源的出生地为江苏省灌云县板浦镇（今属连云港市海州区），与连云港师范高等专科学校同在黄海之滨。地理空间的临近，往往成为唤醒怀乡思亲、追慕前贤之情的良好触媒。“无端更渡桑干水，却望并州是故乡”，这种由空间引发的微妙情感变化，恰恰反映了地理不是纯自然的，而是人文的、情感的。值是之故，江恒源作为从连云港大地走出去的著名教育家和爱国民主人士，自然引起了我们的关注与钦慕。

更为特殊的是，江恒源早期的教育活动与连云港师范高等专科学校的办学史直接相关联。1909 年，毕业于江苏师范学堂的江恒源受聘回到家乡，在海州中学堂任教。他在校内建立了博物标本陈列室以为教学所用，并带领学生制作动植物标本，在海属地区开创了先河。1923—1924 年，江恒源受当时江苏省政府的任命，担任江苏省立第八师范学校校长。海州中学堂创办于 1906 年，谱写了海属地区近现代教育的序篇，并于 1916 年改设为江苏省立第十一中学。江苏省立第八师范学校创建于 1914 年，最初校址设在板浦镇陶公祠，拉开了海属地区师范教育的帷幕。1927 年，江苏省立第八师范学校和江苏省立第十一中学合并为第四中山大学东海中学，此后陆续改称江苏省立东海中学、江苏省立东海师范、江苏省海州师范学校等。1999 年，经省政府批准，连云港教育学院、江苏省海州师范学校、江苏省连云港师范学校合并，筹建连云港师范高等专科学校，2000 年经教育部下文批复正式更名。因此，在某种意义上，江恒源是从连云港师范高等专科学校走出去的教育家，是本地更是本校的教育先贤。

江恒源一生为教育事业呐喊呼唤，辛劳奔走，殚尽精思，留下的教育著述蕴含着丰富而深刻的教育思想，涵盖了职业教育、师范教育、农村教育等多个领域，涉及道德教育、劳动教育、农业教育、社会服务教育等诸多主题。江恒源提出的一些教育论断和实践主张，对当时中国的普通教育、师范教育和职业教育都有积极的启发意义与重要的推进作用，某些思想观点即便置于当下这个时代背景下，也有其重要价值。

连云港师范高等专科学校号称“百年师范”，一向以面向乡村开展师范教育为特色和传统。在教育强国、科技强国、人才强国的战略背景下，在师范教育体制改革步伐加快和日益深化的背景下，连云港师范高等专科学校既要着眼于“高质量”和“特色化”，不断提升师范生培养质量，又要面向乡村不断增强服务地方经济社会的功能，更因拓展人才培养空间的需要而面临与职业教育融合的发展契机。江恒源的师范教育思想、职业教育思想、农村教育思想，对连云港师范高等专科学校承担新时代重任和应对发展挑战或有借鉴之用。

# 目录


绪　论 …… 001

第一章　江恒源的育人思想 …… 016

第一节　育人目标 …… 017

第二节　育人原则 …… 020

第三节　育人内容 …… 026

第四节　育人路径 …… 034

第二章　江恒源的劳动教育思想 …… 042

第一节　劳动教育的内涵 …… 042

第二节　劳动教育的价值与功能 …… 044

第三节　劳动教育的基本原则 …… 047

第四节　劳动教育的实施要义 …… 050

第五节　江恒源劳动教育思想的启示 …… 054

第三章　江恒源的师范教育观 …… 059

第一节　江恒源师范教育观的形成路径 …… 059

第二节　江恒源师范教育观的主要内涵 …… 064

第三节　江恒源师范教育观的实践启示 …… 072

第四章　江恒源的职业指导思想 …… 079

第一节　江恒源职业指导思想产生的背景 …… 079

第二节　江恒源职业指导思想的基本内涵 …… 084

第三节　江恒源职业指导思想的当代借鉴 …… 092

**第五章　江恒源的农村教育思想** …… 100
第一节　江恒源农村教育思想的来源与形成 …… 101
第二节　农村教育活动相关概念的阐释 …… 104
第三节　江恒源农村教育思想的基本内涵 …… 112
第四节　江恒源农村教育思想的基本特征 …… 115
第五节　江恒源农村教育思想的借鉴价值 …… 119

**第六章　江恒源对陶行知乡村教育试验的评价与借鉴** …… 122
第一节　民国时期江恒源与陶行知的社会交往 …… 122
第二节　江恒源对陶行知乡村教育试验的观察与评价 …… 124
第三节　江恒源对陶行知乡村教育思想的学习与借鉴 …… 129
第四节　陶行知和江恒源乡村教育探索的启示 …… 134

**第七章　江恒源的高中国文教学理论** …… 137
第一节　江恒源高中国文教学的理论和实践探索 …… 137
第二节　江恒源高中国文教学探索的当代启示 …… 144

**第八章　江恒源的农村干部人才建设思想** …… 147
第一节　江恒源农村干部人才建设思想的主要内容 …… 147
第二节　江恒源农村干部建设思想的启示 …… 155

**第九章　江恒源与江苏农民生计调查** …… 159
第一节　江苏农民生计调查的背景与基本情况 …… 159
第二节　江恒源改善农民生计思考与建议 …… 164
第三节　江苏17县农民生计调查研究的当代价值 …… 170

**附录一　江恒源教育活动年谱** …… 173
**附录二　频将旧制赋衷情：江恒源古体诗的家国情怀** …… 189

**后　记** …… 200

# 绪　论

江恒源（1885—1961年），字问渔，号蕴愚，别号补斋，清光绪十一年九月二十七日（1885年11月3日）出生于海州直隶州板浦镇西门外墩埌庄村（今连云港市海州区板浦镇尤庄村十二组）。江恒源为现代著名职业教育家、爱国民主人士，是中国民主政团创始人之一，也是我国职业教育的重要开创者，乡村建设运动的核心引领人，毛泽东赞他"老成硕望，公正无私"[①]。民国时期，江恒源曾任中华职业教育社办事部主任、副理事长，中华职业学校校长，江苏省教育厅长，河南省政府委员兼教育厅长等职。中华人民共和国成立后，江恒源作为教育界代表应邀出席中国人民政治协商会议第一届全体会议，是第二届、第三届全国政协委员，曾任中央人民政府政务院文化教育委员会委员、上海市人民委员会委员、上海市文史馆馆务委员等职。江恒源的一生，堪称为教育尤其是为职业教育呕心沥血的一生，为富民强国奔走呐喊的一生。

## 一、教学与管理

1905年，江恒源考入江苏省立师范学堂（位于苏州）初级师范班。翌年，学校更名为江苏师范学堂[②]，江恒源因成绩优异，初级师范未毕业即考入优级师范班，专修师范和博物两科。1908年，江恒源以第一名的成绩修业完毕，由省报部核定，奖给师范科举人及学部小京官称号[③]，原拟留校任助教，因受家乡海州中学堂聘请而辞。在海州中学堂任教期间，江恒源为满足教学所需，在校内建立博物标本陈列室，率领学生制作动植物标本，开海属地区学生自制教具之先河。同时，他积极参与校务，曾与同仁一道赴省请愿，要求政府划拨办学资金。1918年，江恒源考入北京大学国文系深造，毕业后受聘于中国大学、平民大学、私立朝阳大学等校，教授中学国文、伦理学等课程。1926年后，他除了在中华工商专科等学校承担过教学工作外，主要通过讲座、演

---

① 参政员毛泽东等为"华北视察团"事致国民参政会电［EB/OL］．［2023－08－20］．https：//www．sohu．com/a/298223661＿120054236．

② 王骅书．清末民初社会新万象［M］．苏州：苏州大学出版社，2011：149．

③ 尚丁．黄炎培［M］．北京：群言出版社，2012：70．

讲、撰著宣传与推进职业教育。

学校管理方面，江恒源很早就有主政一所学校的机会。1913 年，时任江苏省教育司司长的黄炎培曾以书信约他任苏州第二中学校长，他考虑到自己年轻学浅，未敢应聘。直至 1923 年，他才再次有了获得校长职位的机会，被省政府任命为江苏省立第八师范校长。遗憾的是，他还没来得及施展治校才干，便受种种因素的影响于翌年以学力有限为由请辞。此后，他担任过许多职业学校如中华职业教育社开办的中华职业学校、中华工商专科学校职业补习学校等学校的校长。1946 年，江恒源与黄炎培、杨卫玉、孙起孟、何清儒倡议创办比乐中学。6 月 29 日，学校董事会成立，江恒源被推为董事长。1947 年，孙起孟请辞比乐中学校长后，江恒源接任，至 1950 年 3 月辞职。

对于教学活动和学校管理，江恒源没有留下具体的内容记录，也没有留下心得体会、经验总结之类的文字，但是从他的一些教育论述中我们可以领会到他的教学理念和管理观念。他基于国文教学、伦理学讲授的实际，撰写了《国文教学法商榷——以讨论高级中学国文教学问题为主旨》等文章，出版了《伦理学概论》《伦理学讲义》《高中国文教学法商榷》等专著，编写了《新学制高级中学教科书国文读本第一册》《分周教学法纲要第一册》《分周教学法纲要第二册》等教材。江恒源将学生学习生涯分为前期小学、后期小学、初级中学、高级中学、大学五个阶段，分别与“学语”时期、“学文（指白话文）兼学语”时期、“学文”时期、“学文学”时期和“专修中国文学”时期五个时期相对应。在此基础上，他提出了各阶段的教学目的：第一阶段，着重练习语言技能；第二阶段，着重练习语言及作文技能；第三阶段，着重练习作文技能；第四阶段，能对普通国文学有系统的研究；第五阶段，能对国文学有精深的研究[①]。他的这种学习阶段和学习时期的划分，大致符合青少年儿童身心发展的基本规律；而五个阶段（时期）国文教学目标的确立，大致符合青少年儿童的语言发展和学习规律。由此可见，他非常注重以教育学、心理学的相关理论指导教学活动和课程实施。对于具体的教学过程，他非常重视预习这一环节，主张教学不以教师讲授为起始，“应以学生着手预习为开始；而在未开始预习之时，并应由教师说明本周所授的各文要义，且示以预习的方法”[②]。对于教学内容，江恒源主张要根据社会生活和国家需要的变化，选择适当的教学内容，帮助学生适应社会，使他们养成服务社会的能力和习惯。比如：他认为国文教学要注重指导学习现代文章，“居今日而仍重古典之文，自为时代潮流所

---

① 刘旭光，连云港市政协学习文史资料委员会，中国民主同盟连云港市委员会. 江恒源教育文集（1）[M]. 北京：群言出版社，2020：28－32.

② 刘旭光，连云港市政协学习文史资料委员会，中国民主同盟连云港市委员会. 江恒源教育文集（1）[M]. 北京：群言出版社，2020：253.

不许。唯读古书之能力，则不可不设法养成”①；教学文学的目的在于养成学生的欣赏力、创造力和识别力，在“小学已启其端”的基础上“中学益扩其域”，使“审美之感与活泼之知”“相互为用，以各尽其能”②。

在学生日常管理与思想教导方面，江恒源曾提出学校引导学生道德修养的要点为服从、判断力和自发的力量。其中，“服从”不是要求学生盲从，其具体内涵是“小学时服从教师（教师并不是完全都好，但在原则上，教师必是很好的），中学时要服从规律（自然的秩序），大学时要服从理性（自我支配自我）”③。至于“自然的秩序”“自我支配自我”的具体所指，我们无从深察，但起码从字面意义上可以看出，江恒源秉持的是尊重学生主体性、主观与客观相统一的教育理念。他在《理想的中学》一文中指出，学生应该养成10项基本素养，分别是健全的身体、活泼愉快的精神、旷达远大的胸襟、丰富的实用的知识、诚恳温和爽快的态度、公平正直仁爱与忍苦耐劳的心性及习惯、分别利弊与剖析是非的见解、利于环境与自然的能力、组织团体处理事务与协盟合作的能力、好研究好创造的兴趣④。他给位育中小学所写的校歌里有这样的歌词，“用我手，用我脑，大家工作一起忙。不怕工作忙，身心俱康强。……人生目的不可忘，将来国事谁担当。创造、创造，生长、生长，位育意义深且长”⑤，于此可见他对学生的爱国情怀、人生价值和创造精神怀有的期待。这些理念和主张在他担任比乐中学校长期间，都不同程度地得到了贯彻与落实。1947年，江恒源接任比乐中学校长后不久，撰写了《成长中的比乐中学》一文，向社会介绍学校管理与学生培养的做法与经验，包括小班制（便于教师的指导与教导）、合作制（联系家庭共同教育）、教训合一制（注重文化教育与道德培育并重，侧重培养自治能力、互助精神、服务意识）⑥。经过三个学期的教育引导，学生大多数养成了自由活泼、富有朝气的性格，与教师情感融洽，热心公共服务，乐于参加学习和锻炼⑦。江恒源发扬了黄炎培的职业教育观

① 刘旭光，连云港市政协学习文史资料委员会，中国民主同盟连云港市委员会．江恒源教育文集（1）[M]．北京：群言出版社，2020：26.

② 刘旭光，连云港市政协学习文史资料委员会，中国民主同盟连云港市委员会．江恒源教育文集（1）[M]．北京：群言出版社，2020：27.

③ 刘旭光，连云港市政协学习文史资料委员会，中国民主同盟连云港市委员会．江恒源教育文集（1）[M]．北京：群言出版社，2020：69.

④ 刘旭光，连云港市政协学习文史资料委员会，中国民主同盟连云港市委员会．江恒源教育文集（1）[M]．北京：群言出版社，2020：281.

⑤ 刘旭光，连云港市政协学习文史资料委员会，中国民主同盟连云港市委员会．江恒源教育文集（6）[M]．北京：群言出版社，2020：2503.

⑥ 刘旭光，连云港市政协学习文史资料委员会，中国民主同盟连云港市委员会．江恒源教育文集（6）[M]．北京：群言出版社，2020：2465-2466.

⑦ 刘旭光，连云港市政协学习文史资料委员会，中国民主同盟连云港市委员会．江恒源教育文集（6）[M]．北京：群言出版社，2020：2467.

（即教育的宗旨在于服务人生，本质上具有职业性，可以体现在各级各类学校教育和社会教育领域之中），坚持走“大职业教育”道路①，主张将职业教育与普通教育相融合。这一主张也在他办学实践中得到了贯彻。他在《中华职业教育社创设比乐中学意旨书》中阐述了两个问题：一是为什么办比乐中学；二是怎样办比乐中学。对于第一个问题，他认为大多数青年到了初中的年龄就会想到将来从事何种职业的问题，教育在此时应该用种种方法向他们明示或暗示各种职业的意义、价值和从业的准备等，以免青年走向与他天性或天才不相近的道路；对于第二个问题，他指出学校将进行职业指导试验，使学生养成职业能力，“升学不致有妨，就业更加便利”②。

## 二、教育政务与创办学校

江恒源在教育政务方面的工作主要是担任教育厅视学、教育厅长等职务。1917 年 7 月，江恒源任江苏省教育厅视学，视学苏北。当年 8 月，他以视学身份任江苏省检定小学教员委员会常任委员，至 11 月结束视学工作，回京供职于农商部。1926 年 4 月，江恒源经黄炎培介绍，接任江苏教育厅长，于 1927 年 4 月离职。1927 年底，河南省政府会议决定电请国民政府委任江恒源为河南教育厅长、省政府委员。江恒源在任不到 1 年，就因父亲病逝而离职。他在两省教育厅均任职时间短暂，但是主持采取了一些重要举措，对当时两省教育发挥了稳定与推动作用。任江苏教育厅长期间，他主持厅务会议，讨论江苏整理私立学校设立、教育行政人员奖惩、检定小学教员办法等事宜，制定《江苏整理私立中等以上学校暂行办法》，颁布禁止非师范学校以附属名义设立中学或小学的训令。这些做法对于规范办学行为和提高教学成效产生了积极作用。他曾赴江宁、溧水、灌云、东海等地视察教育情况，亲自撰写视察报告，对教育有方的一些乡村学校提出褒扬，认为学校虽然处于自然环境恶劣之地，但是能获得社会的信任，“将来不难以学校教育一隅之势力，广布于社会，用以改良环境也。如此则功在人群殊不小也”③。嗣后，他为了治理各地方教育，亲自拟定考察地方教育的办法呈报省长。经过考察与思考，他还撰写了《整理江苏教育计划书》，对江苏教育发展做了详细规划。1926 年 4 月，为整顿教育机关工作风气及为学校发展和学生培养创造良好的环境，他以厅长名义致函各县知事、第三科主任、教育局长、县视学，倡议他们弘扬尊师重道传统，怀有重视教育之心，积极设法为教育提供经费保障，因地制宜管理学校，以

---

① 俞启定．关于江恒源大职业教育观的现实思考［J］．江苏高职教育，2022，22（03）：1－8.

② 刘旭光，连云港市政协学习文史资料委员会，中国民主同盟连云港市委员会．江恒源教育文集（6）［M］．北京：群言出版社，2020：2408－2409.

③ 刘旭光，连云港市政协学习文史资料委员会，中国民主同盟连云港市委员会．江恒源教育文集（1）［M］．北京：群言出版社，2020：50.

及廉洁奉公、改良习俗[1]。该年6月12日，他致函各省立师范附属小学，希望各校将前期在设备、教学、训育等方面的研究实践成果，认为施行有效而又不费劳神的做法，呈报教育厅转达给乡村小学酌量采用。这些信函内容，反映了他对发展教育持有的赤诚之心。江恒源在教育厅长任上非常重视师范教育，认为师范教育对于培养普通学校和职业学校师资，均有十分重要的意义。他曾两次写信挽留欲辞去职务的省立第五师范学校和第二师范学校校长。他心系师范毕业生就业问题，曾发出《对任用师范生之通函》，呼吁各县教育局遇有校长或教员出缺时要先行任用师范毕业生。他的这些举措，体现了他对工作认真负责的态度、谋划长远的眼光和谋求长效的见识，促进了当时江苏省教育事业的发展。1927年12月23日，河南省政府会议同意河南教育厅长张鸿烈辞职，随即决定电请国民政府委任江恒源继任，并推荐他任河南省政府委员。1928年1月17日，国民政府委员会第三十三次会议决议，任命江恒源为省府委员兼教育厅长。在江恒源赴任之前，河南省府曾通令各县处理庙产，或归地方作自治经费，或用作教育经费，或用作实业经费，但没有制定详细可行的操作办法，导致地方上纠纷不断。江恒源到任后倾力调停，主持拟定了一些平息争议的办法，才使事态缓和下来。此外，河南省政府曾敕令耶稣教会所设中小学校一律停办，导致了一些悬而未决的问题，江恒源向省府会议提出建议但未被采纳。江恒源又面见冯玉祥说明事情原委，将提出的解决办法呈递他，冯玉祥提笔批了"办法极好，照办"六个大字，此后获得省府会议通过，通知全省遵办[2]。

除了上述教育活动，江恒源还创办和参与建办了多所学校，为发展基础教育、职业教育乃至高等教育贡献了力量。他最早创办的学校，是1926年9月与吴宾丞联合创办的私立河西小学校，该校于1927年底由官方接办，并迁至西庄。1942年，江恒源在重庆与中华职业学校校长贾观仁一起商议，筹建重庆中华职业学校。1944年11月，黄炎培等众多好友醵资为先生庆祝六十寿诞，江恒源将钱款悉数捐赠给浙江大学在湄潭所办的小学，充当教育经费。1946年，刚因战乱流落外地的江恒源返回上海不久，就与黄炎培、杨卫玉、孙起孟等人发起创办比乐中学，于6月29日成立学校董事会，自任董事长。在他和董事会同仁的共同努力下，他们创办比乐中学的办学理念和治校方略得到了贯彻。该校在短短一年半时间里就形成了鲜明的办学特色，得到了社会的认可与欢迎。江恒源还与穆藕初、钱新之等人出资，支持上海私立位育小学、昆山县徐公桥观澜义务教育试验学校、私立上海革新公学暨义务小学等学校的办学。其中，上海私立位育小学是一所富有特色的学校，能根据学生智力差异和兴趣爱好差异实行因材施教，同时能顺应时代思潮。江恒源在其教育生涯中，还担任了众多学校的校董或

---

① 刘旭光，连云港市政协学习文史资料委员会，中国民主同盟连云港市委员会．江恒源教育文集（1）[M]．北京：群言出版社，2020：54-57.

② 刘旭光，中国民主同盟连云港市委员会．江恒源年谱简编[M]．北京：群言出版社，2022：51.

董事长，如上海私立民智中小学幼稚园、私立兴华小学、上海幼稚师范、两江体校、光华实验中学、上海美专、私立大任女子职业初级中学校暨附属小学、私立上海中学、上海小学、上海幼稚园、上海女子中学、大夏大学、立信会计专科学校、东南高级职业学校、川沙暮紫桥新中国高级农业职业学校、力行中学、道中女子中学、比乐初级中学校长、民智初级中学等。按照当时的通行做法，校董事会董事长的主要职责是筹措资金，为学校提供经费保障；校董则或向学校捐赠钱物，或利用自身声望发动社会人士支持办学。在筹措经费、捐赠钱物方面，江恒源向来是倾力而为、慷慨解囊。不仅如此，他还经常参与校务，为学校发展多方筹划、贡献心智。

## 三、职业教育活动

江恒源在教育领域最大的贡献，就是倡导、推行和改进职业教育。由于对职业教育有卓越贡献，他被誉为我国职业教育的重要开创者。

江恒源与职业教育的结缘，其契机来自他与黄炎培的相识与相会。1915 年 10 月，江恒源与神交已久的黄炎培在北京会面，二人相见极欢，握手畅谈，此后便不断通信，结下了终身友谊。两年后，中华职业教育社成立，进行社员补录，先生以省视学身份入选普通社员。入社未满三年，他已经成为中华职业教育社的骨干分子，与蒋梦麟、赵国材等人担任中华职业教育社北京队队长，负责在北京征求社员。1927 年 8 月 7 日，中华职业教育社进行第一届评议员会选举，江恒源与王云五、黄伯樵、姜琦等五人当选评议员，并在秋季举行的评议员会议中当选为评议会主席。1928 年，黄炎培推荐江恒源接任办事部主任，于 6 月 26 日经中华职业教育社评议会票选通过，江恒源于 7 月 11 日正式上任。自此，江恒源一直是中华职业教育社的主要负责人，任中华职业教育社办事部主任、总干事、评议会主席、副理事长等职达 32 年之久。

江恒源将绝大部分精力投入中华职业教育社社务工作，与同仁一道制定工作方案、落实工作计划，积极开创事业。他认真管理与指导该社兴办的各类职业学校、培训机构、职业指导机构，主持该社发起的乡村改进运动，不断扩大中华职业教育社的业务范围和社会影响。他以中华职业教育社为平台，大力提倡和推行职业教育，其职业教育基本理念由他与黄炎培合作的《中华职业教育社社歌》《中华职业学校校歌》可见一斑。《中华职业教育社社歌》云："愧先觉觉后之未能兮，舍吾徒之责而谁责？同心组成吾社兮，将以求吾道之昌也。……苟获救吾民之憔悴兮，卜吾国族之终强也。……比乐之堂！将使无业者咸有业兮，使有业者乐且无疆。"① 《中华职业学校校歌》曰：

---

① 刘旭光，连云港市政协学习文史资料委员会，中国民主同盟连云港市委员会. 江恒源教育文集（3）[M]. 北京：群言出版社，2020：1169.

“努力！努力！一致的努力！养成共同的生活。用我手，用我脑，不单是用我笔；要做，不单是要说，是我中华职业学校的金科玉律。”[①] 两首校歌均折射了中华职业教育社促进和发展职业教育的价值追求和终极目标，体现了手脑并用、做学合一的教育理念，反映了黄炎培、江恒源秉持的职业教育理论。

江恒源的职业教育活动，主要表现在以下诸方面。一是宣传、推广和研究职业教育。江恒源经常到中小学、职业学校、社会机构、实业界等机构举办演讲或专题讲座，专门介绍职业教育的本质内涵、目标追求、业务范围，以及职业教育与普通教育的融合汇通，致力于使普通民众理解、接纳和接受职业教育，为职业教育及相关理念深入民众之心和扭转社会对职业教育的偏见热情呐喊。他还深入研究职业教育，提出了许多富有真知灼见的观点与看法，形成了内涵丰富、自成体系的职业教育思想，为我国早期职业教育发展提供了理论支撑。二是与社会各界尤其是实业界建立广泛而稳固的联系，促进职业教育与社会生产的衔接，拓宽了职业教育的办学空间。他主持中华职业教育社社务期间，曾与地方协会、产销合作协会、工厂联合会，以及地方实业界知名企业家开展广泛合作，既注重引进社会力量推动学校职业教育的进步，又注重拓展训练场所和实践渠道，为学生在生产场所、社会服务场所养成服务意识、锻炼职业能力和提高职业技能创造机会。三是根据国家和社会需要兴办职业教育，使职业人才培养能为富民强国服务。针对当时农民“贫弱愚散”的现状，他提出了“富教合一”的主张，提倡从帮助农民发展生产、改善经济着手，加强对农民的教育与引导，如推广新农具、引进良种、开发副业、组织合作社、发放农贷等，同时通过各种形式教农民读书识字。1939 年，中华职业教育社在昆明召开工作讨论会，江恒源致开幕词，希望经过这一次会议同仁们能成为一个“新我”，使个人与团体都能有新生命。在会议上，中华职业教育社总结了立社 22 年来的工作，认识到职业教育只有在民族解放、民权平等、民生幸福的社会里，才能实现造福人群的理想，进而提出了全社参加抗战建国服务的工作方针。抗战期间，经江恒源与中华职业教育社同仁的筹措，中华职业教育社在永川县创建了永川赈济造纸厂，江恒源任经理。该厂主要招工对象为难民，生产新闻纸，走上了兴办实业以助力抗战的道路。四是大力推进乡村改进运动。江恒源为顾义君主持的乡村改进工作拟定《江苏泰县顾高庄境况即改进计划》；积极筹办沪郊农村改进区，以学校为中心逐步推动农村改进，使学校与社会打成一片，辅助完成地方自治；主持中华职业教育社发起的昆山徐公桥乡村改进工作。其中，以主持和指导徐公桥乡村改进工作周期最长、影响最大。1926 年，在黄炎培提出的乡村职业教育方案指导下，中华职业教育

---

① 刘旭光，连云港市政协学习文史资料委员会，中国民主同盟连云港市委员会．江恒源教育文集（2）［M］．北京：群言出版社，2020：475．

社联合中华教育改革社、东南大学农科、教育科等机构共同试办农村划区改进工作，选择昆山县徐公桥为试验区，成立徐公桥联合改进农村生活事务所①。1928 年，中华职业教育社独自承担起徐公桥乡村改进工作，正式进行乡村改进试验活动，并成立了徐公桥乡村改进会，主要由江恒源负责联络和指导工作。黄炎培为江恒源 60 岁寿辰撰写的寿言称，江恒源就中华职业教育社主任主持社务后，中华职业教育社业务得以日益进展，各项事业呈一日千里之观，徐公桥乡村改进试验就是由他主持完成的。从 1928 年到 1934 年，徐公桥乡村改进会在江恒源“富教合一主义”的指导下开展了一系列改进工作，包括开展农事推广活动以传播实用知识、建立合作社以增强农民的自治意识、开展文化教育以提高农民文化水平、开展社会生活教育以改进生活方式等。江恒源在《〈试验六年期满之徐公桥〉序文》中简要总结了这六年期间取得的成绩：徐公桥学校由 1 所增至 6 所，学生由 160 余人增至 535 任；成人识字的由 560 人增至 1524 人；修路近 30 里，建桥 31 座，合作社有 6 所②。对于这样的成绩，江恒源依然感到不满意。他呼吁政府、金融界、教育界要举三方之力，组成协作团体，以多元方法在全国范围内推行乡村改进事业。五是注重汲取国外职业教育的好做法、好经验。派专人到国内外开展广泛考察，为本社兴办职业教育取得经验，是中华职业教育社的重要举措。中华职业教育社先后委派顾树森、刘湛恩、张公权、朱吟江、杨卫玉、江恒源、黄炎培、潘仰尧等人赴苏、日、美等国家，以及欧洲各地考察职业教育。1931 年，江恒源与黄炎培、潘仰尧等人赴朝鲜、日本考察实业教育，历时 22 天，访问了 48 个办学机关，对日本职业学校进行实地观察并做了详尽了解。归国后，江恒源在社内、中学、海关职员俱乐部等机构做了一系列有关日本教育考察感想的演讲及讲座，在《教育与职业》第 126 期刊上刊发了《日本女子职业教育》《日本带有职业性的中学校及师范学校》《日本职业补习教育》《日本职业教育概观》《日本职业学校》等文章。在文章中，江恒源介绍了日本职业教育的发展规模、法规政策、机制转变，以及职业学校的人才培养方式、课程设置与实施、职业教育与社会的融合等情况。江恒源一方面总结了日本兴办职业教育的三大主旨——体育化、德育化、智育化③，为日本重视职业教育的做法及其职业教育取得的成绩而赞叹，认为日本职业学校注重培养学生守纪律、懂礼仪、爱劳作、尚牺牲等精神，以及强化学生体质训练、科学教育、技术指导，讲究实用实效的做法值得借鉴；另一方面敏锐地察觉到日本教育

---

① 刘旭光，中国民主同盟连云港市委员会．江恒源年谱简编［M］．北京：群言出版社，2022：277.

② 刘旭光，连云港市政协学习文史资料委员会，中国民主同盟连云港市委员会．江恒源教育文集（4）［M］．北京：群言出版社，2020：1395.

③ 刘旭光，连云港市政协学习文史资料委员会，中国民主同盟连云港市委员会．江恒源教育文集（3）［M］．北京：群言出版社，2020：837.

隐含的侵华倾向和掠夺中华资源的野心，“眼光总是向西望，目标总是吞灭中国”[①]，深感职业教育的发达与否关乎国家盛衰、民族危亡，呼吁借鉴日本经验大力发展我国职业教育，尽快走上富民强国之路，以防范日本的侵华野心。

## 四、教育思想

江恒源对各种教育类型、教育层次的现象给予了广泛关注，在致力推动教育改进与发展的同时，对相关问题进行了持续而深入的研究。就研究领域而言，他的研究涉及职业教育、师范教育、中小学教育和高等教育；就研究主题而言，办学理念、师资建设、学生训育、课程实施、教学方法、经费保障、就业择业等都是他研究的内容；就研究方法而言，他重视使用调查法、观察法、对比法、分析法等。他对问题剖析得深入透彻，得出的结论往往能契合教育实情，且提出的对策或主张能紧扣社会现实的需要，符合教育发展规律和学生发展规律。经教育实践和教育研究的双重锤炼，江恒源形成了他独具特色的教育思想体系。从当前学界的研究成果看，江恒源的教育思想主要包括职业教育思想、道德教育思想、农（乡）村教育思想、生命教育思想、补习教育思想、师范教育思想等。

道德教育思想在江恒源教育思想中占据重要地位，在某种程度上可以说是他教育思想的灵魂。无论从事普通教育工作还是从事职业教育工作，江恒源始终将培养学生“做人”视为首要目标和核心目标。江恒源说：“我们有两个目标：一个是物质建设；一个是心理建设。物质建设要使受过这种教育的人，个个都有生产的技能。心理建设要使个个有极深厚的爱国心、很好的道德，都能尽忠职务，一切懒惰、自私、投机、不负责种种不良习气皆除去；要急公爱群、办事敏捷。”[②] 使受教育的人掌握生产技术，养成美好道德品行和优良习惯，显然是针对职业教育的目标而言的。江恒源所谓的“心理建设”就其内容与主题而言，就是今天所说的思想教育和道德教育。有研究者指出，“道德教育是江恒源职业教育思想的关键组成。江恒源德育思想产生于教育救国、传统文化和对外借鉴的背景下，他从职业教育内涵的角度阐述了道德教育的不可或缺性，提出了包括个人修养、服务道德和民族意识在内的德育内容，并通过职业学校教育、职业补习教育和职业指导三种途径进行了实施。为现今职业院校回归立德树人的教育本质、提升德育有效性以及加强职业道德教育提供了宝贵经验。”[③] 实际上，江恒

① 刘旭光，连云港市政协学习文史资料委员会，中国民主同盟连云港市委员会．江恒源教育文集（3）［M］．北京：群言出版社，2020：846.

② 刘旭光，连云港市政协学习文史资料委员会，中国民主同盟连云港市委员会．江恒源教育文集（4）［M］．北京：群言出版社，2020：1436.

③ 李清芹，王蕊．江恒源道德教育思想的内涵及现代价值［J］．职业教育研究，2022，224（8）：92－96.

源的道德教育主张，或者说他对人应该具备美好德行的要求，并不限于职业教育或职教学生。在《理想的中学》一文中，他认为中学承担着培养学生健康的身体、积极的精神和科学的精神的重要职责，其中“积极的精神”指的是“个个皆有勇敢进取的精神；不但具有不为恶的操守，还有具有能为善的知能”①。江恒源所说的“为善的知能”，笔者以为指的是掌握道德知识和形成道德行为习惯。江恒源要求一切教育都要对学生施以道德的教化，促使他们养成健全的人格、美好的心性和善良的德行。江恒源曾指出，普通教育的目的在于为国家培养具有独立性、责任心、和谐性的健全优良的公民，教育效能在于“陶铸国民，使之团结不涣，发扬向上，减其恶而取其善，补苴其所不足，而发扬其所优异，删除其文化僵废物”②。这些主张表明，江恒源认为教育核心功能是陶冶人的精神、培养人的德性，而不是使人掌握文化知识。正因如此，江恒源认为学校是促成人道德修养的重要场所，要将道德教育（训育）与文化知识学习结合起来，提出了“教训合一”的教育原则。

农村教育思想也可称为“乡村教育思想”，是江恒源教育思想的重要内容。在江恒源的心目中，农村教育与职业教育形成了功能差异但对象互补、疆域有别但方式互通的关系，二者涵盖了所有教育领域和教育对象。这种教育观念，体现了江恒源对教育大众化、全民性取向的期待。江恒源认为，农村教育要在农村特设教育机构，针对一般农民生活的需要，实施种种改善农民生活的方法。他将农村教育机构分为两类：一是农村中小学，“为供给一般农童的需要，教他们识字读书作文写信记账，教他们认了解各种自然科学社会科学的道理，教他们练成会做工会做公民的技能习惯”；二是如补习学校等，为的是“供给一般成年农民的需要，教他们在农事余暇，能得着读书识字的机会，明白做好人的道理，认得做好人的路径．增加许多农事上的知识技能”③。江恒源说：“取固定方式的教育设施，统名之曰‘农村学校教育’．取活动方式的设施，统名之曰‘农村社会教育’”④，所谓农村教育则是“混合二者之总名”⑤。江恒源特别关注农村教育对乡村文化的促进作用，以及对农民生活的改良效能，提倡农村教育与农民生活、农业生产紧密结合。因此，他希望农村中小学在传授文化知识的同时，还要传授农业知识、家庭生活知识。着眼于农民生活的改善和乡村文明的进步，他还希

---

① 刘旭光，连云港市政协学习文史资料委员会，中国民主同盟连云港市委员会．江恒源教育文集（1）［M］．北京：群言出版社，2020：280.

② 刘旭光，连云港市政协学习文史资料委员会，中国民主同盟连云港市委员会．江恒源教育文集（1）［M］．北京：群言出版社，2020：151.

③ 李帆．乡村建设派［M］．长春：长春出版社，2013：329.

④ 李帆．乡村建设派［M］．长春：长春出版社，2013：329.

⑤ 李帆．乡村建设派［M］．长春：长春出版社，2013：330.

望农村教育要重视公民教育、国家福力教育和国际设想教育[①]，以及生计教育、康乐教育[②]。江恒源对农村教育范围的界定，使农村教育具有很强的可操作性和科学性[③]。基于农村教育目标，江恒源还要求乡村教师除了具备文化知识、教育知识，还要具备农业知识，以指导学生熟悉农事生产。江恒源农村教育思想的核心内容或主体内容是他在乡村改进试验中形成了“富教合一”思想。“富教合一”是指在教给农民发家致富方法、教会他们各种实用知识的同时，对农民进行道德伦理教育尤其是道德行为的养成教育。江恒源认为发展乡村应该紧紧扣住“富”，强调消除农民“四病”，坚持“智富”共同发展，走“普教”与“职教”相结合的道路[④]。在他“富教合一”思想的指导下，当时乡村建设取得了一系列的成果：农村经济得以发展，农民生活得以改善；文教卫生事业得以发展，农民素质得以提高；社会风气得以净化，文明乡风得以宣扬[⑤]。

江恒源一生将绝大部分精力投向职业教育，是长期主持中华职业教育社社务工作的卓越领导人之一，是我国近代职业教育理论和实践的先驱者之一，也是中国近代第三次职业教育思潮的重要代表人物之一。他在职业道德教育、职业补习教育和女子职业教育方面提出了许多真知灼见，对民国时期的职业教育做出了不可磨灭的贡献[⑥]。他的职业教育思想内涵丰富、体系完备和意蕴深度。江恒源围绕职业教育的内涵、目标、路径、范围等进行了多角度的深度阐释，涉及学校职业教育与社会职业教育、学历职业教育与职业补习教育、职业养成教育与职业指导（择业改业教育）、职教学生训导与职教师资配置等全部领域。作为近代中国著名的职业教育家，江恒源用毕生精力从事中华职业教育研究与实践，在探索职业教育发展过程中对职业教育的内涵和范围做出清晰界定。他打破社会对职业教育的偏见，立主职业教育改革，建构职业学校教育、职业补习教育、职业指导及特别的职业教育等四种符合国情的职业教育方法，形成了较为完整的职业教育思想体系[⑦]。江恒源的职业教育思想呈现出职业能力培养与道德教育并举、广泛职教与重点职教结合、深入调研与实践探索统一的特点，不仅促进了我

---

① 刘旭光，连云港市政协学习文史资料委员会，中国民主同盟连云港市委员会. 江恒源教育文集（1）[M]. 北京：群言出版社，2020：347－348.

② 刘旭光，连云港市政协学习文史资料委员会，中国民主同盟连云港市委员会. 江恒源教育文集（2）[M]. 北京：群言出版社，2020：473－474.

③ 张平. 序 [M] //刘旭光，连云港市政协学习文史资料委员会，中国民主同盟连云港市委员会. 江恒源教育文集（1）. 北京：群言出版社，2020：4.

④ 陈惠，韦冬余. 江恒源“富教合一”思想对当下乡村教育改革的启示 [J]. 连云港师范高等专科学校学报，2022，39（02）：6－9.

⑤ 陈惠，韦冬余. 江恒源“富教合一”思想对当下乡村教育改革的启示 [J]. 连云港师范高等专科学校学报，2022，39（02）：6－9.

⑥ 李霞. 江恒源与民国时期的职业教育 [J]. 教育评论，2008，143（05）：150－153.

⑦ 陈梦梦，宋青红. 江恒源职业教育思想及其特征 [J]. 职业技术教育，2018，39（33）：63－68.

国近代职业教育的发展，而且对当代深化职业教育领域改革提供宝贵的经验。江恒源秉持大教育观念，从广义的职业教育角度阐述自己的职业教育观。江恒源说："本来教育没有职业与非职业之分，就广义言之，一切教育皆含有职业的意味。因为职业活动，为完成人生全部活动必要条件之一，普通教育也应该包括职业的活动。所谓普通教育、职业教育，不过是指着各种教育的立场而言，并非划分职业教育与普通教育不相关联。综合言之，各种教育的目的，都在培植个人活动能力，追随各种人生活动。分析言之，普通教育为职业教育之基础，职业教育为普通教育的效用。"① 职业活动作为谋生的需要，是最基本的人生活动，如江恒源所言，"因为每一个人总是要职业的"，所以"教育就是预备职业的，预备职业的教育，便是职业教育。广义地说，自小学至留学，凡是教育，都是预备职业的"②。江恒源职业教育观的核心要素是他所说的"三大主干"和"两大台柱"。"三大主干"指的是职业学校教育、职业补习教育和职业指导。江恒源在《职业教育的意义》一文中提出："我们认定职业教育的全部，是以职业学校教育、职业补习教育、职业指导三件来构成，可以说这三件是职业教育的三大主干，如鼎有三足，缺一不可。"③"两大台柱"指的是生产技能的训练和品行道德的修养，江恒源认为这两大台柱恰如鸟之两翼、车之两轮，缺一不可。江恒源指出，职业教育不能只关注学生掌握一技之长，也不能局限于从事某一职业需要掌握的内容，要将注意力放在成人教育上，使学生既具有谋生技能又具有服务道德④。江恒源将职业教育的目的设定为三个方面，分别是为个人谋生的准备、为个人服务社会的准备，以及为世界和国家增进生产力的准备⑤；将职业教育内容归为六大类，分别是农业教育、工业教育、商业教育、家事教育、公职教育、专业教育⑥。由此可见，江恒源没有将职业教育的目的窄化局限在单纯的谋生上，使得职业教育具有了功利性与超功利性的双重性质，有利于纠正社会偏见和提升职业教育地位。他将文书员、事务员、律师、医生、教师等行业人才的培养，一律归入职业教育之列，既体现了他的大教育观、大职业教育观，

---

① 刘旭光，连云港市政协学习文史资料委员会，中国民主同盟连云港市委员会. 江恒源教育文集(5)[M]. 北京：群言出版社，2020：1861.

② 刘旭光，连云港市政协学习文史资料委员会，中国民主同盟连云港市委员会. 江恒源教育文集(2)[M]. 北京：群言出版社，2020：464.

③ 刘旭光，连云港市政协学习文史资料委员会，中国民主同盟连云港市委员会. 江恒源教育文集(5)[M]. 北京：群言出版社，2020：1801.

④ 刘旭光，连云港市政协学习文史资料委员会，中国民主同盟连云港市委员会. 江恒源教育文集(5)[M]. 北京：群言出版社，2020：1803.

⑤ 刘旭光，连云港市政协学习文史资料委员会，中国民主同盟连云港市委员会. 江恒源教育文集(5)[M]. 北京：群言出版社，2020：1864.

⑥ 刘旭光，连云港市政协学习文史资料委员会，中国民主同盟连云港市委员会. 江恒源教育文集(5)[M]. 北京：群言出版社，2020：1865-1866.

又反映了他对教育本质的认识与理解。总体上看，江恒源的职业教育观具有较强的融通性、开放性和探索性，有些主张似乎超出了某种教育形式所能承受的程度。比如，他认为补习教育可以分为公民教育、生计教育、康乐教育和文字教育四类，其教育目的各有差异，但他认为“依中国实际情形，为急其所急起见，似应以生计教育为中心。先要教他们得着生计方法的改良，把衣食住问题完全解决”①。这种融通一体的教育观念，扭转了对某种教育体制功能固化了的一般认知倾向，对于拓展补习教育的教育功能和教育内容具有启发性，也有助于淡化学历教育、推重综合素养风气的形成。他将职业指导业务内容分为职业调查、职业询问、职业讲演、升学指导、择业指导、职业介绍、改业指导、职业测验、服务访问、职业训练②，涵盖了与从业就业有关的所有事务，可以惠及有业无业的所有人群。这种职业指导观视野之开阔、境界之高远，以及其中蕴含的革新思想观念及确立职业理想、提高从业能力的深刻用意，直至今日也难有人能够超越。有研究者将江恒源职业教育思想的特征概括为以下几点：能力培养与道德教育并举，塑造健全国民；广泛职教与重点职教结合，建构完备体系；深入调研与实践探索统一，实现职教目标③。关于职业教育师资队伍建设方面，江恒源有着非常深刻的认识，意识到培养职业教育师资具有重要性与紧迫性，同时也需要长时间积淀。他说：“职业教育师资的优良与否，关系职业教育的前途很大，倘没有适当人才，其结果往往失却职业教育的真义，造成非驴非马的现象，谓之普通教育，则学生不能升学，谓之职业教育，则学生不能谋生，使青年有进退维谷之苦。”④ 根据民国政府教育部及国联教育考察团对于职教师资的规定，江恒源主张职业教师“必以学识、经验、教法三者皆具为标准”，“如三者不可兼得，则宁舍教法学术而取经验，盖无教法学术而有经验，则教师尚不失为生利之人”⑤。他提出了职业教育师资培养的四种基本路径：招收无职业未受过师范教育的学生，培训他们职业技能和教学方法；招收接受过师范教育的学生，培训他们职业知识和技能；招收有职业经验的学生，辅以师范训练；直接取材于职业学校的优秀毕业生⑥。

由上可见，江恒源是站在国家形势、社会需要和民生发展的角度思考教育问题尤

---

① 刘旭光，连云港市政协学习文史资料委员会，中国民主同盟连云港市委员会. 江恒源教育文集（2）[M]. 北京：群言出版社，2020：390.

② 刘旭光，连云港市政协学习文史资料委员会，中国民主同盟连云港市委员会. 江恒源教育文集（2）[M]. 北京：群言出版社，2020：663－664.

③ 陈梦梦，宋青红. 江恒源职业教育思想及其特征［J］. 职业技术教育. 2018，39（33）：63－68.

④ 刘旭光，连云港市政协学习文史资料委员会，中国民主同盟连云港市委员会. 江恒源教育文集（2）[M]. 北京：群言出版社，2020：390.

⑤ 刘旭光，连云港市政协学习文史资料委员会，中国民主同盟连云港市委员会. 江恒源教育文集（5）[M]. 北京：群言出版社，2020：1943.

⑥ 韩兵，郑克清，楚旋. 江恒源职业教育师资观探究［J］. 职教论坛，2018，700（05）：172－176.

其是职业教育问题的。他提出的教育主张以及由此形成的教育思想观念，根植于20世纪上半叶中国的现实社会，既具有鲜明的“江氏”特色，又与同时代的教育家如张謇、陶行知、梁漱溟等人的教育思想同声相合。他的许多真知灼见不仅有益于当时的学校教育、社会教育和职业教育，而且对解决一些普遍存在的教育问题具有一定的指引作用和启发价值。1995年11月3日，中华职业教育社在北京举行“纪念江恒源先生诞辰110周年座谈会”。时任全国人大常委会副委员长、中华职业教育社理事长的孙起孟评价说，江恒源的“许多主张突破了历史的局限。如把城市的职业教育推广到乡村里去，把学校的职业教育推广到社会上去和职业指导与职业培训结合起来的主张，直至今天依然可供我国发展职业教育借鉴”①。孙起孟针对江恒源提出的职业教育“要青年训练好生产知能，同时也要青年训练好公民品格，服务道德”，并“把民族精神渗透人一切教学实习工作之中”的主张，认为江恒源在我国创办职业教育初期即以远大的眼光、务实的态度，赋予职业教育以比较完整的解释，至今仍有其现实意义②。江恒源一生情系职教事业，他的职业教育思想和主张符合当时社会发展的潮流，有创造性和历史进步性。“在我国大力发展职业教育的今天，存在着一味追求职业技术的培养而对学生的品德教育关注不够、重视职业学校教育而对职业补习教育（或职业培训）关注不够等问题，在面对这些现实问题时，研究借鉴近江恒源的职业教育思想，或许能获得宝贵经验和有益启示。”③

随着我国产业升级和经济结构调整不断加快，各行各业对技术技能人才的需求越来越紧迫，但是与发达国家相比，与建设现代化经济体系、建设教育强国的要求相比，我国职业教育还存在着体系建设不够完善、职业技能实训基地建设有待加强、制度标准不够健全、企业参与办学的动力不足、有利于技术技能人才成长的配套政策尚待完善、办学和人才培养质量水平参差不齐等问题④。2019年，国务院印发的《国家职业教育改革实施方案》从完善国家职业教育制度体系、构建职业教育国家标准、促进产教融合校企“双元”育人等方面，提出了20条推进职业教育现代化的举措。其中有“坚持知行合一、工学结合”“推动校企全面加强深度合作”“多措并举打造‘双师型’教师队伍”等要求。2020年，教育部等九部门印发《职业教育提质培优行动计划（2020—2023年）》，提出进一步创新思想政治教育模式，将社会主义核心价值观融入

① 金益．中华职业教育社在京举行纪念江恒源先生诞辰110周年座谈会［J］．教育与职业，1996，363（01）：4-5.

② 金益．中华职业教育社在京举行纪念江恒源先生诞辰110周年座谈会［J］．教育与职业，1996，363（01）：4-5.

③ 李霞．江恒源与民国时期的职业教育［J］．教育评论，2008（05）：150-153.

④ 国务院关于印发国家职业教育改革实施方案的通知国发（〔2019〕4号）［EB/OL］．［2023-07-16］．https：//www．gov．cn/zhengce/content/2019-02/13/content_5365341．htm.

人才培养全过程，推动习近平新时代中国特色社会主义思想进教材进课堂进头脑，推进理想信念教育常态化、制度化，加快构建中国特色职业教育的思想体系、话语体系、政策体系和实践体系；充分发挥职业教育服务全民终身学习的重要作用，推进国家资历框架建设，建立各级各类教育培训学习成果认定、积累和转换机制①。2021 年，中共中央办公厅、国务院办公厅印发《关于推动现代职业教育高质量发展的意见》，要求职业教育要坚持立德树人、德技并修，推动思想政治教育与技术技能培养融合统一；坚持产教融合、校企合作，推动形成产教良性互动、校企优势互补的发展格局；坚持面向市场、促进就业，推动学校布局、专业设置、人才培养与市场需求相对接；坚持面向实践、强化能力，让更多青年凭借一技之长实现人生价值；坚持面向人人、因材施教，营造人人努力成才、人人皆可成才、人人尽展其才的良好环境②。这些政策中涉及的思想教育与技术技能培养融合、理论教学与实践教学并重、师资队伍建设、学校教育与社会教育协同、校企合作、产教融合等问题，江恒源在其所处时代同样也面临过。江恒源对这类问题也有所思考，并提出了许多具有可行性、实效性的主张或建议，虽然立论时代背景不同，其理论视野也有一定的局限性，但是对于问题本质的认识，江恒源与当下并无实质差别。比如：江恒源主张职业学校开办专业科目，必须拥有品类齐全、数量充足的教学设备或生产设备，“使各个学生，皆得实习之机会，方能养成实用之人才。否则上焉者徒知理论，而缺乏技能，下焉者并理论亦不明了”③，所论的正是实践实训教学的问题；江恒源主张职业教育“要青年训练好生产知能，同时也要青年训练好公民品格、服务道德和民族精神”④，所论的是思想道德教育与职业能力养成并重的问题。

① 教育部等九部门关于印发《职业教育提质培优行动计划（2020—2023 年）》的通知（教职成〔2020〕7 号）［EB/OL］.［2023 - 07 - 16］. http://www.moe.gov.cn/srcsite/A07/zcs_zhgg/202009/t20200929_492299.html.

② 中共中央办公厅 国务院办公厅印发《关于推动现代职业教育高质量发展的意见》［EB/OL］.［2023 - 07 - 16］. https://www.gov.cn/zhengce/2021 - 10/12/content_5642120.htm.

③ 刘旭光，连云港市政协学习文史资料委员会，中国民主同盟连云港市委员会．江恒源教育文集（5）［M］. 北京：群言出版社，2020：1945.

④ 刘旭光，连云港市政协学习文史资料委员会，中国民主同盟连云港市委员会．江恒源教育文集（5）［M］. 北京：群言出版社，2020：1803.

# 第一章

# 江恒源的育人思想

“育人”从字面上理解就是“教育人”，因此广义的“育人”与广义的“教育”这两个概念的内涵和外延约略相当。育人是涵盖宽泛、对象多样的社会实践活动，育人思想内容更是包罗万象。因此如果从宽泛的育人概念角度入手研究江恒源的育人思想，就在一定程度上失去了鲜明的针对性和对象的独特性，不仅难以确定立论的基础，而且难以透彻地剖析问题。因此，此处讨论的“育人”这一概念将被限定在较为狭窄的范围内：“育”，侧重于指促进人的政治觉悟、思想品德、兴趣志向、价值观念、行为习惯、能力心智、自省自律等人文素养发展的教育实践活动，一般不包括文化知识的传授、技术技能的教导、身体发育的物质保障等；“人”，一般情况下指的是在各级各类学校中求学的青少年儿童，不包括在其他社会机构或教育组织接受教育的人，也不包括在学校成人教育部门接受教育的人，只有为了对比需要或揭示一般价值时，才会涉及成人。“育人”指的是各级各类学校为了提高学生思想素养、品德修养、价值观念、理想信仰、身体素质、审美情趣等素养而开展的，以促进学生全面发展为目标的教育实践活动。江恒源一生筚路蓝缕地耕耘在教育事业这片大地上，其教育实践和理论研究涉及基础教育、职业教育、高等教育等领域。他的工作对象和服务对象既包括在校读书的学生，也包括在社会上为生计奔波的人；既包括城镇中从事工商法等行业的工作人员，也包括在广袤农村土地上辛勤劳作的农民。在长期的教育工作历程中，他对各级各类学校的教育目标、管理工作、师资配置、学科教学、育人途径、社会协作、专业设置、社会实践等方面，以及对社会教育尤其是职业补习与指导、乡村教育（农村教育）都进行了深刻而全面的思考，形成了主题广泛、内容丰富、意蕴深刻的教育思想体系。育人思想是他教育思想的重要组成部分，在某种意义上是他提出的许多教育观念和理论主张的立根之基。江恒源既能从优秀传统文化和育人思想中汲取养分，做到古为今用；又善于从域外学校教育实践经验中挖掘育人资源，做到洋为中用；还能结合社会变化、时代形势对育人目标与实施路径等及时进行调整，做到育人与时代需要紧密结合。笔者将按照上述对“育人”概念的界定，以刘旭光主编、群言出版社出版的《江恒源教育文集》① 为范围，研究江恒源育人思想的基本内涵和实践路径，发掘其对当代育人活动的启发意义和借鉴价值。五四时期至20世纪40年代，教育界习惯于用“训育”“训导”等词指称对学生进行的教育引导活动。“训育”是一个来自当时西方教育思想领域的概念，在五四新文化运动期间经日本转译传入我国，侧重指实施道德教育的历程，“是设施一种环境，使受教育者在这种环境中发生一种需要，并得到良好的指导，从而得到道德上的训练”②。此外，训育还涉及对学生行为习惯的培养、学习风气的指导等活动。当下在教育观念不断革新、教育活动日趋进步的背景下，“训育”这一概念所指的对学生开展德育和管理等系列活动，已经有了新的指称符号。为避免“训育”“训导”带来的复古色彩，笔者选用与它内涵与外延相近的“育人”一词，对相关问题展开论述。

## 第一节 育人目标

江恒源对于育人目标的认识，经历了一个变化过程，其具体表述随着教育政策和社会生活的变化而发生改变。20世纪20年代，江恒源虽然没有对学校育人的价值目标进行简要而明晰的概括，但是从他的一些具体表述中，我们可以发现他对育人目标的理解和认识。1926年，他在《致各县县长、第三科、教育局、县视学公函》中提出，“学校教育之功用，实为改进人类生活，以期有益于实际。……凡能以扩充学儿童生活智能，改进社会生活状况为标的，不好高骛远，不涉空虚，皆可称为良校”③。他的这一主张中自然蕴含了引导学生追求道德完善之意，又能统观学生生活实际，实则谈论的是学校育人的最终目标问题。他在论及普通教育的关键问题时指出，学校育人不能仅仅要求学生守规矩、勤于学问，而应以“养成心身健全、知能完备、能自治合群之好人”④。对于“好人”的具体要求或内涵，江恒源提出了10项标准，包括身心均极健全、情欲理知并重、才德识调和融化、心力自觉自发、具有奋发进取精神、能整理旧

① 刘旭光，连云港市政协学习文史资料委员会，中国民主同盟连云港市委员会. 江恒源教育文集（1）［M］. 北京：群言出版社，2020.

② 王伦信. 清末民国时期中学教育研究［D］. 上海：华东师范大学，2001：99.

③ 刘旭光，连云港市政协学习文史资料委员会，中国民主同盟连云港市委员会. 江恒源教育文集（1）［M］. 北京：群言出版社，2020：55-56.

④ 刘旭光，连云港市政协学习文史资料委员会，中国民主同盟连云港市委员会. 江恒源教育文集（1）［M］. 北京：群言出版社，2020：146.

文化创造新文化、能自治合群、能征服自然改良环境、具备美好德行、对国家尽责等[①]。他还强调，学生的“刻苦、勤劳、诚信、朴实、精细等诸习惯，须于校中养成之”[②]。可见，江恒源所论述的育人目标涉及政治观念、道德品性、行为习惯、生活态度等方面，涵盖的内容十分广泛。20世纪30年代，江恒源在阐述当时中国所需要的教育时，提出发展国民性的教育、生产化的教育、群众化的教育、社会化的教育、民族化的教育等10项主张，其中起到统领作用的是“全人教育”。他借用古语说，全人教育就是要求学生“有猷有为有守”，“猷者，是谋猷计划；为者，是作为能力；守者，是操守或人格”[③]，三者全备，就是全人教育。可以说，全人教育是江恒源对育人目标所作的高度概括。

在全人教育思想的统领下，江恒源心目中理想的育人活动可以细分为两大主题，分别是教会学生“做人”和“过圆满生活”。前者是人的生存基础，后者是前者追求的目标。在江恒源看来，无论是职业教育还是普通教育，除了教给学生立身社会的本领，都要解决一个极其重要的问题，那就是教会学生“做人”。“做人在前，谋生在后。谋生固然重要，做人更其要紧。”[④]他甚至主张学校要注重教人，不重教书。这显然是失之偏颇的，其目的也许是为了纠正当时只重视知识传授，不重视学生思想、情感、品德和价值观培养的风气，正所谓“矫枉必须过正”，因此江恒源才将做人摆在育人的首位。为了对做人内涵做系统解释，江恒源借鉴马斯洛的需要层次理论，构建了做人目标系统图，其中位于底层的是欲望，向上逐层依次是生存、秩序、仁义、为己、为人、圆满的生活，最高层为至善之境[⑤]。这种层次划分是有逻辑问题的，比如为己在仁义之上层，意味着达到仁义之境后为己的思想才会产生，实际上讲求仁义不是为己而是为人的，却比“为人”低了两个层级。但是，这种划分反映了江恒源做人理念中的一个重要特点，即做人自然离不开道德修养，“德”在做人中所占的分量最重。在他看来，学生道德品行的养成是做人的首要问题，因为人类不能与道德理想绝对分开，而引导学生树立道德理想就是在帮助他们做人。江恒源将人的一切行为均与道德联系起来，以此凸显道德在社会生活中所拥有的导引价值。他说：“广泛地观察一下，一切行为都

---

① 刘旭光，连云港市政协学习文史资料委员会，中国民主同盟连云港市委员会. 江恒源教育文集（1）[M]. 北京：群言出版社，2020：152.

② 刘旭光，连云港市政协学习文史资料委员会，中国民主同盟连云港市委员会. 江恒源教育文集（1）[M]. 北京：群言出版社，2020：96.

③ 刘旭光，连云港市政协学习文史资料委员会，中国民主同盟连云港市委员会. 江恒源教育文集（4）[M]. 北京：群言出版社，2020：1244.

④ 刘旭光，连云港市政协学习文史资料委员会，中国民主同盟连云港市委员会. 江恒源教育文集（2）[M]. 北京：群言出版社，2020：399.

⑤ 刘旭光，连云港市政协学习文史资料委员会，中国民主同盟连云港市委员会. 江恒源教育文集（4）[M]. 北京：群言出版社，2020：1389.

和社会有利害关系的，几乎没法可以从一切行为中去辨别出什么道德行为呢！……早晨下床，不把床褥折好……这些事情，像是私人的事，和社会全没有什么关系的，但是不折被褥，空气污浊，对同室的健康有碍，不刷牙讲话时有口臭，显然在妨碍别人。"[①] 联系江恒源对于学生习惯、精神、心理、意志、性格、人格等方面素质养成的论述来看，他所说的"道德"乃是"泛道德"，包含了一切与做人相关的美好素养。对于侧重学生德行与习惯培养的学校、教师，他往往给予肯定和赞扬。他在担任江苏教育厅厅长视察乡村小学时，对学校培养学生动手能力、利用环境建设培养学生劳动能力、发挥学生小主人作用的教育方法大加赞赏，对学生待人有礼、做事有序、应答有礼的良好素质表现感到欣慰。随着社会和国家现实需要的变化，江恒源还陆续提出了一些育人新要求、新目标，比如培养爱国精神、公民素养、群体精神、社会化意识、人生观等，这些都可以归入宽泛意义上的道德范畴。

与当时一些强调道德教育至高无上的观点相比，江恒源的德育观念带有务实性、现实性的一面，在某种意义上还具有唯物主义哲学的色彩。他认识到做人与生存之间互为依赖的关系，提出"要谋生就要做人，要做人就要谋生。……做人要从谋生做起，谋生要从做人做起"[②] 的主张。这几句如同绕口令的话，道出了做人与生存之间的一体两面的辩证关系，即做人要以人的生存为前提，而生存之道就是做人。围绕这层关系，江恒源提出做人是为了更好的生存，既是为了个体生存，也是为了种族生存的主张。他说："学校教育之功用，实为改进人类生活，期有益于实际。徒取形式，庸有当乎？就固有生活之根基，运以创化之精神。使之易其质地，以日趋于高明美满之域。"[③] 他希望在学校教育与社会生活之间架起桥梁，使二者在目标上具有相通性和一致性，"人人希望得到圆满的、高尚的人生，教育便是依据这种目标，使受教育的人，得到这样的人生"[④]。可以说，沟通学校与社会之间的桥梁，就是学校的育人活动。1930 年，江恒源提出了"三方融合"的人生观，"三方"指的是"物质的经济的、艺术的审美的、道德的伦理的"三方面的条件、素养或能力[⑤]。在他看来，这三个方面在人的生活中发挥着不同的作用，物质条件既是道德生活的基础，又需要以后者为保障，而艺术审美

---

① 刘旭光，连云港市政协学习文史资料委员会，中国民主同盟连云港市委员会．江恒源教育文集（1）[M]．北京：群言出版社，2020：64－65.

② 刘旭光，连云港市政协学习文史资料委员会，中国民主同盟连云港市委员会．江恒源教育文集（2）[M]．北京：群言出版社，2020：398.

③ 刘旭光，连云港市政协学习文史资料委员会，中国民主同盟连云港市委员会．江恒源教育文集（1）[M]．北京：群言出版社，2020：55－56.

④ 刘旭光，连云港市政协学习文史资料委员会，中国民主同盟连云港市委员会．江恒源教育文集（1）[M]．北京：群言出版社，2020：440.

⑤ 刘旭光，连云港市政协学习文史资料委员会，中国民主同盟连云港市委员会．江恒源教育文集（2）[M]．北京：群言出版社，2020：440.

可以起到调节心灵的作用，人必须兼顾三方，协调发展，才能做到真正改进生活。如果只注重其中一端，而忽视或荒废其他两端，“那文化就要低落，民族不盛了”[①]。由“三方融合”人生观进一步思考，就触及做人的终极目标这一问题。在《做人究竟是为什么——心理建设的基本观念》一文中，江恒源阐明了做人的最终目标是圆满生活，其逻辑进路是做人是为生存，生存的最终目的在于“圆满生活”，因此做人就是为求得圆满生活[②]。按照江恒源“学校教育之功用，实为改进人类生活”的观点，则指导学生追求圆满生活就是育人工作的终极目标。对于圆满生活的内涵或标准，江恒源在不同时间、不同场合的表述有所不同，其核心要义为谋生技能、生活智慧、精神追求、德行修养、人格锤炼、为他人谋幸福等方面。

## 第二节 育人原则

关于育人应该遵循的原则，江恒源在他的教育论著中多有阐述，提出的观点和主张非常多。择其要而言，有教训合一、学做合一、遵循学生发展规律等。

### 一、教训合一

“教学合一”中的“教”，指的是教学，侧重于知识传授和能力培养；“训”指的是训育，侧重于人格、德行、精神的培养。所谓“教训合一”，用今天的话来说，就是将教学活动与育人活动统一起来，在传授知识培养能力的同时教会学生做人。育人要遵循教训合一的原则，不是江恒源的首创。中国古代就有了知识传授与道德教诲相融汇的教育实践和思想观念。孔子教诲弟子就是文化知识传授与为人处世之道引导相结合的典范。《说文解字》释“教”为“上所施下所效也”[③]，从词源上看，“教”不限于知识传递。孔子所云“道之以德，齐之以礼”[④]，也蕴含着在教（道德礼仪知识传授）的过程中进行教化引导之意。新式教育兴起后，教育内部分工作趋于细化，针对学科知识的“教”与针对学生管理的“训”才分别由不同的工作群体负责，学校部门也相应

---

① 刘旭光，连云港市政协学习文史资料委员会，中国民主同盟连云港市委员会．江恒源教育文集（2）［M］．北京：群言出版社，2020：443.

② 刘旭光，连云港市政协学习文史资料委员会，中国民主同盟连云港市委员会．江恒源教育文集（4）［M］．北京：群言出版社，2020：1385.

③ 许慎．说文解字［M］．段玉裁，注．上海：上海古籍出版社，1981：127.

④《十三经注疏》整理委员会．论语注疏［M］．何晏，注．邢昺，疏．朱汉民，整理．张岂之，审定．北京：北京大学出版社，2000：16.

有了教务与训务之分。20世纪20年代起，学生训育训导受到教育界和研究界的特别关注，其整体的背景因素是五四新文化运动所导致的国内文化教育环境的变化，特别是学风的急变和学潮的涌动，使之成为中学训育关注的焦点问题[①]。民国时期，针对当时教员只重教书而忽视引导学生做人，管理人员只要求学生遵制度、守规矩而忽视学生心身协调发展的现象，许多教育工作者和教育研究者都呼吁实行教训合一。江恒源也主张，“训导与教务的分开，只在行政方面，是可以的。至于品性的指导，智识的传授，是绝对不能分开的”[②]。他在数十年教育工作中始终提倡这一原则，且能用以指导办学和育人，实属难能可贵。

从江恒源的相关论述来看，他的“教训合一”原则可以从两个层面去理解。其一，从学校教职员分工的层面看，负责传授知识的教师和负责学生管理的职员要职责互通，形成促进学生心身发展的合力。在江恒源看来，“教员不仅是传授学识之人，并且是引导行为之人。……而训育员之所指导，又非仅以学生能守规律、勤学问为目的，实以养成心身健全、知能完备、能自治能合群之好人，为惟一任务。”[③]如果教师只顾教书、管理人员只管约束学生，将会带来“勤学学生，只知埋头用功，不复知何为社会，更不知何为体育。性好活动，又只知注重课外事务，而于教室之受课，图书馆之读书，反觉异常淡漠”的严重后果[④]。在这一层面上，能否坚持教训合一原则，实际上关乎学生知识学习与能力培养、道德修养与思想进步、心与身协调发展等问题。江恒源教训合一的主张，与他对学校育人目标的定位有直接联系。他指出，“仅有呆板的道德训练，绝不能养成才德兼备之人。仅有单调的繁重学程，更不能育成学养俱优之士。……全人教育，关系民族兴亡，实属万分重要”[⑤]。既然育人目标是培养德才兼备的“全人”，则学识与修养、能力与德行、谋生与精神都不可偏废，教训合一自然出于实现育人目标之需要。其二，从具体学科教学的层面看，教员在传授科学文化知识时，要将做人之道、精神涵养、理想追求等因素融入其中，帮助学生实现学识才能与思想道德的齐头并进。江恒源认为，优良的教师辅以良好的教学方法能使学生身心有适当

① 王伦信．清末民国时期中学教育研究［D］．上海：华东师范大学，2001：96.
② 刘旭光，连云港市政协学习文史资料委员会，中国民主同盟连云港市委员会．江恒源教育文集（4）［M］．北京：群言出版社，2020：1581.
③ 刘旭光，连云港市政协学习文史资料委员会，中国民主同盟连云港市委员会．江恒源教育文集（1）［M］．北京：群言出版社，2020：146.
④ 刘旭光，连云港市政协学习文史资料委员会，中国民主同盟连云港市委员会．江恒源教育文集（1）［M］．北京：群言出版社，2020：145.
⑤ 刘旭光，连云港市政协学习文史资料委员会，中国民主同盟连云港市委员会．江恒源教育文集（1）［M］．北京：群言出版社，2020：146.

的发展，而唯有好身体、好头脑、好品格，所学的知识才是真正有用的[①]。故而，他强调在学科知识教学中，要重视指导学生增进道德品性和梳理理想抱负，以及培养学生读书的兴趣。他在讨论国文教学有关问题时，主张教师除指导读书、察物、练习技艺外，要借文学指点学生的人生行动，陶冶学生的思想情感，“重要的则为指导他怎样去做人”[②]。日本侵入东三省后，江恒源面对中华民族的存亡危机，号召教师以涤除国耻、关心国事为己任，在教学中引导学生关心国家和民族的前途，提出了将教育与政治合一的主张。他倡导大学里政治、教育等学科的任课教师要结合中国的政治、经济、教育的实际，参照他国的学说和政治，谋求解决中国问题的方法；中小学教师要指导学生留心时事，了解中国文化和国际大势，激发学生爱护国家爱护民族的热忱[③]。他针对当时所设公民课程在引导学生道德品性和政治观念方面空洞无力的现象，主张取消该课程，将相关教育与训练要求分散在其他学科中，由各科完成相关育人任务。他的这些主张，与今天我们强调发掘课程内容的德育元素、强化课程思政功能、促进学生全面发展等观点有内在相通之处。他兴办的上海比乐中学就推行教训合一制，注重学生生活辅导，培养他们的“自制能力、互助精神、服务道德”[④]。该校所有任课教师“不是只顾教学生的书，同时还要交学生如何做人”，教师议定学习计划和实施办法之后，“指导学生去组织团体，为种种活动、种种服务、种种检讨”[⑤]。

## 二、学做合一

江恒源认为，教育者关心的中心问题不是教会学生什么知识，而是指导学生确立人生的理想和志向；受教育者关注的中心问题不是学到了什么知识，而是如何成为健全优良的公民。因此，除了提倡遵循教训合一的育人原则，江恒源还强调育人要遵循学做合一的原则。在谈及他理想的乡村中学时，江恒源认为需要具备十种特质，其中

---

① 刘旭光，连云港市政协学习文史资料委员会，中国民主同盟连云港市委员会．江恒源教育文集（2）［M］．北京：群言出版社，2020：414.

② 刘旭光，连云港市政协学习文史资料委员会，中国民主同盟连云港市委员会．江恒源教育文集（1）［M］．北京：群言出版社，2020：287.

③ 刘旭光，连云港市政协学习文史资料委员会，中国民主同盟连云港市委员会．江恒源教育文集（4）［M］．北京：群言出版社，2020：1560－1561.

④ 刘旭光，连云港市政协学习文史资料委员会，中国民主同盟连云港市委员会．江恒源教育文集（6）［M］．北京：群言出版社，2020：2466.

⑤ 刘旭光，连云港市政协学习文史资料委员会，中国民主同盟连云港市委员会．江恒源教育文集（2）［M］．北京：群言出版社，2020：2450.

就包括“要教书与教人同时并重”“要做与学同时并重”[①]。在《关于山东地方教育的意见》一文中，他再次强调要教训合一、学做合一，培养劳动习惯，实施全人教育[②]。根据江恒源在教育文章中讨论相关问题的话语背景，他主张的“学做合一”的内涵可以分为三个层次。

其一，就学习与生活的关系而言，“学”侧重指学生在校学习知识、增长才干和培育德性，“做”则指将在校所学用于生活。江恒源将“学做合一”理解为在做中学、在学中做，在这一点上，他的主张与陶行知的育人主张是相同的，甚至可以说他的学做合一原则是在陶行知的教育主张启示下提出的。江恒源指出，教师所教的、学生所学的，就应该是生活和社会中所用的，学生要善于用所学的知识与本领来改进生活，“学一点用一点；用一点，再学一些”[③]，以“切于实际生活、能改善固有生活”[④] 为唯一宗旨。显然，这个意义上的学做合一，意味着教以致用、学以致用。他赞同晓庄小学（陶行知）提出的“教学做合一”的教育主张，认为“无论何事，只要是生活上所必需，皆要去教一番，学一番，做一番，教学做合一的去磨练一番”[⑤]。基于这样的主张，江恒源甚至提出国民教育宗旨（教育目标）的制定也要考虑国民社会生活的实际需要，考虑能否使全体国民生活向上进展[⑥]。在各级学校推行职业教育、开展职业指导、小学教育日趋职业化的社会背景下，江恒源主张“务使学生所学，能出而致用，庶几‘教育即生活，生活即教育’之说，方能吻合。”[⑦] 江恒源立足学生生活和实际应用需要提供教育内容的主张，是合乎教育一般规律的，也是契合社会对教育的实际需要的。

其二，就校内与校外关系而言，“学”侧重指在校内尤其是教室内参加学习活动，“做”则侧重指走进社会开展实践活动。在这个意义上，学做合一意味着教师要指导学生打开眼界、走入生活、观察社会，使学校与社会相衔接，双方共同发挥育人作用。教育不应该是象牙塔里的封闭式教育，学校也不应是一个自足的小圈子，而应是社会

---

① 刘旭光，连云港市政协学习文史资料委员会，中国民主同盟连云港市委员会．江恒源教育文集（2）[M]．北京：群言出版社，2020：750.

② 刘旭光，连云港市政协学习文史资料委员会，中国民主同盟连云港市委员会．江恒源教育文集（3）[M]．北京：群言出版社，2020：950.

③ 刘旭光，连云港市政协学习文史资料委员会，中国民主同盟连云港市委员会．江恒源教育文集（6）[M]．北京：群言出版社，2020：2159.

④ 刘旭光，连云港市政协学习文史资料委员会，中国民主同盟连云港市委员会．江恒源教育文集（1）[M]．北京：群言出版社，2020：289.

⑤ 刘旭光，连云港市政协学习文史资料委员会，中国民主同盟连云港市委员会．江恒源教育文集（1）[M]．北京：群言出版社，2020：215.

⑥ 刘旭光，连云港市政协学习文史资料委员会，中国民主同盟连云港市委员会．江恒源教育文集（1）[M]．北京：群言出版社，2020：149.

⑦ 刘旭光，连云港市政协学习文史资料委员会，中国民主同盟连云港市委员会．江恒源教育文集（2）[M]．北京：群言出版社，2020：532.

生活的一部分，因此育人活动不能与社会相隔绝。江恒源清醒地认识到这一点，认为社会就是一个大学校，学生的很多知识都需要从社会中来，主张“要推广出去，要有社会化的教育，和社会实际联络”①。对于中学和高校的学生，他主张要走进社会服务民众，力所能及地参加有益国家和社会的工作，在有秩序、有组织的活动中养成良好的习惯；对于职业学校的学生，他认为尤其要重视走上社会，开展调查、实习，参观生产现场，接受实际锻炼。他曾谈及心目中的理想农村学校，满怀企盼地描绘了它的教育图景，“不必终年上课，农忙则返家，农隙则到校；阴天则读书讲论，晴天则下地工作。社会调查、召集会议、代写文书、调停争议，皆属治事，即皆为学校课程”②。这幅学校与社会实践融合育人的理想图景，鲜明地体现了他的学做合一原则。

其三，就知识与品性获得的途径而言，“学”主要指学生接受教师的知识传递和做人教诲，“做”主要指道德养成的实践过程。在这个意义上，学做结合意味着学生的思想情感、道德品质和理想情志都要在实际活动中得到培养。江恒源在江苏省教育厅厅长任上视察江宁县北固乡第一小学校时，赞扬该校“真能寓公民道德练习于做事之中而又时时补以科学知识，使做人与谋生两种方法相互融和，且能使谋生隶属于做人”③，其中就蕴含了他对学与做关系的认识。在他看来，学生学习知识和学会做人是相互融合、相互促进的，做人对于谋生具有实际引导价值，谋生为好好做人提供了现实基础。江恒源强调说：“教与学既宜互相联络，学与做更宜交相融解”。④ 这种“交相融解”用江恒源自己的话说，就是“整个生活与学习打成一片，拿所学来改进生活，从生活上去加强学习，学一点，得一点，所谓‘学以明生’”⑤。

## 三、遵循学生身心规律

作为教育工作者和教育研究者，江恒源提出的一些重要的教育观点，都是以遵循教育规律为前提的。他分析教育问题、提出解决措施，往往广泛联系社会需求、时代风气、物质基础等，揭示了教育与社会相互依存、相互促进的辩证关系。他提出的发

① 刘旭光，连云港市政协学习文史资料委员会，中国民主同盟连云港市委员会．江恒源教育文集（4）[M]．北京：群言出版社，2020：1231.

② 刘旭光，连云港市政协学习文史资料委员会，中国民主同盟连云港市委员会．江恒源教育文集（3）[M]．北京：群言出版社，2020：857.

③ 刘旭光，连云港市政协学习文史资料委员会，中国民主同盟连云港市委员会．江恒源教育文集（1）[M]．北京：群言出版社，2020：76.

④ 刘旭光，连云港市政协学习文史资料委员会，中国民主同盟连云港市委员会．江恒源教育文集（1）[M]．北京：群言出版社，2020：146.

⑤ 刘旭光，连云港市政协学习文史资料委员会，中国民主同盟连云港市委员会．江恒源教育文集（6）[M]．北京：群言出版社，2020：2159.

展国民同一性教育、社会化教育、生产化教育、科学教育、经济化教育、乡土化教育等主张，体现了教育的社会生产功能和人才再生产功能。他认为“教育事业，固应世界潮流，但绝不可忘却我是中华民国人”①，主张中国教育要契合中国国情、有中国特色，“努力创成一种中国化的教育，以适应中国目前所需要”②。他还认识到学校育人环境涉及硬件环境如校园环境建设、教学设施配置等，以及软件环境如学校风气、教师修养、学习氛围等。他的这些教育主张，反映了他对教育基本规律的尊重。对于育人活动，他更是主张要遵循学生身心发展规律，强调在全面了解和掌握学生身心特点的基础上实施具体的育人措施。他说：“施教育者，应学生心能之演进。一方既宜启其知慧，灌输以学识；一方更宜指导其行为，磨著其能力。所以期其知行双修，可以完成全人教育也。”③ 所谓“心能之演进”，指的是青少年儿童的心理发展规律，以及知识学习和能力发展的规律。在他看来，教师只有掌握学生的身心发展规律和个性特点，才能有采取相应的措施推动学生文化知识的学习和实际才能的发展，进而实现健康成长。他主张对学生采用的教育方法和指导方法，均应符合学生的心理需求和成长需要。江恒源指出，中学教育最为关键，面临的难度也最大，这是因为“中学学生，是由儿童时期达到成人时期的一个大过渡。青年在这个大过渡期间内，生理上心理上都变化得很快，真不容易处理得宜、调节得当。所以，这一阶段的教育方法，一定要十分周密、十分固重”④。针对中学生处于的特殊发展期和身心发展所需，江恒源提出了吸引法、转换法、节制法等教育策略和方法，其中吸引法是指“把学生心能方面固有的优点设法充分地引导出来，发展出来”⑤。他所说的“心能”，如果是指“心的能力”，则包括感知力、注意力、想象力、理解力等，那么吸引法就是在充分掌握学生智能状况的前提下，发挥他们智慧的价值，使他们以内在驱动力促进自身的成长；如果是指“心理和能力”，那么除了“心的能力”，还涵盖了情感、意志、兴趣等非智力因素，以及身体方面所具备的能力，这样一来要求教育者对学生的发展水平有更加全面的了解。无论如何理解“新能”的内涵，都能发现江恒源对学生心理发展规律的重视，以及他针对学生发展关键期实施科学教育的理念。他全面勾勒了从小学至大学诸学段学生的心

---

① 刘旭光，连云港市政协学习文史资料委员会，中国民主同盟连云港市委员会．江恒源教育文集（3）[M]．北京：群言出版社，2020：1177.

② 刘旭光，连云港市政协学习文史资料委员会，中国民主同盟连云港市委员会．江恒源教育文集（3）[M]．北京：群言出版社，2020：1177.

③ 刘旭光，连云港市政协学习文史资料委员会，中国民主同盟连云港市委员会．江恒源教育文集（1）[M]．北京：群言出版社，2020：145.

④ 刘旭光，连云港市政协学习文史资料委员会，中国民主同盟连云港市委员会．江恒源教育文集（1）[M]．北京：群言出版社，2020：278－279.

⑤ 刘旭光，连云港市政协学习文史资料委员会，中国民主同盟连云港市委员会．江恒源教育文集（1）[M]．北京：群言出版社，2020：278－279.

理特点，“小学内十二岁以下的儿童，视老师如慈母，完全是家庭化，自不待言。就是大学生……随着良师，相依为命，不但授业解惑，于学术方面，须极端信仰，关于人格，感化尤甚。中学则介于大学小学之间，初高两级，经过六年之久，斯时青年生理、心理，变化均剧”①。针对这样的心理变化，江恒源从两个方面指出了教育引导不当所造成的危害。一方面，在学生发展变化的重要时期内，如果缺乏有信仰、有人格、有学识教师的引导，他们的身心发展就会受到极大的阻碍。另一方面，对于身心不断发展变化的学生，除了指导他们学习知识、发展智慧外，还要注重他们的性情陶冶、习惯养成、能力训练等，如果“徒注重严肃的校规，自谓可收整齐划一之效，结果教育与学者之间，顿化成两个相峙阶段，虽学校外表一时可观，但早已失去教育的真正意义了”。② 由此可见，江恒源不仅主张教育引导要注意学生身心发展的阶段性、差异性，还要关注其连续性、贯通性。即便对于一些具体的教育问题，江恒源也坚持应遵循学生发展规律的原则。比如，他主张初中、高中的教育引导（训育）不能使用同样的教育方法，必须重视他们生理上的差异，强调“青年受生理的自然影响，尤其是性的发育，不得不注意”③。再如，关于劳动习惯培养方面，他主张利用儿童的好动天性，教他们“从事于职业的活动和练习。养几只兔，养几只鸡，种两畦菜，植数盆花”④，培养他们的农业劳动观念。

## 第三节　育人内容

1912 年 7 月召开的全国临时教育会议讨论通过了民国教育方针，即“注重道德教育，以实力主义教育、军国民教育辅之，更以美感教育完成其道德”⑤。1927 年，全国教育会议通过了新的教育宗旨，即提高全民道德、锻炼国民体格、普及科学知识、培养艺术兴趣和养成劳动习惯⑥，这是中国兴办新式教育以来首次全面地将德智体美劳“五育”列入教育方针。江恒源在德智体美劳“五育”并举的教育方针统领下，从不

① 刘旭光，连云港市政协学习文史资料委员会，中国民主同盟连云港市委员会．江恒源教育文集（2）[M]．北京：群言出版社，2020：593.

② 刘旭光，连云港市政协学习文史资料委员会，中国民主同盟连云港市委员会．江恒源教育文集（2）[M]．北京：群言出版社，2020：593.

③ 刘旭光，连云港市政协学习文史资料委员会，中国民主同盟连云港市委员会．江恒源教育文集（4）[M]．北京：群言出版社，2020：1581.

④ 刘旭光，连云港市政协学习文史资料委员会，中国民主同盟连云港市委员会．江恒源教育文集（3）[M]．北京：群言出版社，2020：1171.

⑤ 舒新城．中国近代教育史资料（上）[M]．北京：人民教育出版社，1979：226.

⑥ 孙培青．中国教育史 [M]．上海：华东大学出版社，1992：604.

同角度阐明了他对学校育人内容（具体任务）的理解和主张。他任江苏省教育厅长视察地方学校时，赞扬被视察学校重视在日常起居中教育引导学生，善于指导学生读书学习，打破偏重学问偏重知识的旧套路，对学校发动学生改造校园环境取得的良好效果感到欣慰，称赞学生具有精神饱满、举止有礼、对答有序、勤于动手等优点。这些评价反映了他以指导学生"做人"为首，同时重视文化知识学习引导和动手能力培养的育人观念。随着在教育领域实践探索和理论研究的逐渐深入，江恒源关注的教育问题日益广泛，他对育人活动的认识也更加全面和深刻，对德育与其他诸育之间的关系理解得更加通透。他在不同的演讲场合和不同时期撰写的教育文章中，各有侧重地阐述了德智体美劳"五育"的重要价值，分别提出了许多落实"五育"的多样途径和具体方法。在阐述育人任务相关问题时，他有时就"五育"分而述之，有时合而论之；有时甲乙丙若干项组合一起，有时戊己庚若干项组合在一起。对于智育的重要性及其在"五育"中的地位，以及智育内容与目标的丰富性、方法与策略的系统性，江恒源论述颇丰，非笔者讨论的重点，故略而不论，以下主要从五个方面阐述江恒源所主张的育人内容。

## 一、激发学生爱国精神

江恒源生于腐朽没落的晚清时期，目睹了当时中国所受的帝国主义列强的欺凌与侵略，感受到军阀征战给民众带来的巨大痛苦。出于对国家与民族前途的关心与担忧，他主张激发学生的爱国精神，培育学生的民族情怀。他认为中国有悠久的历史、灿烂的文化，亟须整顿旧业、开创新业，为了使学生成长为国家和社会需要的人才，应该从小学阶段起培养他们的爱国意识和奉献精神。在江恒源看来，普通教育的目的就是"养成确切属于国家之健全优良公民"，至少包括培养国民独立性、国民责任心及国民调和性培养这三项内容，其中国民独立性指的是"对外能抗强御暴，不失其大国民之风"，国民责任心指的是"对内能奉公守法，克尽其国民之天职"[①]，二者均关乎爱国精神的培养。他在考察日本职业教育时意识到了日本对华的野心，主张采取以其人之道还治其人之身的方式，吸收日本职业教育的有益成分，加强对青年学生的体育锻炼、精神教育和职业教育，并将激发青年学生的爱国心排在精神教育的首位。他热切地警示青年学生要有忧患意识，"不要忘记了我们的国家，忘记了我们的危险，牢记着我们的敌人——日本"[②]。日本侵占东三省后，江恒源加强学生爱国精神培养和民族情怀养

---

① 刘旭光，连云港市政协学习文史资料委员会，中国民主同盟连云港市委员会. 江恒源教育文集（1）［M］. 北京：群言出版社，2020：148－149.

② 刘旭光，连云港市政协学习文史资料委员会，中国民主同盟连云港市委员会. 江恒源教育文集（3）［M］. 北京：群言出版社，2020：894.

成的心情愈加迫切，经常在演讲、文章中呼吁社会和学校重视培育学生的国家观念，主张采取必要措施激发他们的爱国热情，引导他们参与爱国行动。对国人面对国土沦丧缺乏拼命抗争精神的现状，他认为是新教育的失败，言称作为负责教育的人他深感自责。面对中国内忧外患、危机四伏的现状，江恒源强调教育是各种救国方法中最重要的一环，要养成有益于国防的人才，舍教育之外无从下手，呼吁"要培养爱国心，灌输民族意识，完成公民的训练"[①]。他主张学生要养成自养自群的能力、自卫卫国的能力和自治治人的能力，通过自卫卫国能力的培养使人人有爱国心、有强健的体魄将来去抵抗敌人的侵略、保卫自己的国家。他反复强调学生要有"三力"（自养力、自卫力、团结力）、"三心"（羞耻心、自信心、爱国心）[②]，由此可见培育学生爱国情怀、激发他们的民族自强意识在江恒源的育人内容中的重要地位，也反映了江恒源一生从事的教育和研究工作，都是从国家和民族的根本利益出发的。

## 二、促进学生道德修养

江恒源早期把学校教育内容分成两大板块，分别是育成学生的"高尚优美之德性"和"处理事物之才能"[③]。他认为在启发心灵、涵养德性方面功能最佳的学科是文学、历史、地理，"而取得其应用之智识，尤其次焉者矣"[④]，其中就蕴含有将德性培养放在首位的意思。他在教授伦理课程时对道德问题思考得更加深入，撰写了《伦理学概论》一书，在《自叙》中指出伦理学的目的是"寻求出至善之鹄，以为人生最高的准则"[⑤]，主张对人类一切道德行为、道德标准、道德学说进行深入研究。可以说，他的伦理学研究为他重视德育活动、思考德育内容和探寻德育方法提供了认识基础。江恒源从教育实践中得出一种认识，那就是学校的一切都与道德相关联，因此学校育人活动须处处渗透道德教育的因素。对教训合一育人原则内涵的阐述，足以表明江恒源是把提高学生道德修养、养成学生高尚人格作为育人的首要任务的。对于普通学校，

① 刘旭光，连云港市政协学习文史资料委员会，中国民主同盟连云港市委员会．江恒源教育文集（4）[M]．北京：群言出版社，2020：1230.

② 刘旭光，连云港市政协学习文史资料委员会，中国民主同盟连云港市委员会．江恒源教育文集（4）[M]．北京：群言出版社，2020：1460.

③ 刘旭光，连云港市政协学习文史资料委员会，中国民主同盟连云港市委员会．江恒源教育文集（1）[M]．北京：群言出版社，2020：5.

④ 刘旭光，连云港市政协学习文史资料委员会，中国民主同盟连云港市委员会．江恒源教育文集（1）[M]．北京：群言出版社，2020：7.

⑤ 刘旭光，连云港市政协学习文史资料委员会，中国民主同盟连云港市委员会．江恒源教育文集（1）[M]．北京：群言出版社，2020：41.

江恒源主张要重视育人工作，教会学生做人，“只教书不育人的教育，是死的教育”[①]。对于师范学校，鉴于师范生将来从事教书育人的工作，江恒源更是强调要提高他们的道德修养和人格境界，提出师范生应具备常识丰富、身体健全、人格高尚、思想正确、心气平和、办事灵敏、兴趣浓郁[②]等素养，否则将来难以承担为人师表、教育学生的重任。即便是以培养学生职业能力和从业技能的职业学校，江恒源也没有从职业管理和劳动规则的立场出发窄化育人内容，依然将道德养成作为学校育人的重要任务。他曾通俗地阐述了职业教育的两大任务，“吃饭只是职业教育中的一部分，它的整个目的，除吃饭外，还要做人”，而关于做人“是职业教育上极重要的问题”[③]。在《职业教育的功用究竟在哪里?》一文中，他将国民教育（基础教育）、人才教育（普通高等教育）和职业教育视为支撑国计民生的“一足三鼎”，而职业教育不只是训练技术、增加生产，“它还有一个极重大的使命，是培养习业者的服务精神，做人德性。若就目前中国人民需要来说，政治知识、民族情感，灌输鼓舞，都更是十分重要”[④]。江恒源所说的“做人”“道德”“德性”，内涵十分宽泛，既涉及个体道德修养如仁义、友爱、正直等美德，又涉及公共道德，如维护卫生、讲求秩序、乐于助人等；既包括精神状态、兴趣爱好、理想志向等方面的要求，又包括做事态度、处事能力、见识眼光等方面的要求。他列出了学校应该培养学生的十项素养，包括健全的身心、活泼愉快的精神、旷达远大的胸襟、丰富的实用的知识、诚恳温和爽快的态度、公平正直仁爱心性、分别利弊与剖析是非的见解、利用环境与自然的知能、处理事务与协助合作的能力、乐于研究与创造的兴趣[⑤]，其中大部分属于他所说的“道德”或“做人”的范畴。这可以看作是了解江恒源对德育内容与任务认知的一个窗口，透露了对他对“教育即生活，生活即教育”理念的认同，同时使我们看到他育人的最终目标的确指向了全人教育。

## 三、养成学生健康体魄

在《论各地方亟宜组织学术研究会》一文中，江恒源简要回顾了中国近代学制改

---

① 刘旭光，连云港市政协学习文史资料委员会，中国民主同盟连云港市委员会. 江恒源教育文集(2)［M]. 北京：群言出版社，2020：542.

② 刘旭光，连云港市政协学习文史资料委员会，中国民主同盟连云港市委员会. 江恒源教育文集(2)［M]. 北京：群言出版社，2020：432.

③ 刘旭光，连云港市政协学习文史资料委员会，中国民主同盟连云港市委员会. 江恒源教育文集(2)［M]. 北京：群言出版社，2020：398.

④ 刘旭光，连云港市政协学习文史资料委员会，中国民主同盟连云港市委员会. 江恒源教育文集(2)［M]. 北京：群言出版社，2020：2120.

⑤ 刘旭光，连云港市政协学习文史资料委员会，中国民主同盟连云港市委员会. 江恒源教育文集(2)［M]. 北京：群言出版社，2020：547.

革，认为兴办新教育的目的是“谋发达学子之心力体力，俾造就有用之人才，与健全之国民”①。他所说的“健全”可以与“学子之心力体力发达”形成互文，即“健全”包括心智健全和身体健全，其题中之意自然包含了加强体育育人。在江恒源看来，学校除了教学活动外，还应举办其他活动，让学生“体有所操作，有所练习。……能因手足耳目之活动，随时受以相当之知识，则德性既日趋发展，知能亦日益进步，同时身体亦必日行强健”②。唯有如此，才能保证育人工作任务得到落实。他赞同“德智体”三育融合的教育方针，因为在他看来，“有好身体、好头脑、好品格，则所学的之事，才是真正有用的”③。江恒源虽然将德育置于育人工作的核心位置，但是面对学生身体孱弱、心理懈怠、精神不振的现实，在发表有关育人主张时往往体育排在他阐述的所有问题的首位。他经常指出当时中国社会一般缺乏三样东西，分别是健康的身体、积极的精神、科学的能力，对于这三样东西，“一般教育，固然要负这种责任，尤其是中学教育，负得这种责任更重”④。从小学至高中毕业，正是学生身体发育、心理发展的关键期，如果教育引导不当方，就会使学生偏废一方，造成身体或心理的缺憾。江恒源批评当时学校高喊德智体“三育”并重，但实际上重知识传授轻体质锻炼的做法，为青年学生体弱多病乃至神经衰弱的健康状态而深感担忧。他呼吁大学生“深深觉悟到自己身体与民族盛衰关系之重，一致努力于身体的锻炼”，要求学校务必使学生“个个皆有好运动的兴趣，人人皆有能运动的机会，实行普遍的锻炼，力避畸形的发展”，期盼政府“奖励体育，提倡运动”⑤。在论及学生对于中华民族应承担的责任时，江恒源提倡培养三种能力，其中排在培养自卫卫国能力首位的是养成强健体质、健康生活和运动习惯。在国家面临外敌入侵危机之时，他出于对国家与民族命运的考虑，更是大力提倡体育。他考察了日本的职业教育后，认识到了当时日本教育的侵略性和对中国埋藏的野心，认为要想中国青年学生发展民族自强不息的精神和洗去民族耻辱，必须锻炼身体，其次进行人格训练。他热情地呼唤说：“各界有志向上的青年，应切实认定自身健康，不仅是一己的幸运，并且关系到民族前途，赶紧联合同志，努力于身体

① 刘旭光，连云港市政协学习文史资料委员会，中国民主同盟连云港市委员会．江恒源教育文集（1）[M]．北京：群言出版社，2020：1.

② 刘旭光，连云港市政协学习文史资料委员会，中国民主同盟连云港市委员会．江恒源教育文集（1）[M]．北京：群言出版社，2020：84.

③ 刘旭光，连云港市政协学习文史资料委员会，中国民主同盟连云港市委员会．江恒源教育文集（2）[M]．北京：群言出版社，2020：414.

④ 刘旭光，连云港市政协学习文史资料委员会，中国民主同盟连云港市委员会．江恒源教育文集（1）[M]．北京：群言出版社，2020：279.

⑤ 刘旭光，连云港市政协学习文史资料委员会，中国民主同盟连云港市委员会．江恒源教育文集（4）[M]．北京：群言出版社，2020：1354.

锻炼。”[①]江恒源对体育育人的重视，源自他对社会生活的观察和他的人生观。他对身体与心理、体质与精神的关系有着科学的认识，认为“健全之精神，存于健全之体质。……个人之有活动力也，不外心身两力发展之结果”[②]。他对有成就者的身体状况做了简单考察，发现“世界有数之大学问家大事业家，无一不具有坚强之体力者”[③]，因此热切希望青年学生能重视身体锻炼和健康生活，希望借此“既可以使个人立足于社会，又可以使中华民族永存于世界”[④]。他的人生哲学——三方融合的人生观，将“物质的经济的”因素视为人类存在的基础，而人的存在是艺术与道德发展的现实基础。职是之故，他尤其重视强健体魄和健康心理的养成。

## 四、提高学生劳动能力

中国近代兴办新教育至民国时期，虽然历次制定的教育方针或教育宗旨往往涵盖德智体美劳“五育”，但是学校育人重视德育智育、忽视体育美育、轻视劳育的总体态势一直未能得到根本扭转。虽然劳育在一些特殊时间段或在特殊背景下得到了一定程度的重视，比如，个别学校因校长的教育理念而重视劳育，政府主导下的各类学校推行职业教育助推了劳育的实施，民间团体如勤工俭学会、留法勤工俭学学会的提倡和作为促进了生产劳动与科学知识学习的融合，但是难以改变劳育在学校育人工作中的边缘地位。江恒源认为劳动是人生存的必要条件和现实需要，“大凡一切动物，无勤劳工作是不能得食的，这是自然界的自然现象。我们人类既属是动物，也不能违背这种原则”[⑤]。他有感于学生毕业后不能升学，回到家中既不能帮助理家事、谋生活，又无法服务社会的情况，就如何提高学生的动手能力、处理事务能力、服务社会能力等进行了深入思考。他撰写了《小学劳作教育与社会问题》《劳作教育的使命》等文章，专门探讨劳动教育的意义、必要性、价值和作用等。江恒源提倡的劳动教育，主要包括以下内容。一是养成学生的劳动观念。他批判传统教育为少数人而设，偏重文化知识传授而轻视职业教育，制造了“劳心”与“劳力”、“治人”与“治于人”的阶级对立，

---

① 刘旭光，连云港市政协学习文史资料委员会，中国民主同盟连云港市委员会. 江恒源教育文集（4）[M]. 北京：群言出版社，2020：1354.

② 刘旭光，连云港市政协学习文史资料委员会，中国民主同盟连云港市委员会. 江恒源教育文集（1）[M]. 北京：群言出版社，2020：5－6.

③ 刘旭光，连云港市政协学习文史资料委员会，中国民主同盟连云港市委员会. 江恒源教育文集（1）[M]. 北京：群言出版社，2020：5－6.

④ 刘旭光，连云港市政协学习文史资料委员会，中国民主同盟连云港市委员会. 江恒源教育文集（4）[M]. 北京：群言出版社，2020：1576.

⑤ 刘旭光，连云港市政协学习文史资料委员会，中国民主同盟连云港市委员会. 江恒源教育文集（1）[M]. 北京：群言出版社，2020：181.

认为改革的唯一途径就是加强劳动教育，使教育社会化、生产化，使“不劳不食”成为牢固的信念，“凡是教师训练学生也就以此为标准”①。他认为劳作教育具有打破重文轻武思想、促进职业进步、增加生产、充实职业教育内容、巩固国防和完满人类生活等六项功能，“在任何学校中是占了重要地位，可是没有人把它使用出来，利用起来”②。他引用“不劳而食谓之贼”的古语，教育学生要养成正确的职业观念，“劳动就是从事职业的动机。所以人人应该劳动，人人应该有职业”③。二是培养学生的劳动能力。江恒源曾说：“劳作教育就是重视行动的教育。譬如打水、拭桌、耕田、栽树，这都是劳作。”④ 可见，他所说的“劳动”是针对学生的特点进行了广泛的拓展的，对于不同阶段、不同类型学生来说，劳动教育实施的方式和途径有所不同。他主张普通学校培养学生的劳动能力，主要包括建设校园、维护环境、处理家事、参加生产、服务社会等方面的能力；职业学校培养学生的劳动能力，要将专门知识（专业知识）传授、操作能力训练和参加社会职业劳动结合起来，要训练学生的谋生技能，“用劳力得报酬，它的性质，不但对自己有利益，同时对社会对人都有益的”⑤；师范学校除了培养学生的一般劳动能力，还要培养他们指导劳动教育的能力，使他们任教职后能影响和指导。三是培养学生的劳动兴趣和劳动习惯。他提出了“劳作教育即兴趣教育”的观点，主张从儿童的兴趣出发，在劳动中施以教育，进而使“儿童乐于操劳，而兴趣更浓”⑥。他提倡劳动教育要从小学开始，“生产的能力，精神与兴趣，均要在小学时代养成，如小学里养鸡、养鸭、养鱼、种瓜、种菜等工作，就是提倡生产教育的基础”⑦。江恒源没有以具体的劳动操作替代劳动教育的全部价值，重视培养学生正确的劳动观念、自觉的创造意识和勤于动手习惯的培养，突出了劳动课程的意义和功能。21 世纪以来，我国劳动课程建设逐渐明确了“以人为本”的课程功能定位，并开始从劳动本身丰富的育人价值出发，将发展学生尊重劳动、以劳动为荣的价值观与帮助学生靠劳

① 刘旭光，连云港市政协学习文史资料委员会，中国民主同盟连云港市委员会. 江恒源教育文集（3）[M]. 北京：群言出版社，2020：1067.

② 刘旭光，连云港市政协学习文史资料委员会，中国民主同盟连云港市委员会. 江恒源教育文集（6）[M]. 北京：群言出版社，2020：2182.

③ 刘旭光，连云港市政协学习文史资料委员会，中国民主同盟连云港市委员会. 江恒源教育文集（2）[M]. 北京：群言出版社，2020：390.

④ 刘旭光，连云港市政协学习文史资料委员会，中国民主同盟连云港市委员会. 江恒源教育文集（3）[M]. 北京：群言出版社，2020：1068.

⑤ 刘旭光，连云港市政协学习文史资料委员会，中国民主同盟连云港市委员会. 江恒源教育文集（2）[M]. 北京：群言出版社，2020：389.

⑥ 刘旭光，连云港市政协学习文史资料委员会，中国民主同盟连云港市委员会. 江恒源教育文集（3）[M]. 北京：群言出版社，2020：1076.

⑦ 刘旭光，连云港市政协学习文史资料委员会，中国民主同盟连云港市委员会. 江恒源教育文集（3）[M]. 北京：群言出版社，2020：1077.

动实现个人价值、丰富生命意义作为劳动课程基本的价值追求①。从这个角度看，江恒源劳动育人观是有一定的进步性的。

## 五、培养学生多元能力

对于学生能力培养方面，江恒源提出了很多具体的主张。翻检《江恒源教育文集》可见发现，江恒源对学生诸种能力在不同场合有不同的指称。他主张培养学生的心力和体力。其中，“心力”指的是智力，主要针对学生学习文化知识而言；“体力”指的是体质，意在提倡学校要为学生学习和生活奠定良好基础。他主张在国文教学中培养学生欣赏力、创作力和识别力，这是就学生的学科学习能力而言的。他所提倡的学生应该养成的“科学的能力”，包含“支配自然的能力”和“处理人事的能力”，指向人生活的两大领域——劳动（工作）领域和生活（社会）领域。在以民族复兴教育为主题的演讲中，他提出学校要培养学生自养的能力、自卫的能力和自教的能力，这三项能力在他回复“如何做人”问题时被表述为“自养养群、自卫卫国和自治治人”，突出了“自养自立、能够去帮助别人”“锻炼身体，维持国家的生存，保全民族的独立”“养成互助、合群、守秩序、爱公德的美德”② 的价值取向。在国家遭受侵略、民族面临危亡之际，江恒源主张做人要有助于国防，要求学生养成三种力（自养力、自卫力、团结力）和三种心（羞耻心、自信心、爱国心），“力是由知能的灌输训练而成，比较偏重在知识意志习惯方面。心重在情感的启发与培养，一部分却也根据于知识，而渐渐成为习性。”③ 可见，江恒源主张培养的学生能力是多方面、多层次的，几乎涉及学生学校生活、社会生活和家庭生活各个方面。他的这些主张既面向学生自身成长，又面向社会生活、国家需要，带有杜威“教育即生活”思想和陶行知“生活即教育”思想的印迹。

总体上看，江恒源的育人思想受儒家思想影响甚巨，他在此基础上结合社会实际有所创新。比如：他主张读书学做人，“一定要依据仁义，以求圆满生活”④；他希望青年要立定志向去做人，“站在儒家的人生观上，去救社会救国家”⑤；他曾明确表示他是

---

① 宋岭，张华. 时代挑战与未来路向：劳动教育的当代诠释与实践［J］. 中国教育科学（中英文），2020，3（02）：41－49.

② 刘旭光，连云港市政协学习文史资料委员会，中国民主同盟连云港市委员会. 江恒源教育文集（4）［M］. 北京：群言出版社，2020：1349.

③ 刘旭光，连云港市政协学习文史资料委员会，中国民主同盟连云港市委员会. 江恒源教育文集（4）［M］. 北京：群言出版社，2020：1462.

④ 刘旭光，连云港市政协学习文史资料委员会，中国民主同盟连云港市委员会. 江恒源教育文集（4）［M］. 北京：群言出版社，2020：1426.

⑤ 刘旭光，连云港市政协学习文史资料委员会，中国民主同盟连云港市委员会. 江恒源教育文集（4）［M］. 北京：群言出版社，2020：1445.

赞成儒家主张的，“是站在儒家地立场上发言的”[①]。此外，江恒源对于美育也有所论述。他曾说，“使体育、智育、群育、美育不陷于孤立，使四者得以相互联络、相互调剂，成为一整个高尚完美生活”[②]。遗憾的是，他没有对美育的目标、价值、功能和方法作出较为全面的阐述，这很可能与他专注推进职业教育以改善民生，注重谋生本领而将艺术视为调节生活的手段有一定的关系。

## 第四节　育人路径

江恒源认为，学生的道德教化、习惯养成、人格培养等工作，不能单纯依靠学校内的训育人员，甚至不能单纯依靠学校的力量。他主张育人活动要拓宽渠道，从多种路径入手增强育人效果。

### 一、“家校社”协同合作

江恒源认识到，育人工作具有十分重要的意义和价值，但是要想圆满实现育人功能，使学生身心得以健全发展，道德修养和诸种能力得到全面提高，就需要在学校发挥育人主体功能的前期下，“家校社”三方协同开展相关工作，。他倡导育人坚持教训合一的原则，目的就在于协调校内训育人员与学科教师的力量，有所侧重地形成促进学生发展的合力。他说：“大厦倾，非一木所支。与薪火，则杯水莫救。……其在未入学校以前，与夫既出学校以后，始则生活于家庭，继则生活于社会。意志半受群众之支配。习性多由环境所铸成。事实彰彰，无可为讳。于此可知学校教育之力，及于人生，最多仅占四分之一。其他四分之三，则皆讨生活于社会教育权威之下。社会良则学校不期善而自善，社会恶，则虽有良校，亦无以自存。”[③]这段话包含了三层意思：一是学校教育作用于人的时间相比社会和家庭都较短，因此其影响力有一定的局限性；二是社会和家庭在学生走出校门后，对其发展和生活具有潜移默化的作用；三是育人必须社会、学校和家庭三方协同，共同创造有益于学生成长的条件。江恒源提出这样的主张，不是推脱学校的责任，而是因为他清醒

① 刘旭光，连云港市政协学习文史资料委员会，中国民主同盟连云港市委员会. 江恒源教育文集（6）[M]. 北京：群言出版社，2020：2247.

② 刘旭光，连云港市政协学习文史资料委员会，中国民主同盟连云港市委员会. 江恒源教育文集（1）[M]. 北京：群言出版社，2020：77.

③ 刘旭光，连云港市政协学习文史资料委员会，中国民主同盟连云港市委员会. 江恒源教育文集（1）[M]. 北京：群言出版社，2020：56.

地认识到当时的学校在育人当面存在的一些弊端，而这些弊端有的单凭学校力量是无法消除的，只能借助社会或家庭的力量。他说："学校教育自身，不能尽善，有待于改良者至多。斯固然也。然社会不能改善，则学校之效力终微。"[①] 在家庭与学校关系方面，江恒源在确定学校作为育人主体的前提下，主张学校要积极行动起来，建立与家庭经常性、稳定性的联系，而家庭也要主动发挥作用，与学校共同承担教育儿童的责任。江恒源认为，家庭在儿童教育方面具有巨大的潜在价值，应该发挥育人功能，与学校形成相互促进的动力格局。江恒源指出，儿童教育应该由家庭与学校共同负责，甚至在某种意义上家庭所负的责任比学校还重要，"因为无良好家庭，虽有良好学校，效力也很微。……家庭改良，不但学校教育可以收事半功倍之效，就是其他社会方面也容易改善了"[②]。在他看来，改良社会必须从改良家庭开始，教给儿童做人的道理和促使他们养成良好的习惯也要从家庭开始。基于这样的认识，江恒源提倡学校要与家庭建立联系，"因为联系学生家庭，才可以了解学生，自然施教更有把握"[③]。江恒源希望学校深入了解学生的家庭状况，联络家庭，共同施教，"无论在积极方面，在消极方面，倘使家庭学校联合起来，共同教育学生，不消说是事半功倍的了"[④]。在社会和学校关系方面，江恒源主张社会教育与学校教育能联系配合、彼此互助。人总是生活在一定的社会环境之中的，与社会、与他人有广泛的联系，因此个人生活要考虑为社会、为他人造福，社会也应该为一个人的成长提供良好的支持。江恒源基于这样的认识，要求社会生机勃发、文化发达，用教育的方法来改变人，发挥其指导青年"做人"的功能。他从强化社会的教育功能角度出发，提醒人们要经常反思这类的问题，即是否因为社会教育办得太差，以致优良环境无由造成，而恶劣习气无由涤除[⑤]。江恒源的这些主张，即便放在当下家校社联系、推进儿童教育一体化进程的背景下加以审视，也依然具有重要的现实意义和参考价值。江恒源关于学校教育、社会教育和家庭教育各有侧重又分工合作的育人观念，既指向学生的道德和人格修养，又指向学生的学习生活和社会生活，对于当下强化家长责任意识、完善学校教

---

① 刘旭光，连云港市政协学习文史资料委员会，中国民主同盟连云港市委员会．江恒源教育文集（1）[M]．北京：群言出版社，2020：57.

② 刘旭光，连云港市政协学习文史资料委员会，中国民主同盟连云港市委员会．江恒源教育文集（1）[M]．北京：群言出版社，2020：374.

③ 刘旭光，连云港市政协学习文史资料委员会，中国民主同盟连云港市委员会．江恒源教育文集（6）[M]．北京：群言出版社，2020：2438.

④ 刘旭光，连云港市政协学习文史资料委员会，中国民主同盟连云港市委员会．江恒源教育文集（6）[M]．北京：群言出版社，2020：2466.

⑤ 刘旭光，连云港市政协学习文史资料委员会，中国民主同盟连云港市委员会．江恒源教育文集（6）[M]．北京：群言出版社，2020：2208.

育制度、加强多元主体合作和发挥家校社协同作用的协同育人责任伦理机制[①]的建构和完善，有一定的借鉴意义。

## 二、学生自治自省

黄炎培、江恒源执笔创撰写的《中华职业学校校歌》中有这样的歌词，“用自己的努力，过自己的生活，帮助别人的生活，养成共同的生活；用我手、用我脑，不单是用我的笔；要做，不单是要说”[②]。其中，“用自己的努力，过自己的生活”，强调的是自强自主；“帮助别人的生活，养成共同的生活”，蕴含着互助互教的理念；“用我手、用我脑，不单是用我的笔”，主张要善于思考和善于自省。这虽然是中华职业教育社教育理念的表达，实则反映了江恒源在育人活动中遵循的原则。江恒源曾多次强调，现代青年要做自强、自立、自主的人，要养成“自养自群、自卫卫国、自治治人”[③] 的能力。在《学生对于中华民族的责任》一文中，他对这三种能力的内涵和重要性做了具体阐释，将“自治”阐释为“就是自己管理自己”，以此为基础才能养成号召他人、组织社会的能力。江恒源认为，一个人养成自治能力的关键在于要具备两个前提条件，分别是反省作用和大公无私[④]。这种育人实践路径的思想源头是儒家的文化思想，包括儒家“省身”“天下为公”和道德自律等思想。江恒源还主张学生要善于自教，即自己教化自己、教导自己，促进自身德行和学识的进步。他认为小学生受身心发展的制约，本身没有自教的能力，因此一切依靠父兄师长的教诲和引导，但是到了青年学生时代，就必须养成自教、自求光明、自求觉悟的能力。江恒源说：“一个国家的人民大多数人不识字，不能自教，即不能够蒸蒸日上。”[⑤] 可见，江恒源不仅将自我教育、自我约束和自我管理视为提高个人道德修养和生活能力的重要方式，也将其视为挽救国家和民族危亡之势的重要途径。他和梁漱溟一样，都对学校包办式的育人方式感到担忧和不满，认为那是手足不勤，心思不用的教育，即一切的事情都不要学生操心，使学生处于被动地位，结果是学生不仅学问难以成功，反而容易变成不能做事的废物。江恒源借用梁漱溟的话说：“我根本的主张，是要学生拿出他的心思耳目手足的力量，来做他

---

① 廖靖茜，龚洪．家校社协同育人的责任伦理［J］．民族教育研究，2023，34（01）：13－20．

② 刘旭光，连云港市政协学习文史资料委员会，中国民主同盟连云港市委员会．江恒源教育文集（2）［M］．北京：群言出版社，2020：457．

③ 刘旭光，连云港市政协学习文史资料委员会，中国民主同盟连云港市委员会．江恒源教育文集（4）［M］．北京：群言出版社，2020：1348．

④ 刘旭光，连云港市政协学习文史资料委员会，中国民主同盟连云港市委员会．江恒源教育文集（4）［M］．北京：群言出版社，2020：1577．

⑤ 刘旭光，连云港市政协学习文史资料委员会，中国民主同盟连云港市委员会．江恒源教育文集（3）［M］．北京：群言出版社，2020：926．

们自己的生活，不一定是他们个人的，就是团体的，也要由他们自己去管理，去亲身经历，总要他们用他们自己的心思才力，去求他们自己所需要的智识学问。”[①] 基于这样的育人实践观，江恒源极力称扬那些能培养学生自治能力、自律意识和自教精神的学校，主张推行其育人经验或吸收其育人理念。1926 年，他视察丹徒第一区第七初级小学时，十分欣赏学校让学生抄录格言当众展示或宣读，以培养学生自我教育能力的做法，认为“格言经学生自写，使道德观念，由内发而非外铄。尤为十分有效，……而可以收教育上之良果者”[②]。他在考察日本玉川学园时，特别关注该学园注重学员自学自律意识培养，以及帮助学员强化自我意识、涵养高尚人格、锻炼多元知能的一些做法。

## 二、引导学生参加社会实践

江恒源一向将学校教育视为开放的、不断汲取外界养分以获得自我革新的系统，而不是自我满足的孤立封闭的系统。由江恒源的相关教育论述可以发现，他非常重视校内与校外两大领域协调育人，希望能充分发挥社会、学校、家庭三大阵地的教育功能，全方位地促进儿童、青年的健康成长。在他看来，社会和家庭的教育价值，除了体现在能给予儿童、青年直接的教诲和指导，还在于能为学生提供在生活和做事中涵养道德品性和发展才干的机会。因此，他主张任何学校要善用利用家庭生活和社会事务等教育资源，使学生在校学习期间就能建立起与社会各界的联系，使“教学做三者同时并重”，如果学生脱离社会生活，“带有书呆子气、小名士气、厌世派学者气，皆为教育失败之证据”[③]。他认为无论学生身心的发展、道德的养成还是知识的习得，都需要经生活和做事的磨炼才能成功，“实地去做，可以得着真经验，养成真能力。因为这样去做，不是纸上谈兵，乃是躬行实践”[④]。在他看来，道德修养不能仅仅追求道德知识的扩张，“道德智能，贵乎练习，练习之际，尤贵能善为利用”[⑤]。关于引导学生参加实践以锻炼身心、培养才干和发展道德，他提出了许多切合实际且富有操作性、可

---

① 刘旭光，连云港市政协学习文史资料委员会，中国民主同盟连云港市委员会. 江恒源教育文集（2）[M]. 北京：群言出版社，2020：605.

② 刘旭光，连云港市政协学习文史资料委员会，中国民主同盟连云港市委员会. 江恒源教育文集（1）[M]. 北京：群言出版社，2020：50.

③ 刘旭光，连云港市政协学习文史资料委员会，中国民主同盟连云港市委员会. 江恒源教育文集（1）[M]. 北京：群言出版社，2020：135.

④ 刘旭光，连云港市政协学习文史资料委员会，中国民主同盟连云港市委员会. 江恒源教育文集（2）[M]. 北京：群言出版社，2020：431.

⑤ 刘旭光，连云港市政协学习文史资料委员会，中国民主同盟连云港市委员会. 江恒源教育文集（1）[M]. 北京：群言出版社，2020：83.

行性的方法和路径。比如：对于小学生，学校要注重引导，指导学生参加有益身心发展的活动，使他们读书与做事并重，“因手足耳目之活动，随时授以相当之知识，则德性既日趋发展，知能亦日益进步，同时身体，亦必日形强健”①；对于中学生，学校要教给学生蔬菜种植、家政烹饪、花木栽培、裁剪缝纫等知识，让学生回到家中协助开展生产或辅助做些家务，这样不仅可以借此练习本领，而且能使家长相信科学方法，一举两得②；对于职业学校的学生，学校要引导他们建立与实业界的联系；对于师范生，学校不仅要组织他们深入中小学开展教育实习，而要带领他们深入社会，养成“改良社会生活之能力与兴味”③。在所有社会实践活动中，江恒源认为最重要的是劳动实践，因此主张通过劳动教育发展学生的道德和人格，帮助他们养成良好的生活习惯和劳动习惯。他专门撰写了《小学劳作教育与社会问题》《看，劳作教育的使命》等文章，指出“打破传统教育弊端的做法不外乎三点：使教育社会化，是教育能达增加社会生产的目的；使‘不劳不食’一语，成为天经地义”④。他心目中的劳动教育具有多元价值：是有关生活的教育，面向儿童日常活动；是科学的教育，与科学知识的学习融合在一起；是兴趣教育，培养儿童的劳作兴趣，在劳动中施以教育；是职业教育，培养职业意识和职业兴趣⑤。他主张按照学生身心和体力实际，有区别地带领学生参加农业劳动和社会生产，既将普通教育领域中的劳动与职业教育领域中的劳动适当切分开来，又要互相借鉴，合理汲取所需。对于职业学校的学生，他认为要在社会实业界的实际工作环境中提高生产技术和服务社会的能力，形成良好的待人接物的态度。对于普通中小学的学生，他着重强调引导他们自觉参加家务劳动、农事劳动或手工劳作，“使学生能养成好的习惯、平等观念、互助精神”⑥。本着这样的认识，江恒源在考察日本职业教育时特别关注学生参与劳动的情况。他眼中的日本学生参加农事劳动时粗衣跣足却精神饱满，“多在田内作工，握锄持耒，完全与农夫无异。个个身体强健，态度

① 刘旭光，连云港市政协学习文史资料委员会，中国民主同盟连云港市委员会．江恒源教育文集（1）［M］．北京：群言出版社，2020：84.

② 刘旭光，连云港市政协学习文史资料委员会，中国民主同盟连云港市委员会．江恒源教育文集（1）［M］．北京：群言出版社，2020：350.

③ 刘旭光，连云港市政协学习文史资料委员会，中国民主同盟连云港市委员会．江恒源教育文集（1）［M］．北京：群言出版社，2020：135

④ 刘旭光，连云港市政协学习文史资料委员会，中国民主同盟连云港市委员会．江恒源教育文集（3）［M］．北京：群言出版社，2020：1067.

⑤ 刘旭光，连云港市政协学习文史资料委员会，中国民主同盟连云港市委员会．江恒源教育文集（3）［M］．北京：群言出版社，2020：1076-1077.

⑥ 刘旭光，连云港市政协学习文史资料委员会，中国民主同盟连云港市委员会．江恒源教育文集（2）［M］．北京：群言出版社，2020：535.

从容，工作努力，见客来有礼貌”[①]。这种情形与中国学生形成了鲜明对比，让江恒源感到钦佩的同时也使他产生了一丝危机感。江恒源从提高国民素质和完善学生人格角度出发，呼吁学校要从日本教育取得借鉴，重视带领学生参加社会实践活动尤其是参加社会劳动，要“注重实习，不重空言，必求理论与实际相调和；除重生产技能外。关于人格修养，身体锻炼，十分注重”[②]。

## 四、建设美好育人环境

“人创造环境，同样，环境也创造人。”[③] 中国古代一向重视发挥环境对人的积极作用，提倡要创设和谐美好的环境（包括自然环境和人文环境）。当代教育更是将环境视为一种隐性课程，主张校园景观要渗透人文精神和文化元素，要重视学校人文环境的优化，使学生随时随地都能接受优秀文化的熏染。在某种意义上，环境育人与教学育人、管理育人，可以说是学校教育引导学生全面发展的三大主阵地。江恒源指出，学校教育包含四大要素，分别是教育环境、教师、教学工具、组织与方法，教育环境位居第一，足见他对环境育人的重视。江恒源认为环境的优劣对人的善恶品性有潜在的影响，居住在窗明几净的书房内或美丽的花园内，自然而然的心旷神怡，恶念不生，反之，若久住在一个黑暗、卑陋、污秽的地方就会使人精神颓丧。江恒源认为打造优美的学习环境对育人工作有着非常重要的价值，“有了好环境，自然能熏陶成好品行。待到德性坚定以后将来再到歹环境，自然就具有抵抗的能力了，自然也就不怕为恶习所渲染了”[④]。

江恒源主要从三个层面阐述了他环境育人的实践路径。一是创造优美整洁的校园环境。江恒源所说的“教育环境”，在很大意义上指的是物质环境。他认为忽视物质环境的建设与改造是不对的，完善的设备设施、优美的校园景观、良好的学习环境关乎学生的心身修养，因此主张“为谋教育的优良，第一不可不为学生造成一个好环境。有了好环境，自然能陶冶成好品行”[⑤]。他提出理想的中学要建造在离城市二三里外的乡村，最好是建在有山林的地方，可见他倾向于为学生提供安静优雅的学习环境。在

---

① 刘旭光，连云港市政协学习文史资料委员会，中国民主同盟连云港市委员会．江恒源教育文集（3）［M］．北京：群言出版社，2020：814.

② 刘旭光，连云港市政协学习文史资料委员会，中国民主同盟连云港市委员会．江恒源教育文集（3）［M］．北京：群言出版社，2020：814.

③ 马克思恩格斯选集（第1卷）［M］．北京：人民出版社，1995：92.

④ 刘旭光，连云港市政协学习文史资料委员会，中国民主同盟连云港市委员会．江恒源教育文集（1）［M］．北京：群言出版社，2020：286.

⑤ 刘旭光，连云港市政协学习文史资料委员会，中国民主同盟连云港市委员会．江恒源教育文集（1）［M］．北京：群言出版社，2020：286.

江恒源看来，优美校园环境的建设，不能由学校或教师代包代办，应该发动学生一起动手。他认为发动儿童力量建设美丽校园可以收到多方面的效果，包括有助于养成学生的建设能力、审美观念和自动观念（现今称为“自觉性”、主体意识）、互助精神和耐劳习性等[①]。二是建设良好的学校文化。有了优美的物质环境，还需有优良校园风气为引导，才能真正充分发挥环境育人的功能。因此，江恒源还重视校园文化建设，呼吁打造和谐宽容、充满精神引导力的校园文化。江恒源说：“教育是母性的，纯赖感化的。一个教育机关之内，应该充满和乐之气，使被教的人，日坐春风之中，于不知不觉之间，可以使善性融发滋长，恶性根本泯亡。”[②] 这里的“教育机关”，指的就是学校。显然，他将学校所有的教职员视为开展育人活动的整体，人人都负有指导学生做人的职责。所谓“教育是母性的”，强调的是教育要以柔性而持久的力量去感染人、感化人和感发人，而不是生硬地给学生灌输做人的道理。江恒源视教师的道德修养和高尚人格为教育学生的宝贵资源，称具有高尚的人格和优秀学识能力的教师为“精神的设备”[③]，提倡教师要具有指导青年的特殊兴趣、具有相当的修养与技术，并不断热心地考查学生的实际生活，了解青年心理，并能利用种种机会因事因时地对学生施以利导[④]。江恒源在“师德”之外，还专门提出了“师格”这一概念，主要指教师的资格以及他们的精神、理想、见解、风度等，以凸显教师的人格魅力对学生成长的深刻影响。为了强调学校物资环境与文化环境的统一，江恒源提出了“教育场”这一概念，并将之分为健康体育场、自然科学教育场、社会科学教育场和艺术教育场四种存现形态。教育场的建设包含对物质条件和文化氛围的双重要求，尤其是其中的艺术教育场不单指布展艺术品的特定空间，还包括整个校园甚至教师的家庭环境。江恒源意在将校园建造成充满艺术元素的优美空间，“学生以天真烂漫活泼的小小身心，天天浸润在这一个美的环境之内，时时处处皆得到艺术教育的机会”[⑤]。三是营造良好的社会风气。教育与社会各界有着千丝万缕的联系，学生的成长是学校教育和复杂社会因素合力作用的结果。教育培养的是适应社会生活、改进社会生活的人，这内在地决定了教育必须是开放式的。学校要想对学生开展全方位的教育引导，就必须重视利用社会环境因素。

---

① 刘旭光，连云港市政协学习文史资料委员会，中国民主同盟连云港市委员会. 江恒源教育文集（1）[M]. 北京：群言出版社，2020：354.

② 刘旭光，连云港市政协学习文史资料委员会，中国民主同盟连云港市委员会. 江恒源教育文集（2）[M]. 北京：群言出版社，2020：593.

③ 刘旭光，连云港市政协学习文史资料委员会，中国民主同盟连云港市委员会. 江恒源教育文集（1）[M]. 北京：群言出版社，2020：286.

④ 刘旭光，连云港市政协学习文史资料委员会，中国民主同盟连云港市委员会. 江恒源教育文集（6）[M]. 北京：群言出版社，2020：2360.

⑤ 刘旭光，连云港市政协学习文史资料委员会，中国民主同盟连云港市委员会. 江恒源教育文集（1）[M]. 北京：群言出版社，2020：293.

他有感于社会风气之颓废，看到了恶劣的社会环境对育人的危害，指出学校教育“无以左右社会与政治，使之趋于良善。而社会与政治恶劣之势力，反足以震撼教育，使之不克自坚其壁垒”[①]。故而，他大声疾呼“授业解惑，有待良师；移风易俗，端资善政。是以学校教育固宜力求优良，而社会环境，亦应从事改善”[②]。

客观地讲，江恒源的育人思想具有一定的时代局限性。比如：他关于促进学生身心发展的主张，侧重于通过体育强健体质体格和道德个性的养成，没能关注到学生的心理健康方面存在的问题；他提出的教训合一育人原则，在“训”的方面强调学生的“服从”“守矩”，忽视了学生创造精神、开拓精神的培养；主张以儒家的“仁”“善”等道德思想观念教育引导学生，忽视了当时中国社会对学生成长的新要求。但是，他的很多育人思想能与当时中国的教育宗旨相呼应，富有理论价值和实践意义，其中的一些真知灼见对于当下加强育人工作、提高育人质量，依然具有一定的启发意义。习近平总书记强调，“人才培养一定是育人和育才相统一的过程，而育人是本。人无德不立，育人的根本在于立德”[③]，“要把立德树人作为教育的中心环节，把思想政治工作贯穿教育教学全过程，实现全程育人、全方位育人”，[④]“要在加强品德修养上下功夫，教育引导学生培育和践行社会主义核心价值观，踏踏实实修好品德，成为有大爱大德大情怀的人”[⑤]。研读江恒源教育论著，把握其育人思想精髓，扬弃其落后于时代的思想观念，感悟其基于国家与民族命运献身教育事业的责任感和使命意识，能为我们贯彻新时代教育立德树人根本使命，指导学生全面发展提供精神动力。

---

① 刘旭光，连云港市政协学习文史资料委员会，中国民主同盟连云港市委员会．江恒源教育文集（1）［M］．北京：群言出版社，2020：111．

② 刘旭光，连云港市政协学习文史资料委员会，中国民主同盟连云港市委员会．江恒源教育文集（1）［M］．北京：群言出版社，2020：53．

③ 习近平．在北京大学师生座谈会上的讲话［N］．人民日报，2018－05－03（1）．

④ 习近平在全国高校思想政治工作会议上强调：把思想政治工作贯穿教育教学全过程 开创我国高等教育事业发展新局面［EB/OL］．［2023－08－26］．http：//www．moe．gov．cn/jyb_xwfb/s6052/moe_838/201612/t20161208_291306．html．

⑤ 习近平反复强调这是教育的根本任务［EB/OL］．［2023－08－26］．http：//www．qstheory．cn/qshyjx/2021－12/06/c_1128135702．htm．

# 第二章

# 江恒源的劳动教育思想

2020年3月20日，中共中央、国务院颁布了《关于全面加强新时代大中小学劳动教育的意见》，强调要将劳动教育贯通大中小学各学段，这是新中国成立以来首次对大中小学劳动教育进行系统设计和专门部署，充分体现了党和国家对劳动教育的高度重视。2020年7月9日，教育部印发《大中小学劳动教育指导纲要（试行）》，明确了劳动教育目标框架及大中小学劳动教育主要内容和具体要求，进一步细化和落实了《关于全面加强新时代大中小学劳动教育的意见》精神。其实，早在民国时期，就有一批教育家曾对劳动教育进行过深入的思考和积极的探索，江恒源就是其中的一位。作为我国职业教育重要的开创者和奠基人之一，江恒源为我国职业教育的发展做出了杰出的贡献。劳动教育思想是江恒源职业教育思想的有机构成，江恒源的劳动教育思想集中体现在《小学劳作教育与社会问题》（1933年）、《生产教育的理论与实施》（1935年）、《劳作教育的使命》（1939年）等文章中。

## 第一节　劳动教育的内涵

关于劳动教育的内涵，江恒源是将其放在整个社会教育系统里来加以考量和理解的。江恒源认为，人为了生存才有了各种各样的生命活动，人的生命活动可以从三个方面来认识，分别是群居互助、物质营养、劳动生活。在江恒源看来，这三个方面对人类生活的意义各有不同。①群居互助。人乐群居，群居可以说是本能，既群居，一定要互助，互助也可说是本能。这种群居互助本能的表现，便是人类社会产生的根源。②物质营养。我们知道植物的生长，一定需要空气和水，而我们人类生活，则脱离不了物质的供给与需要。否则，生活便不能长存。因此，人类物质生活一定要依赖物质营养。③劳动生活。儿童俱是欢喜劳动，可见劳动性是与生俱来的。照心理学研究，劳动本能的发挥，可以为创造事物的根源[①]。“在如此群居生活，发生经济行为之下，

① 刘旭光，连云港市政协学习文史资料委员会，中国民主同盟连云港市委员会．江恒源教育文集（6）［M］．北京：群言出版社，2020：2177.

一定需要劳动力才能生活，除了用体力以外，当然也要用脑来设计。”①

基于这样的认识，江恒源将教育定义为“有计划、有方法的指导训练能帮助人类生活的完成与发展，且能促进完成发展”② 的一切活动。江恒源从教育的功用——完成人类生活、发展人类生活和充实人类生活——出发，将教育分为社会性教育（含政治教育）、经济性教育（生产教育和职业教育）和劳作教育（劳动教育）③。这种划分是有逻辑问题的，因为生产教育在很大程度上属于劳动教育，职业教育也脱离不了劳动教育，但是江恒源的用意在于将劳动教育独立出来，使之从民众认知背景中体现出来。江恒源还对传统的社会分工观念进行了反驳，对孟子“有劳心者，有劳力者”说法提出质疑，认为传统的“劳心”与“劳力”之分是错误的。江恒源说：“例如写字为劳心抑劳力？如耕田做桌，固然要劳力，可是如果心不在焉，是否可以成功？不过我们可以有这样说法，劳力的机会多，劳心的机会少而已”④。他犀利地指出了把劳力与劳心分家的后果，“劳力者没有一点脑筋思考；劳心者手无缚鸡之力，心无一夫的勇。在如此情形的下，不但经济一定不能发展，同时也不能应付那种艰难困苦的时代和那复杂的国际环境”⑤。可见，江恒源反对脑力劳动与体力劳动互相分离、互为对立的状况，主张要“痛改过去教育与实际生活不相联系的毛病”⑥。

在这一逻辑前提下，江恒源对劳动教育进行了定义，分析了广义的劳动教育和狭义的劳动教育的差异所在。江恒源认为，广义的劳动教育是“不但会做，还要做得好，不但自己做，还要教人做，不但在学校内做，还要推广到学校外到社会上去，叫一般人都来做，不但会改良，并且会设计，会创造”⑦。也就是说，广义的劳动是与社会生活打通的，包含了直接劳动与传授劳动技能、学校劳动与社会劳动在内的，对社会进行改良、设计和创造等的一切社会活动。而狭义的劳动教育是指“日常在学校内的各

① 刘旭光，连云港市政协学习文史资料委员会，中国民主同盟连云港市委员会. 江恒源教育文集（6）[M]. 北京：群言出版社，2020：2178.

② 刘旭光，连云港市政协学习文史资料委员会，中国民主同盟连云港市委员会. 江恒源教育文集（6）[M]. 北京：群言出版社，2020：2177 - 2178

③ 刘旭光，连云港市政协学习文史资料委员会，中国民主同盟连云港市委员会. 江恒源教育文集（6）[M]. 北京：群言出版社，2020：2179 - 2180.

④ 刘旭光，连云港市政协学习文史资料委员会，中国民主同盟连云港市委员会. 江恒源教育文集（6）[M]. 北京：群言出版社，2020：2180.

⑤ 刘旭光，连云港市政协学习文史资料委员会，中国民主同盟连云港市委员会. 江恒源教育文集（6）[M]. 北京：群言出版社，2020：2180.

⑥ 刘旭光，连云港市政协学习文史资料委员会，中国民主同盟连云港市委员会. 江恒源教育文集（6）[M]. 北京：群言出版社，2020：2181.

⑦ 刘旭光，连云港市政协学习文史资料委员会，中国民主同盟连云港市委员会. 江恒源教育文集（6）[M]. 北京：群言出版社，2020：2180.

种金工木工等劳作课"[①]。江恒源关于劳动教育的内涵界定，以及对广义劳动、狭义劳动的划分，既体现了江恒源的大劳动教育思想，又把日常生活劳动与一般生产劳动区分开来，应该说是具有前瞻性的。同时，江恒源认为学校劳动教育需要和社会沟通，设法与社会上的各种机关建立多方联络[②]，因为学生最终要走向社会；社会教育要以劳动作为社会教育的重心，使社会上一切有职业的人接受公民、生产、卫生、健康等方面的教育，以便改良家庭和改良社会。

除了将劳动教育做了广义与狭义区分，江恒源还认为，劳动教育可以分为"生产教育"与"职业教育"两类。他认为，"生产教育，是教导学生或民众以劳作方法，作手脑合作的训练，制成所拟制的物品"，而职业教育则是"教导学生或民众，为某种职业知识技能、品行的精深训练，俾学成以后，直接从事于某种职业"[③]。也就是说，生产教育要通过劳动而形成具体的劳动产品或成果；而职业教育主要是训练某种职业的技能。江恒源还从教育效用和教育性质两个方面对生产教育与职业教育进行区分，他认为，"就教育的效用言，生产教育，是比较职业教育为'广泛'；若就教育性质言，职业教育，则比较生产教育为'专精'"[④]。这里，江恒源对劳动教育与生产教育、职业教育关系的理解尚值得商榷，但他对生产教育与职业教育的区分，还是有一定道理的。

## 第二节　劳动教育的价值与功能

关于劳动教育的价值与功能，江恒源在《小学劳作教育与社会问题》《劳作教育的使命》两篇文章中都有论述，综合起来包括以下六个方面。

### 一、劳动教育的矫正功能

江恒源认为，社会上普遍存在着"重文轻武不事生产的恶习惯"[⑤]，这种做法割裂

① 刘旭光，连云港市政协学习文史资料委员会，中国民主同盟连云港市委员会. 江恒源教育文集(6)[M]. 北京：群言出版社，2020：2180.

② 刘旭光，连云港市政协学习文史资料委员会，中国民主同盟连云港市委员会. 江恒源教育文集(3)[M]. 北京：群言出版社，2020：1081.

③ 刘旭光，连云港市政协学习文史资料委员会，中国民主同盟连云港市委员会. 江恒源教育文集(5)[M]. 北京：群言出版社，2020：1689.

④ 刘旭光，连云港市政协学习文史资料委员会，中国民主同盟连云港市委员会. 江恒源教育文集(5)[M]. 北京：群言出版社，2020：1689.

⑤ 刘旭光，连云港市政协学习文史资料委员会，中国民主同盟连云港市委员会. 江恒源教育文集(6)[M]. 北京：群言出版社，2020：2181.

了学校与社会的联系，不利于学生良好品德的形成，长期下去，会造成学生轻视劳动，以及他们与社会的疏离。他认为："不管其为小学中学大学，他受过了劳作训练，他才能够体验到农工商人工作情形和他的生活状况。完美的生活，充实的生活，只有在劳作的过程中才能表现出来。"① 因此，让学生参与劳动，体验劳动，可以矫正学生的不良认知，既有利于培养学生自立、自理能力，又可以让学生不断接触和了解社会，以便将来能较好地适应社会。

## 二、劳动教育的促进功能

江恒源认为，学校的劳动教育可以促进整个社会的职业教育。如果学生在学校里接受过良好的劳动训练，将来走向社会就能够知晓一些劳动技能和劳动形式，成为行家里手，还能促进社会职业的进化。同时，他还认为，"劳作还可推行到社会上去，将学校良好优美成绩，陈列在社会上，与人比较观摩，看看谁的好坏，这样彼此俱可进步"②。这里，江恒源认为学校的劳动教育不可忽视，它可以创造与社会相提并论的劳动成果，进而促进社会的劳动进步。

## 三、劳动教育的充实功能

江恒源关于劳动教育充实功能的理解，包括两个方面：第一，充实生产。这是江恒源针对当时抗战情况提出的，他认为抗战以来，国家经济遭受具体破坏，一定要设法将生产与建设统一起来，要通过各行各业的劳动来充实国家的生产。他认为学生的劳动教育也是对生产的一种补充，"劳作在小学里，每个儿童最低限度养一只小鸡，大了也可生蛋，中学大学不但要能养鸡做桌儿，还要能盖房屋，自制教具与仪器，举凡种种都是可以增加生产的"③。第二，充实国防。江恒源认为，没有国防的国家，一定不能算不上是近代国家，为了充实国防能力，"在小学起就要训练儿童使之对机械和兵器养成爱好与制作的习惯，并要使之普遍化，如此训练下去，不怕国防不巩固，即一旦发生战争，不怕无冲锋陷阵的新战士"④。

---

① 刘旭光，连云港市政协学习文史资料委员会，中国民主同盟连云港市委员会. 江恒源教育文集（6）[M]. 北京：群言出版社，2020：2181.

② 刘旭光，连云港市政协学习文史资料委员会，中国民主同盟连云港市委员会. 江恒源教育文集（6）[M]. 北京：群言出版社，2020：2181.

③ 刘旭光，连云港市政协学习文史资料委员会，中国民主同盟连云港市委员会. 江恒源教育文集（6）[M]. 北京：群言出版社，2020：2181－2182.

④ 刘旭光，连云港市政协学习文史资料委员会，中国民主同盟连云港市委员会. 江恒源教育文集（6）[M]. 北京：群言出版社，2020：2181.

## 四、劳动教育的培育功能

江恒源认为，劳动教育可以“发展人类本能”“完满人类生活”[①]，可以“养成身体健全、常识丰富、有公民资格、明了世界大事”[②]。劳动教育不仅可以培养学生的劳动能力，提升学生的良好德性，促进学生的全面发展，还可以培养人的“群居互助”精神、“团结正义”精神和“爱国”精神，提升国民素质，增强国民的凝聚力。江恒源认为，“因劳动以养成互助的习惯，增加社会的同情，使社会生活的组织能力在儿童时代即已得到一种良好训练，将来长大了做国民，不至再如散沙，自然是更不用说了”[③]。这里，江恒源不仅分析了劳动教育对个体德性养成和素质发展的价值，而且对劳动教育的认识还上升到增强民族凝聚力这一层面，可见他对劳动教育的高度重视。

## 五、劳动教育的防御功能

江恒源认为劳动教育具有防御功能，他说：“人的能力应分成‘应变’及‘制御自然’等各项。这种能力，不能从言语学识中得来，乃由行动中学来。必手脑并用，而后能力才能增加。因为有行动，才发生困难，有了困难经过思考，才得拟定解决方法，用过方法，才能得着经验。”[④] 因此，江恒源认为，劳动教育可以培养学生的思考力和分析问题解决问题的能力，可以增强学生的生存能力和生活经验，从而更好地应对和防御各种复杂的情况。

## 六、劳动教育的创造功能

江恒源认为，劳动教育对培养儿童的创造性很有帮助，“创造的能力实由行动发生。儿童幼时的行动，关系于将来社会种种的创造很大”，“不重视行动，无异摧残儿

---

① 刘旭光，连云港市政协学习文史资料委员会，中国民主同盟连云港市委员会. 江恒源教育文集(6)［M］. 北京：群言出版社，2020：2182.

② 刘旭光，连云港市政协学习文史资料委员会，中国民主同盟连云港市委员会. 江恒源教育文集(3)［M］. 北京：群言出版社，2020：1068.

③ 刘旭光，连云港市政协学习文史资料委员会，中国民主同盟连云港市委员会. 江恒源教育文集(3)［M］. 北京：群言出版社，2020：1081.

④ 刘旭光，连云港市政协学习文史资料委员会，中国民主同盟连云港市委员会. 江恒源教育文集(3)［M］. 北京：群言出版社，2020：1068.

童天性”[①]。他认为：“现今学校教育，都是书本上的教育，绝少注意行动的教育，其实儿童的行动，是教育的基本。为养成将来创造的能力，实在是不可忽视的。”[②] 他还认为：“中国社会问题之解决，在于养成各人制造能力，如果仍如传统的教育，划分劳心劳力的鸿沟。耕田的只用手，读书的只用脑，那末永远不会创造。”[③] 江恒源对劳动的教育价值和功能分析是系统的、全面的，对我们今天进一步理解劳动教育的内涵、认识劳动教育的价值具有重要的意义。

## 第三节　劳动教育的基本原则

江恒源认为劳动教育既可以发生在学校，也可以发生在家庭，还可能发生在社会生产场所，因而凡是有人的活动的地方，都会有劳动教育。但是，不同场景中的劳动教育，其实施方式、活动内容等都有所不同。为了更好地落实劳动教育，他提出了应该遵循的一些基本原则。

### 一、生活性原则

江恒源认为，“劳作教育即生活教育”，“人类生活方面，有经济生活，有政治生活，有休闲生活，这三种生活，无不须要活动”[④]，因此，劳动教育必须面向生活，“只有听讲背诵的空洞机械的教育，没有实际生活的教育，是死的，不是活的”[⑤]，学生“本有他活泼的生活本能，今舍去他的本能而不去利用”，是不能称做真正的教育的[⑥]。因此，江恒源主张劳动教育必须对接生活，与学生切近的生活世界相联系，在具体的生活中培养学生的劳动素养。不仅如此，江恒源还主张儿童劳动教育要扩大影响，使

① 刘旭光，连云港市政协学习文史资料委员会，中国民主同盟连云港市委员会．江恒源教育文集（3）[M]．北京：群言出版社，2020：1068.

② 刘旭光，连云港市政协学习文史资料委员会，中国民主同盟连云港市委员会．江恒源教育文集（3）[M]．北京：群言出版社，2020：1068.

③ 刘旭光，连云港市政协学习文史资料委员会，中国民主同盟连云港市委员会．江恒源教育文集（3）[M]．北京：群言出版社，2020：1081.

④ 刘旭光，连云港市政协学习文史资料委员会，中国民主同盟连云港市委员会．江恒源教育文集（3）[M]．北京：群言出版社，2020：1076.

⑤ 刘旭光，连云港市政协学习文史资料委员会，中国民主同盟连云港市委员会．江恒源教育文集（3）[M]．北京：群言出版社，2020：1076.

⑥ 刘旭光，连云港市政协学习文史资料委员会，中国民主同盟连云港市委员会．江恒源教育文集（3）[M]．北京：群言出版社，2020：1076.

儿童在学校养成的劳动技能和劳动习惯能用于改良家庭生活，“要叫学生明白卫生，也要叫他的父母兄姊，同时明白卫生；要叫学生享受高尚娱乐，也要叫学生父母兄姊，同时能享受高尚娱乐；要叫学生得了植树、选种、施肥等各种农业上的必要知能，也要叫学生父兄，能同时得着这些知能”①。

## 二、科学性原则

江恒源认为，劳动教育应该是科学的，“科学方法的应用，科学态度的培养，为现代人重要的事”②。首先，讲究科学性就要注重计划性。江恒源主张学校“以每一学期或一学年做单位，作一计划”，“计划确定之后，然后寻找材料，切实组织，分配工作”③。其次，讲究科学性就要针对儿童特点积极而为。江恒源认为儿童的特点决定了适合对他们进行劳动教育：儿童天性好动，教育者正可利用此特点帮助他们养成勤劳的习惯；儿童有好奇心，对各类事物都喜欢尝试；儿童有喜欢群处的特点，团体观念超过成人；儿童好模仿，愿意学习成人的行为。最后，讲究科学就是要注重针对性。在《生产教育的理论与实施》一文中，江恒源就针对性地提出了实施生产教育的十条办法，既强调小学、普通高中、农工职校、师范学校在生产教育方面应该采取不同做法，教育内容各有侧重；又重视生产教育的城乡之分和性别差异，如主张城镇生产教育要以推广新工艺、改进旧工艺为重要目的，乡村生产教育要以改进和增加农产品为主要目的④。

## 三、趣味性原则

江恒源认为，劳动应该是生动有趣的，“劳动基于活动，活动在于兴趣”⑤。学校劳动教育尤其是儿童劳动教育更要有一定的趣味性，“教师要善为教导。不呆板，不固

---

① 刘旭光，连云港市政协学习文史资料委员会，中国民主同盟连云港市委员会．江恒源教育文集（1）[M]．北京：群言出版社，2020：212.

② 刘旭光，连云港市政协学习文史资料委员会，中国民主同盟连云港市委员会．江恒源教育文集（3）[M]．北京：群言出版社，2020：1076.

③ 刘旭光，连云港市政协学习文史资料委员会，中国民主同盟连云港市委员会．江恒源教育文集（3）[M]．北京：群言出版社，2020：1080.

④ 刘旭光，连云港市政协学习文史资料委员会，中国民主同盟连云港市委员会．江恒源教育文集（3）[M]．北京：群言出版社，2020：1693.

⑤ 刘旭光，连云港市政协学习文史资料委员会，中国民主同盟连云港市委员会．江恒源教育文集（3）[M]．北京：群言出版社，2020：1077.

执，因势利导，灵活有趣”[①]。江恒源说：“儿童天真烂漫，活泼泼地，假如从他的兴趣出发，使他劳作，再在劳动之中，施以教育。结果呢，在儿童乐于操劳，而兴趣浓厚。在教师呢，已不费气力，收着劳作教育的效果。”[②] 劳动教育要立足儿童追求兴趣的天性，更要激发儿童的劳动兴趣。江恒源主张，“乡村小学每日应有相当时间的农场实地作业及观察，课以农艺改进常识，引起其对于农事的认识与兴趣，并当予以充分的学习机会，实施劳作教育”[③]。

## 四、实践性原则

江恒源认为，劳动教育不能停留在嘴上，不能局限于理论层面。劳动教育要真正让学生走向实践，在实践中体验、培养和锻炼，即使是儿童劳动教育也要与实践相结合，“如何培养，如何陶冶，皆要假手于劳作，借经于劳作，我们绝不能以儿童年小便忽略过去”[④]，他还举例说，“例如教师讲植物学，可使小孩子种植花卉园蔬。教师讲动物学，可令小孩捉蛙捉蝶”[⑤]，“教理化生物者，不应当用书本，而应当用手用眼，利用学校附近的一切动植物，解剖出来，观察出来，然后再来借书参考，证验是否对，此种精神，就是‘劳作’”[⑥]。在这一原则的指导下，江恒源对学校劳动教育提出了设置专门场地或开办工厂的建议，“凡是乡村小学，皆应附设一个小农场小工厂；城镇小学皆应附设一个小工厂；普通中学，皆应附设农场或工厂；大学学生，除农科工科外，皆应选习农或工一科”[⑦]。

---

① 刘旭光，连云港市政协学习文史资料委员会，中国民主同盟连云港市委员会．江恒源教育文集(3)[M]．北京：群言出版社，2020：1081.

② 刘旭光，连云港市政协学习文史资料委员会，中国民主同盟连云港市委员会．江恒源教育文集(3)[M]．北京：群言出版社，2020：1076.

③ 刘旭光，连云港市政协学习文史资料委员会，中国民主同盟连云港市委员会．江恒源教育文集(5)[M]．北京：群言出版社，2020：1948.

④ 刘旭光，连云港市政协学习文史资料委员会，中国民主同盟连云港市委员会．江恒源教育文集(3)[M]．北京：群言出版社，2020：1077.

⑤ 刘旭光，连云港市政协学习文史资料委员会，中国民主同盟连云港市委员会．江恒源教育文集(3)[M]．北京：群言出版社，2020：1076.

⑥ 刘旭光，连云港市政协学习文史资料委员会，中国民主同盟连云港市委员会．江恒源教育文集(6)[M]．北京：群言出版社，2020：2182-2183.

⑦ 刘旭光，连云港市政协学习文史资料委员会，中国民主同盟连云港市委员会．江恒源教育文集(6)[M]．北京：群言出版社，2020：1692.

## 第四节　劳动教育的实施要义

在具体实践中究竟如何开展劳动教育呢？江恒源认为，关键是把握以下六个实施要义。

### 一、营造“劳而后食”的社会风气

江恒源结合所处的社会境况，剖析了当时社会存在的七大病象，即孱弱愁苦、穷困颠连、游惰消极、排斥猜忌、散漫无序、自私自利、顽固保守[①]，究其原因是“手脑两分”、“士工两分”（即读书与做工两分）、“人物两分”[②]。导致这些弊病的关键根源在于社会不重视劳动甚至轻视劳动。他认为，“目前社会不劳而食者太多，他们反自鸣得意，绝不知这是人生的羞耻”[③]，“我以为今日社会所以致病的总原因，则由于‘教育不知注重行动’。不注重行动，于是工作者不能用脑，用脑者不能作工”[④]。因此，江恒源强烈呼吁“要改进社会，则必须改变此种根本观念。使大家认定行动即教育，劳作即行动”[⑤]，屡屡倡导“不劳不食”“劳而后食”。他指出，“我们应当造成‘劳而后食’的舆论，来转移风气，或者中国民族前途方有希望”[⑥]，“使‘不劳不食’一语，成为天经地义，使人人皆明白不工作即不应吃饭竟成了一种极巩固的信念，凡是教师训练学生也就以此为标准”[⑦]。江恒源将当时社会的种种问题主要归结于劳动，当然是偏颇的，但是他所倡导的“不劳不食”“劳而后食”的社会风尚，还是具有积极意义的。

---

① 刘旭光，连云港市政协学习文史资料委员会，中国民主同盟连云港市委员会．江恒源教育文集（3）[M]．北京：群言出版社，2020：1072-1073．

② 刘旭光，连云港市政协学习文史资料委员会，中国民主同盟连云港市委员会．江恒源教育文集（3）[M]．北京：群言出版社，2020：1074．

③ 刘旭光，连云港市政协学习文史资料委员会，中国民主同盟连云港市委员会．江恒源教育文集（3）[M]．北京：群言出版社，2020：1081．

④ 刘旭光，连云港市政协学习文史资料委员会，中国民主同盟连云港市委员会．江恒源教育文集（3）[M]．北京：群言出版社，2020：1074．

⑤ 刘旭光，连云港市政协学习文史资料委员会，中国民主同盟连云港市委员会．江恒源教育文集（3）[M]．北京：群言出版社，2020：1074．

⑥ 刘旭光，连云港市政协学习文史资料委员会，中国民主同盟连云港市委员会．江恒源教育文集（3）[M]．北京：群言出版社，2020：1081．

⑦ 刘旭光，连云港市政协学习文史资料委员会，中国民主同盟连云港市委员会．江恒源教育文集（3）[M]．北京：群言出版社，2020：1067．

## 二、秉持“理实并重”的基本立场

江恒源认为，劳动教育要改变理论与实践分离的状况。他说：“要理论与实际并重，专有理论而无实际，则理论是空泛的理论，专注重实际而无理论，则这实际是盲从的，应当理论根据实际，实际受理论指导。”① 基于对劳作“认识—看—听—做”四环节要素的认识，江恒源主张劳动教育需要重视劳动知识传授和劳动能力技能训练。他认为，理论与实践要结合，其中重要的是要培养学生手脑并用的能力。江恒源指出，生产教育的目的在于使受教育者“能得着手脑并用的训练”②，因此要“扫除中国数千年来读书人专用脑不用手，与做工人专用手不用脑的积习”③。他强调，在普通小学中学大学内开展劳动教育的主要目的是培养学生理论与实践结合的精神，训练学生手脑合作的能力，而这种做法可以“小之使一般升学的儿童青年，明白了稼穑艰难，体会到劳工神圣；大之，亦可培养做工服务的基本知能，以为习业的准备”④。他以动植物养殖活动为例，阐述了在具体劳动教育中锻炼学生手脑并用的办法，“要研究动植物的形态，在城市参观工厂，参观后用文字记载；在乡村考察五谷种类，种植时期，培养方法，考察也须加以记载，加以研究。在校里布置教室，开会时轮作主席，报告演讲，养成其发表能力”⑤，这些做法可以“使儿童既用脑，又用手，手脑并用，百事可成，那么教育的效用自然大著了”⑥。

## 三、规范劳动教育的组织实施

江恒源非常注重劳动教育的组织实施，提出了一些关于劳动教育的实施机制、教育体系和程序规范。他认为，劳动教育首先需要全社会的共同着力，形成学校和社会

---

① 刘旭光，连云港市政协学习文史资料委员会，中国民主同盟连云港市委员会．江恒源教育文集（6）[M]．北京：群言出版社，2020：2184.

② 刘旭光，连云港市政协学习文史资料委员会，中国民主同盟连云港市委员会．江恒源教育文集（6）[M]．北京：群言出版社，2020：1689.

③ 刘旭光，连云港市政协学习文史资料委员会，中国民主同盟连云港市委员会．江恒源教育文集（5）[M]．北京：群言出版社，2020：1691.

④ 刘旭光，连云港市政协学习文史资料委员会，中国民主同盟连云港市委员会．江恒源教育文集（5）[M]．北京：群言出版社，2020：1691.

⑤ 刘旭光，连云港市政协学习文史资料委员会，中国民主同盟连云港市委员会．江恒源教育文集（5）[M]．北京：群言出版社，2020：1080.

⑥ 刘旭光，连云港市政协学习文史资料委员会，中国民主同盟连云港市委员会．江恒源教育文集（5）[M]．北京：群言出版社，2020：1080.

相互配合、相互支持的劳动教育机制。他说："生产教育的实施，要普遍于各级教育机关及各界民众"，"学校教育机关，实施社会生产教育时，务必与附近社会教育机关等，打成一片，聊成一气，实行互助合作。"① 他认为，只有全社会形成对劳动教育的共识，联手合作，劳动教育才能取得应有的成效。他强调，劳动教育应该体现差异性和层次性，小学劳动教育有小学劳动教育的特点，职业学校有职业学校的做法，大学有大学的要求，要形成小学到大学的完整教育体系。他甚至在某些细节上还提出了具有针对性的要求，如关于劳动实践基地的设置，他要求无论中小学、大学还是职业学校，都要建设劳动场所或生产工厂，为培养学生的劳动习惯与生产能力、训练他们的生产技能力提供便利。他提出的这类具体做法，对于当下构建大中小学一体化劳动教育体系具有借鉴价值。江恒源还提出了劳动过程的步骤程序要求，认为劳动就是要做事，做事就要遵循一定的程序规范。他说："劳作者有四种步骤，即看，听，认，做。常人每多误解以为劳作完全是做。所以我特别提出这项劳动程序来"②，"看、认、听、做是整个的教育过程，不能偏重；但要有组织，有系统"③。这里，他所强调的劳动步骤、组织系统对我们今天有序开展劳动教育是有启发意义的。同时，他所提出的"看认听做"主张，与2020年中共中央、国务院颁布的《关于全面加强新时代大中小学劳动教育的意见》里所强调"手脑并用"，其基本精神也是一致的。

## 四、改变"囿于学校"的狭隘做法

江恒源认为，劳动教育要打破局限于学校、局限于课堂的藩篱，无论是教材和师资，都可以从社会里汲取和选择，社会是劳动教育最鲜活的教材，各行各业的劳动能手是最优秀的"先生"。江恒源说："实施劳作教育时，教材的范围，不必一定限于教室之内。教室外各种事物，都可用为教材。它的教师，亦不必限于学校之内，社会上各项职业熟练之人，也可请他做先生，所以教农艺的时候，可到田间去请老农做先生；教工艺的时候，可到工场去请工人做先生。教材取诸社会，教师也不妨求诸社会。不但学生所学得着许多便利，而且学到的技术，也格外真确有用。"④ 因此，江恒源反复强调劳动教育一定要改变封闭的局面，要善于与社会对接，开门实施劳动教育，"学校

---

① 刘旭光，连云港市政协学习文史资料委员会，中国民主同盟连云港市委员会．江恒源教育文集（5）[M]．北京：群言出版社，2020：1693.

② 刘旭光，连云港市政协学习文史资料委员会，中国民主同盟连云港市委员会．江恒源教育文集（3）[M]．北京：群言出版社，2020：1078.

③ 刘旭光，连云港市政协学习文史资料委员会，中国民主同盟连云港市委员会．江恒源教育文集（3）[M]．北京：群言出版社，2020：1080.

④ 刘旭光，连云港市政协学习文史资料委员会，中国民主同盟连云港市委员会．江恒源教育文集（3）[M]．北京：群言出版社，2020：1080.

教育机关，实施社会生产教育时，务必与附近社会教育机关等，打成一气，聊成一片，实行互助合作”①。

## 五、抓住师范教育重要阵地

江恒源认为，中小学劳动教育要想打开新的局面，必须从劳动教育的源头——教师抓起，尤其以办好师范教育最为关键和重要，因为“直接有关课下正在受训的师范生，间接影响到未来小学儿童，所以要使师范学校的劳作教育发展起来，第一要大量的训练‘良师’，第二要使得主持学校行政人员的观念和传统心理，转移过来”②。也就是说，师范教育是实施劳动教育、培养合格劳动教育师资的重要阵地，要充分发挥师范教育这一阵地优势。作为学校管理者要更新观念，重视劳动教育，重视劳动教育优秀师资的培养，履行好自身的职责。江恒源从乡村教育的目的与功能出发，要求乡村教师培养要突出劳动知识与能力。江恒源指出，乡村教育的核心目的，“不出乎改（疑缺‘进’或‘良’字——笔者注）农民生活教育，使农民改良生活之种种，而臻于完美”③。他认为乡村教育师资最适合的来源是农业学校毕业生接受为期一年的师范教育，使他们养成真才实学和责任心，“十分之六办理学校事务，十分之四办理乡村事务，改进农民知识、社会活动”④。

## 六、建立劳动教育研究平台

江恒源认为，要想劳动教育真正落到实处，使之不断发展，必须加强对劳动教育本身的研究。“要想发展劳作教育，一定要有一个中心研究机关，出版一种定期刊物，将一切有关劳作教学技术和经验设备标准，教学原理原则，以及有关各问题发表出来，使全国中小学劳作教师得以借镜，和启发其思想，改良其教学”⑤。江恒源还主张要通过各种平台，展示学生优秀的劳动产品，展示教师的劳动教育能力，不断推进教学方

---

① 刘旭光，连云港市政协学习文史资料委员会，中国民主同盟连云港市委员会．江恒源教育文集（5）[M]．北京：群言出版社，2020：1693.

② 刘旭光，连云港市政协学习文史资料委员会，中国民主同盟连云港市委员会．江恒源教育文集（6）[M]．北京：群言出版社，2020：2184.

③ 刘旭光，连云港市政协学习文史资料委员会，中国民主同盟连云港市委员会．江恒源教育文集（6）[M]．北京：群言出版社，2020：352.

④ 刘旭光，连云港市政协学习文史资料委员会，中国民主同盟连云港市委员会．江恒源教育文集（6）[M]．北京：群言出版社，2020：355.

⑤ 刘旭光，连云港市政协学习文史资料委员会，中国民主同盟连云港市委员会．江恒源教育文集（6）[M]．北京：群言出版社，2020：2183.

法的改良，“要有不断的研究和改进的精神——将各种好的成绩品陈列起来，并将其工作程序详细说明，一方面注意方法的改良，一方面注意招考学生标准的订定，务使训练出来的师资有实际的能力”[①]。这一提法具有很强的前瞻性，赋予劳动教育以研究性，促进了劳动教育理论层面的提升和实践层面的总结、推广。

## 第五节　江恒源劳动教育思想的启示

近年来，我国对劳动教育未能给予足够的重视，部分青少年学生存在着不尊重普通劳动者、不珍惜劳动成果、不愿劳动及不会劳动的现象，劳动教育正被虚化、淡化和弱化，劳动的独特育人价值被忽视。2018 年 9 月 10 日，习近平在全国教育大会上指出，“要努力构建德智体美劳全面培养的教育体系，形成高水平的人才培养体系”，强调“要在学生中弘扬劳动精神，教育引导学生崇尚劳动、尊重劳动，懂得劳动最光荣、劳动最崇高、劳动最伟大、劳动最美丽的道理，长大后能够辛勤劳动、诚实劳动、创造性劳动”[②]。劳动教育是学生全面发展的重要构成部分，是培养担当民族大任时代新人的内在需求。江恒源的劳动教育思想是从长期的职业教育实践中来的，具有跨时空的时代价值，我们应该从中获得有益的借鉴，并结合新时代的要求，更好地落实和促进当前的劳动教育。

### 一、积极引导，营造劳动光荣的社会风尚

目前，从学校、家庭到社会，从孩子、老师到家长，对劳动和劳动教育还存在着许多认识上的误区，还存在轻视劳动、看不起劳动者、漠视劳动教育等现象，没有真正认识到劳动教育对于孩子健康成长和终身发展所具有的重要价值，因此，开展劳动教育首先要加强舆论引导，营造一种劳动光荣、劳动神圣、劳动美丽的良好社会生态。

第一，价值引导。江恒源在劳动教育的功能阐释里已进行了系统的多维度的分析，在新时代劳动又赋予了新的独特的价值。正如《关于全面加强新时代大中小学劳动教育的意见》所说，“劳动教育是国民教育体系的重要内容，是学生成长的必要途径，具

---

① 刘旭光，连云港市政协学习文史资料委员会，中国民主同盟连云港市委员会. 江恒源教育文集（6）[M]. 北京：群言出版社，2020：2183.

② 习近平在全国教育大会上强调 坚持中国特色社会主义教育发展道路 培养德智体美劳全面发展的社会主义建设者和接班人 [N]. 人民日报，2018－09－10（8）.

有树德、增智、强体、育美的综合育人价值”[①]。因此，我们要通过劳动教育，使学生形成正确的马克思主义劳动观，增强学生对劳动的情感认同、理性认知和实践自觉，使他们懂得尊重劳动、尊重劳动者，体认劳动无贵贱之分，体会劳动创造美好未来，摒弃不劳而获的不良思想。

第二，风气引导。学校、家庭和社会要积极培育劳动文化，营造与新时代相适应的劳动文化环境；要通过各种媒体和渠道加以宣传，倡导劳动光荣的社会风尚，旗帜鲜明地反对一切养尊处优、贪图享乐、崇尚暴富、鄙视劳动的错误观念，形成全社会关心和支持劳动教育的良好氛围。正如《中共中央国务院关于全面加强新时代大中小学劳动教育的意见》所说，要“把准劳动教育价值取向，引导学生树立正确的劳动观，崇尚劳动、尊重劳动，增强对劳动人民的感情，报效国家，奉献社会”[②]。

第三，典型引导。要积极宣传各行各业的先进人物和劳动模范，推广劳动教育的成功做法和典型经验，开展劳模精神、劳动精神、工匠精神的专题教育，引导年轻一代从“影星”“歌星”崇拜，走向“劳星”“科星”崇拜，让更多的时代楷模、劳动模范、大国工匠成为学生心目中真正的偶像。同时，还要大力宣传社会中涌现出的劳动明星、“创新大咖”、“技术大拿”、“最美奋斗者”，用身边鲜活生动的优秀榜样感染学生、教育学生和引导学生。

## 二、科学实施，健全劳动教育的运行机制

有效实施劳动教育是至关重要的一环。江恒源强调劳动教育的开展要“有组织，有系统”，这一点对我们今天很有启发意义。科学实施劳动教育，一定要有系统的设计和周密的组织，要健全劳动教育的运行机制。

第一，要构建家校社三位一体的劳动育人机制。劳动教育的目的不是劳动，而是教育，因此我们必须协同作战，打“组合拳”，构建家校社三位一体的劳动育人机制。正如《中共中央国务院关于全面加强新时代大中小学劳动教育的意见》所指出的：“整合家庭、学校、社会各方面力量。家庭劳动教育要日常化，学校劳动教育要规范化，社会劳动教育要多样化，形成协同育人格局。”[③] 一方面，家校社都要对劳动教育引起足够的重视，家庭和社会要积极支持学校的劳动教育，建立家校社三方联络沟通和资

---

① 中共中央国务院关于全面加强新时代大中小学劳动教育的意见［EB/OL］.［2023－08－20］. https：//www. gov. cn/Zhengce/2020—03/26/content _ 5495977. htm.

② 中共中央国务院关于全面加强新时代大中小学劳动教育的意见［EB/OL］.［2023－08－20］. https：//www. gov. cn/zhengce/2020—03/26/content _ 5495977. htm.

③ 中共中央国务院关于全面加强新时代大中小学劳动教育的意见［EB/OL］.［2023－08－20］. https：//www. gov. cn/zhengce/2020－03/26/content _ 5495977. htm.

源共享机制；另一方面，家校社要各自承担起应负的职责，广泛开展劳动教育实践活动，家庭要发挥在劳动教育中的基础作用，学校要发挥在劳动教育中的主导作用，社会要发挥在劳动教育中的支持作用，相互合作、共同着力，形成有效衔接、互相促进、协同作战的育人机制。

第二，要构建大中小学一体化的劳动教育体系。长期以来，我们的大中小幼往往是各自分离，“各敲各的鼓，各踩各的点”，影响了各项工作的有序推进。劳动教育必须建立系统的一体化的教育体系，从劳动教育的目标来说，小学生应侧重于劳动意识的启蒙和劳动习惯的培养，中学生应侧重于劳动品质和职业意识的培养，大学生应侧重于创新能力和奉献精神的培养；从劳动内容来说，小学生主要是生活自理和家务劳动，中学生可以参加服务性劳动和生产性劳动，大学生应参加专业服务、社会实践、勤工助学、创新创业等方面的劳动。总之，劳动教育必须形成大中小学各司其职、协调一致、严谨有序的教育体系和合力。

第三，要着力培养学生手脑并用、行思结合的劳动品质与习惯。劳动教育需要在具体的劳动过程中实现。江恒源强调劳动要把握“看认听做”四个环节，其实，就是手脑并用、行思结合，任何一项劳动都是从学习到实践、从不会到会的过程，而在这一过程中，需要调动我们的思考力和行动力。江恒源特别强调要用脑筋做事，注重手脑并用，这恰恰是劳动教育应该遵循的基本理路。孩子的观察力、洞察力、钻研精神、专注精神和创新能力就是在这规范化的劳动过程中培养起来的，劳动教育的根本目的不是劳动，而是在劳动中接受教育，帮助学生培养良好的品质、习惯和能力。

## 三、对接实践，拓展劳动教育的实践场域

劳动教育和实践活动虽然不是一个概念，但劳动教育必须直面实践活动，实践性是劳动教育的基本特征。劳动教育的主要形式有日常生活劳动、生产劳动和服务性劳动，这些形式的劳动都是基于实践的教育活动。长期以来，我们忽视了劳动教育的实践属性，“口头上喊劳动、课堂上讲劳动”，劳动教育变成了仅在学校内部开展的讲授劳动知识、劳动方法、劳动技能的一般性理论说教课程，从根本上背离了劳动教育的本质属性。开展劳动教育必须与实践对接，注重理论与实践的结合，以确保劳动教育的实际效果。

一方面，要强化学生的实践体验，走出脱离实践的误区。新时代的劳动教育，强调以体力劳动为主，注意手脑并用、安全适度，强化实践体验。这既是劳动教育规律的应有之义，也是劳动教育方式的规范要求。要引导学生走进社区、走进企业、走进乡村，积极参加各种生产性、服务性劳动，通过一定的劳动体验，在服务社会、服务他人的过程中提升自己的劳动素养，提高他们的社会责任感，形成尊重劳动、热爱劳

动的良好品质和真挚情感。

另一方面，要重视劳动实践基地的建设，拓展劳动教育的实践场域。要按照《中共中央国务院关于全面加强新时代大中小学劳动教育的意见》的要求，“大力拓展实践场所，满足各级各类学校多样化劳动实践需求”[①]，完善校内劳动实训基地建设，逐步建好配齐劳动实践教室、实训基地、劳动工作坊。有条件的还可以建立“劳模工作室”、“技能大师工作室”等。同时还要就地取材、因地制宜，从学校附近的乡村、社区、厂矿企业遴选一批劳动教育实践基地，满足学生劳动教育的实际需求。总之，要有效整合和拓展校外劳动实践资源，建立比较稳定的校内外结合的劳动教育实践基地，不能让劳动教育成为“孤岛”。

## 四、专兼结合，重视劳动教育的师资培养

劳动教育能否取得满意的效果，很大程度上取决于师资队伍专业水平的高低。从目前来看，劳动教育的师资队伍还存在着诸多问题：一是数量不足，很多教师从内心深处不愿意从事劳动教育工作，劳动教育教师缺乏专业吸引力；二是质量欠佳，专业性不强，不少劳动教育教师是“老、弱、病”教师；三是培训不力，劳动教育具有很强的随意性。

因此，必须重视师资队伍建设。一方面，我们要健全校内劳动教育师资队伍。在这方面，德国的做法值得学习，德国非常重视劳动教育师资队伍的培养，建立了一套比较完善的师资培训体系。德国中小学一般都配备有专职的劳动教育教师。劳动学科教师与其他学科教师一样，都需要接受高等师范教育（劳动教育方向），完成本科、硕士一体化课程后，还要参加12～18个月的见习，并最终通过国家教师资格考试的认证，方可获得正式的任教资格[②]。我们应该借鉴德国的经验，重视校内专职劳动教育师资的培养，要使其教师待遇与其他学科教师平等，在职称评定、评优评先等方面，与其他学科教师一视同仁。另一方面，要广开渠道、开门办学，聘请各行各业的能工巧匠和专业技术人员担任学校劳动教育的兼职教师。同时，还要定期开展对劳动教育师资的专业培训，促进劳动教育教师专业化、专家化。总之，我们要逐步建设一支素质过硬的专职为主、专兼结合、校际共享的劳动教育师资队伍。

① 中共中央国务院关于全面加强新时代大中小学劳动教育的意见［EB/OL］.［2023-08-20］. https://www.gov.cn/zhengce/2020-03/26/content_5495977.htm.

② 任平．德国中小学如何实施劳动教育［J］．人民教育，2020，830（11）：71-74.

## 五、加强研究，完善劳动教育的评价体系

我们过去也强调过劳动教育，但并未给予足够的重视。劳动教育在“五育”被称为“小五”，成为“说起来重要，做起来次要，忙起来不要”的教育，因此关于劳动教育的研究也显得不足。一方面，理论层面对劳动教育的研究不够深入，尚未建立起比较完善的劳动教育目标体系、内容体系和研究范式，许多劳动的新形态、新工艺、新技术、新方法并未引起我们足够的教育关注。另一方面，实践层面，劳动教育实施策略的科学性和实效性尚需加强，尤其是还没有建立起切实可行的劳动教育考评体系。因此，加强对劳动教育的研究、建立起一套切实可行的评价体系是劳动教育的当务之急。

就目前来说，迫切需要进行的有两项工作；一是学生劳动素养的评价体系。《关于全面加强新时代大中小学劳动教育的意见》提出要“健全劳动素养评价制度”，将劳动素养纳入学生综合素质评价体系。二是学校劳动教育成效的评价体系。那么到底如何评价呢？评价的指标有哪些呢？有学者提出从劳动认知、劳动情感、劳动习惯、劳动能力、劳动精神等维度来评价学生的劳动素养，从劳动教育内涵认知、劳动教育内容体系、劳动教育载体创设、劳动教育空间营造、劳动教育师资队伍、劳动教育质量保障、劳动教育特色建设等维度来评价学校的劳动教育实施情况①，这应该说还是有可取之处的。

除了评价问题，劳动教育还有许多需要进一步深入研究的内容，我们应该鼓励体制内外的科研力量加强对新时代劳动教育相关问题的研究，大力支持劳动科学领域的学科建设、学术研究与智库建设，加大各级相关科研项目规划、立项和经费支持力度，促进国内外学术交流，促进科研成果的转化，不断提高劳动教育的科学化、现代化水平。

---

① 刘茂祥. 基于实践导引的中小学劳动教育评价研究 [J]. 教育科学研究，2020，299 (02) 18-23.

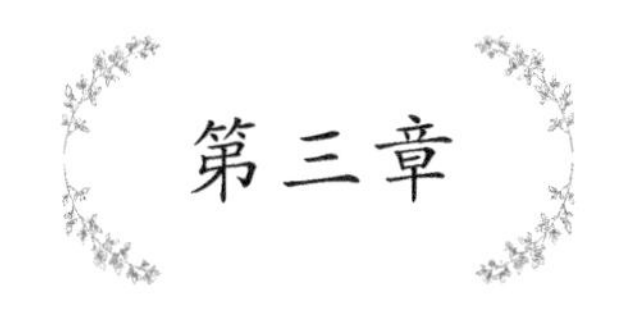

# 第三章

# 江恒源的师范教育观

江恒源长期在教育领域奔走呼唤，不仅在教育工作方面建树颇丰，而且留下了大量教育论述、论著。师范教育并非江恒源关注的重点领域，也不是他教育研究的核心对象。但是，他对师范教育也多有思考，其中既有一以贯之的精要之义，也有兴之所至的灵感闪现，虽未形成具有严密逻辑架构的理论系统，但足以称为师范教育观。他的师范教育论述所及，既涵盖了培养师资的师范院校，也涵盖了教育部门、中小学校、职业学校及其社会机构，其主体内涵包括师范院校的基本属性、服务职能、人才要求、培养方式、社会融合和条件保障等方面。

## 第一节　江恒源师范教育观的形成路径

江恒源师范教育观的形成与三个方面的因素密切相关，分别是教育救国思潮、乡村改进运动和教育工作实践。

### 一、教育救国思潮的外部推动

鸦片战争以来，中国备受帝国主义列强欺凌，中华民族面临危亡之境。一批心忧国事的仁人志士认为，民族不振、国力衰微关键原因在于治国救国人才的匮乏，而人才匮乏的根本原因在于中国传统教育的落后。于是，他们呼吁借鉴西方教育经验，兴办新式学校，试图通过推行新式教育启迪民智，提高全民族的文化水平和科学素质，使国家由贫转富、由弱转强，以实现民族振兴、国家强盛之目的。这种向教育寻求与列强抗衡之法的主张，逐渐发展成为改造中国的进步思潮——教育救国思潮。"‘教育救国’思潮肇始于魏源的‘师夷长技以制夷’，后又经过洋务运动、戊戌变法的推波助澜，到民国时期，在探求‘救亡图存’人士的推动下，在各种‘救亡’思潮的交互激荡中，如洪水一泻千里，成为一股令人瞩目的社会潮流，一批矢志教育救国的宣传家、实践家亦应运而生；各种教育救国思潮流派层出不穷，各成体系，渗透融合，交相激荡，一同推动了民国时期教育的发展和社会的进步。”① 民国时期，教育救国思潮随时境变迁在不同的社会领域有所发展变化，但以教育启民智、增国力的精神内核没有发生本质的变化。1908 年，江恒源以优异成绩毕业于江苏两级师范学堂，翌年受聘至家乡海州中学堂任教，从此开启了他的教育生涯，而当时正值晚清政府依照癸卯学制兴办新式教育的热潮期。此后，他任教于中小学、职业学校、大学等各级各类学校，创办过职业学校和乡村学校，一生奔走于教育事业。江恒源有感于当时中国社会经济衰微和教育落后的现状，认同教育救国的理论主张，并结合实际形成了独特的见解和主张。

早在 1915 年，江恒源就清醒地认识到当时中国兴办新式教育的迫切性和必要性，“庚子以后，创痛巨深，举国益奋然有所兴作，知非兴教育讲实业不足以雪耻而图存”②，“地方之所以能自治，必负有一部分中坚之士民，普及教育也，发展实业也，改良风俗也，尊崇礼让也，振兴工艺也，处理救恤与卫生也”③。但是，他摒弃了教育救国绝对化的偏颇之论，指出“复兴民族的重任，似乎不是教育界可以单独担负的”④。他认为教育发挥救亡图存作用的主要途径，是通过普及文化提高国民素质和为国家培养有用人才，而只有“品学兼优，擅长教学技术，具有专业之精神的人”⑤ 才能肩负起培养人才的重任。江恒源一面强调“授业解惑，有待良师。移风易俗，端资善政”⑥，主张本着“深为师严道尊之意，发为育才做人之谋”⑦ 的原则慎选良师、严选良师；一面主张教员要兼负推广社会教育、参与成人教育和改进社会生活的责任，倡导乡村师范要对农民开展生计教育、康乐教育和公民教育。无论是传统的授业解惑的良师，还是肩负新责任的教师，都不是天生而成的，需要经过专门训练。就当时中国教育发展实际状况而言，凡受新式教育的毕业生均有机会和资质到学校担任教职。但是，江恒源认为教师的责任极大，需要具备多重优秀的素养，普通大学生

---

① 郭秀艳. 民国时期“教育救国”思潮研究［D］. 大连：大连理工大学，2008：1.

② 刘旭光，连云港市政协学习文史资料委员会，中国民主同盟连云港市委员会. 江恒源教育文集（1）［M］. 北京：群言出版社，2020：2.

③ 刘旭光，连云港市政协学习文史资料委员会，中国民主同盟连云港市委员会. 江恒源教育文集（1）［M］. 北京：群言出版社，2020：5.

④ 刘旭光，连云港市政协学习文史资料委员会，中国民主同盟连云港市委员会. 江恒源教育文集（4）［M］. 北京：群言出版社，2020：1222.

⑤ 刘旭光，连云港市政协学习文史资料委员会，中国民主同盟连云港市委员会. 江恒源教育文集（6）［M］. 北京：群言出版社，2020：2371.

⑥ 刘旭光，连云港市政协学习文史资料委员会，中国民主同盟连云港市委员会. 江恒源教育文集（1）［M］. 北京：群言出版社，2020：53.

⑦ 刘旭光，连云港市政协学习文史资料委员会，中国民主同盟连云港市委员会. 江恒源教育文集（1）［M］. 北京：群言出版社，2020：54.

未必就能胜任这些重任[①]。江恒源目睹了那些未经师范教育的毕业生任校长或教员对教育教学、学生的知识学习与德行培养产生的负面作用，“任教育者大都为普通大学毕业生……语及教师训练，人且笑为迂谈……以致近年来中学学生程度，日渐降低”[②]。江恒源于1935年撰文指出当时中学教育存在三个问题：一是普通大学毕业的教师没有学习过教育学、心理学等课程，不能针对学生特点实施教育，弱化了教育效能；二是有些教师因为自身修养问题，难以对学生的行为进行指导；三是毕业于普通大学的教师未经专门训练，教学方法和技术存在问题[③]。江恒源认为要想解决好这三个问题，必须恢复高等师范教育制度，通过师范院校或普通大学中的教育学院培养中学师资。正是出于对教育现状的深切担忧，江恒源才主动思考师资培养即师范教育的有关问题。

## 二、乡村建设运动的现实需要

教育救国思潮除了流行于20世纪初期的教育界，还产生了巨大的衍生效应，反映在农村广大领域就是催生了乡村建设运动。无论是持“教育救国”论的人还是持“实业救国”论的人都意识到，仅在城市倡导新式教育和兴办实业，不足以从根本上解决中国积贫积弱的种种问题，要想整体提高国民素养，必须将目光投向地域广袤、人口众多的农村。他们喊出了“农村复兴”“乡村建设”的口号，发起了乡村建设运动，其目标是对农村政治、农业经济和农民素质进行全面的改造，其中一项重要内容是设立农村教育机构、推进基础教育发展[④]。

在这场运动中，江恒源任职的中华职业教育社也将注意力从城市转向农村，推行以培养农业人才和提升农民技术为目标的乡村职业教育。受此影响，江恒源积极投身乡村建设运动。江恒源认为，真正推行孙中山先生制定的救国救民的“三民主义”，“在都市内劝告市民去实行，固是要紧，到乡村引导农民去实行，尤是要紧。”[⑤] 他提出改进农村有两个主要办法：一个就是做组织乡村自治基础的村制；一个就是做改良农

---

① 刘旭光，连云港市政协学习文史资料委员会，中国民主同盟连云港市委员会．江恒源教育文集（2）[M]．北京：群言出版社，2020：754.

② 刘旭光，连云港市政协学习文史资料委员会，中国民主同盟连云港市委员会．江恒源教育文集（6）[M]．北京：群言出版社，2020：2379－2380.

③ 刘旭光，连云港市政协学习文史资料委员会，中国民主同盟连云港市委员会．江恒源教育文集（4）[M]．北京：群言出版社，2020：1479－1480.

④ 虞和平．民国时期乡村建设运动的农村改造模式［J］．近代史研究，2006，154（4）：95－110.

⑤ 刘旭光，连云港市政协学习文史资料委员会，中国民主同盟连云港市委员会．江恒源教育文集（1）[M]．北京：群言出版社，2020：208.

民生活中心机关的农村教育[①]。江恒源与同仁们一道组织实施乡村建设运动，指出“在中国现在状况之下，欲除去四大危险——贫、愚、弱、散，只有从乡村教育与乡村改进下手，才是救国的根本办法”[②]。他还在多个场合从不同角度围绕经济、教育、卫生、集会、自卫等方面，提出了改进乡村的具体办法。他参与了昆山徐公桥乡村改进试验区乡村改进的一些事务，并捐资援建试验学校。他密切关注吴县善人桥、丹徒黄墟、泰县顾高庄等地农村改进试验区的进展情况，多次前往试验区参观考察、做主题演讲、参与相关会议和计划修订工作。在实地考察与深入研究的基础上，江恒源形成了他关于农村改进的“富教合一”主义，后来进一步发展成“富教政合一”总体方略。江恒源解释说：“教所以救其愚，富所以救其穷，政则化其私、医其散。不私不散，乃可结合团体，从事于农村整个建设。”[③] 可见，江恒源乡村改进理论所谓的“教”，包括了比普通教育更加丰富的内容，要求教师不仅要履行文化教育的使命，要负责农事农业指导的职责，还要肩负辅助农民全面改善生活的重任。按照江恒源这一农村教育理想，无论是研学农业农学的人才还是接受师范教育的人才，都难以独立履行农村教师应该承负的教育职责，只有复合型人才方能担此重任。因此，乡村教育对教师素养的要求与师资来源，成了江恒源不得不思考的问题。他曾经提出乡村教育师资的理想构成，“一为师范毕业，一为农业中学毕业，再加以一年师范之资格，二者均有真才实学及责任心……改进农民知识、社会活动，似此组织，则进行可无阻矣”[④]。前一种教师，核心职责是实行普通教育，帮助提高农民文化水平；后一种教师，主要职责是对农民进行农业农事指导，帮助农民改善生计：无论哪一种教师，都需要经过师范教育的专门训练。可以说，江恒源是为了解决乡村教育的现实需要问题而自觉关注师范教育的。

## 三、教育工作实践的理性总结

江恒源从事的教育工作主要涉及三个方面：其一，课程教学、学校管理和指导办学等工作；其二，教育行政工作，主要是他担任江苏省教育厅厅长、河南省教育厅厅

---

① 刘旭光，连云港市政协学习文史资料委员会，中国民主同盟连云港市委员会. 江恒源教育文集（1）[M]. 北京：群言出版社，2020：209.

② 刘旭光，连云港市政协学习文史资料委员会，中国民主同盟连云港市委员会. 江恒源教育文集（3）[M]. 北京：群言出版社，2020：721.

③ 刘旭光，连云港市政协学习文史资料委员会，中国民主同盟连云港市委员会. 江恒源教育文集（3）[M]. 北京：群言出版社，2020：991.

④ 刘旭光，连云港市政协学习文史资料委员会，中国民主同盟连云港市委员会. 江恒源教育文集（1）[M]. 北京：群言出版社，2020：354.

长期间所做的一些工作；其三，职业教育的推广、研究和促进等工作，主要是他在任职中华职业教育社期间从事的一些工作。跨领域的教育工作经历和长时间奔波在教育战线上，使江恒源对普通教育、师范教育和职业教育的实际状况、发展需求、现实阻碍等问题均有所了解，为他从教育微观与宏观、实施与管理等层面研究教育问题提供了便利。

对于普通中小学，他特别关注其师资配置，希望教师“不是出卖知识的，是以教育为终身事业的”①，要做“教人的教师”，而不要做“教书的教师”②。他主张乡村教师要有学识、经验、德性、能力，以及坚强的体魄、浓郁的趣味、国学的根底、办事的热情、牺牲的精神。而上述优良师资，均有赖于优良的师范学校加以培养。有感于“以非师范生充任教师，而教学不良、管训无状者，比较的居多，此皆不习其术而强效其用”③ 的现状，他力主学校要以聘用师范毕业生为引进教师的主要途径，而以聘用非师范毕业生为补充途径。

在担任苏豫两省教育厅厅长期间，江恒源对中小学、师范学校办学的实际情况，以及师范学校与普通学校之间的依存关系了解得更加透彻。他主持制定了多项关于师范教育发展的政策举措，并针对实际采取了具体措施。他主持对省立、县立师范学校规范办学进行了较为全面的指导，涉及学制学部设置、师生薪酬待遇、课程内容、社会责任、毕业生就业后服务情况、教师在职进修等。他曾致函江苏省各县县长和教育局，要求“深维师道尊严之义，发为育才做人之谋。物质方面，既须有以安其身家。精神方面，尤须特别以予慰藉。所事此关，绝非细故。是曰尊师重教”④。为了保证师范学校的教育质量，他亲自致函辞职的师范学校校长，诚挚地恳请他们留任。他还关注师范学校附属小学的建设工作，并致函各省立师范附属小学，希望多出研究成果和实践成果。

江恒源从 1928 年起任中华职业教育社办事部主任，至 1942 年卸职。他在这十余年内专门从事职业教育工作，参与创办中华职业学校、女子职业学校、职业补习学校、职业指导教育机构，还担任过中华职业教育社副理事长、中华职业学校校长等职。应该说，江恒源致力职业教育事业，也是受教育救国思想的激励。他积极参与推行农村教育，尤其重视发展与农民需要相契合的农村职业教育。江恒源认识到，“欲使职业教

---

① 刘旭光，连云港市政协学习文史资料委员会，中国民主同盟连云港市委员会．江恒源教育文集（1）[M]．北京：群言出版社，2020：287.

② 刘旭光，连云港市政协学习文史资料委员会，中国民主同盟连云港市委员会．江恒源教育文集（1）[M]．北京：群言出版社，2020：286.

③ 刘旭光，连云港市政协学习文史资料委员会，中国民主同盟连云港市委员会．江恒源教育文集（1）[M]．北京：群言出版社，2020：61.

④ 刘旭光，连云港市政协学习文史资料委员会，中国民主同盟连云港市委员会．江恒源教育文集（1）[M]．北京：群言出版社，2020：54.

育普及，则师资及行政人员之造就，尤为先决问题”[①]，“教师是学校的灵魂……要想发达职教，第一先决问题，便是养成且不断的养成许许多多的职业教师”[②]。为了解决职业教育师资问题，江恒源提出了两种方式：一是农工商等学科的毕业生，到大学教育学院或专科教育班，接受教育学术训练；二是学过师范或教育学科的，到农工商等学校学习职业教育理论，接受相关的知能训练。可见，江恒源理想的职业教育师资是既要具备有关职业的知识、经验，也要经过师范专业的训练，具备相应的知识与技能。可以说，江恒源出于兴办职业教育和加强职业指导的需要，而对师范教育有深入的研究与思考。

## 第二节　江恒源师范教育观的主要内涵

江恒源的师范教育观的内涵十分丰富，涉及师范教育的基本属性、价值地位、办学实践、社会功能，以及师范教育的社会综合推动等。总的来说，他的师范教育观的内涵可以概括为以下几个方面。

### 一、师范教育的基本属性

首先，师范教育为教育之根本。江恒源指出，“近人以为普遍大学（似应为‘普通大学’，原文疑有误——笔者注）毕业生，皆可充任中学教员，甚且投考大学之中学毕业生，以注意工商经济，多不免预存轻视师范之心，此实为极不正确之观念。……大学师范教育之不振，影响及于中等师范教育，而中等师范教育，更为小学教育之本”[③]，“高等师范教育，更为改进中等教育之枢纽”[④]。将他在不同场合下所说的这些话推衍开来，实质上表达的是师范为教育之本。江恒源将师范教育的地位看到如此之高，全因他认识到教师是教育发展与进步的关键，而教育又担负着启迪民众、促进实业、富强国家的重任。江恒源将师范教育提到关乎国运的高度，称“一国文化，能不断增进，

---

① 刘旭光，连云港市政协学习文史资料委员会，中国民主同盟连云港市委员会. 江恒源教育文集（1）［M］. 北京：群言出版社，2020：305.

② 刘旭光，连云港市政协学习文史资料委员会，中国民主同盟连云港市委员会. 江恒源教育文集（5）［M］. 北京：群言出版社，2020：1994.

③ 刘旭光，连云港市政协学习文史资料委员会，中国民主同盟连云港市委员会. 江恒源教育文集（6）［M］. 北京：群言出版社，2020：2371.

④ 刘旭光，连云港市政协学习文史资料委员会，中国民主同盟连云港市委员会. 江恒源教育文集（6）［M］. 北京：群言出版社，2020：2355.

赖有优良教育，而教育事业，能不断发展，赖有优良师范”[①]。抗战胜利后，他针对国家恢复建设的实际需要，论述了发展普通教育与师范教育的急迫性，“国民教育宜求普及，自应注重于量的扩张，唯于国民教育之母师范生，必须大量养成”[②]。他认为高等级师范教育人才问题如果得不到解决，“直接可影响到国本安危，文化进退”[③]。师范教育具有“教育之母”的重要意义和特殊价值，是20世纪早期知识分子尤其是教育界人士的共识。张謇说：“环顾五洲，彼所称强大文明之国，犹是人也。以我中国黄帝尧舜神明之胄，退化不振，猥处人下，至有以奴隶目我者，诸君以为可耻否乎？欲雪其耻而不讲求学问则无资；欲求学问而不求普及国民之教育则无与；欲教育普及国民而不求师则无导。故立学校须从小学始，尤须从师范始。”[④] 他的这番话蕴含的基本观点是，教育是挽救国家危亡之势和摆脱受列强欺凌困境的重要途径，而要振兴教育，必须重视师范教育。张謇还直接宣明：“教育为实业之母，师范为教育之母。”[⑤] 江恒源以师范教育为教育之本的观点，与张謇等人的师范教育观是声气相通的。

其次，师范教育具有专业独立性。这一表达在一定意义上可以转换为“师范教育具有不可或缺性”或“师范教育具有不可替代性”之类的话语。江恒源主张“各级师范，一律完全独立，俾造就专业环境”[⑥]。他指出，“高级中学师资，现在师范学院培养。此项学院，应以单独设立为原则，附庸于大学，实感种种不便”[⑦]。当时的师范教育虽涵盖了大学的某些学科，但是不在大学独立学科之列，往往成为大学的附庸或在大学中处于附属地位，因而师范教育专业无论师资配备还是学科研究都不受重视，专业建设、人才培养自然受种种限制。江恒源建议“一般师范学院，应以逐渐脱离大学某独立设置为原则”，“应按照全国实际需要，构成若干大学师范区，每区设师范学院一所，所有在本区内之中学教育，均应受其辅导”[⑧]。这样的调整不仅能保持师范教育的独立性，而且能发挥师范学院指导普通教育的作用。在江恒源的观念里，师范教育

---

① 刘旭光，连云港市政协学习文史资料委员会，中国民主同盟连云港市委员会. 江恒源教育文集（6）[M]. 北京：群言出版社，2020：2365.

② 刘旭光，连云港市政协学习文史资料委员会，中国民主同盟连云港市委员会. 江恒源教育文集（6）[M]. 北京：群言出版社，2020：2379.

③ 刘旭光，连云港市政协学习文史资料委员会，中国民主同盟连云港市委员会. 江恒源教育文集（6）[M]. 北京：群言出版社，2020：2355.

④ 李明勋，尤世玮，张廷栖，等. 张謇全集（4）[M]. 上海：上海辞书出版社，2012：70.

⑤ 李明勋，尤世玮，张廷栖，等. 张謇全集（2）[M]. 上海：上海辞书出版社，2012：82.

⑥ 刘旭光，连云港市政协学习文史资料委员会，中国民主同盟连云港市委员会. 江恒源教育文集（6）[M]. 北京：群言出版社，2020：2365.

⑦ 刘旭光，连云港市政协学习文史资料委员会，中国民主同盟连云港市委员会. 江恒源教育文集（6）[M]. 北京：群言出版社，2020：2364.

⑧ 刘旭光，连云港市政协学习文史资料委员会，中国民主同盟连云港市委员会. 江恒源教育文集（6）[M]. 北京：群言出版社，2020：2372.

既不可替代，也不可或缺，任何学校办学，其教员须经师范训练，比如普通大学毕业生要想到中学教书，“须仿照英德各国制度，一定要到大学所附设的中学师资训练班，至少再受一年的训练”①。江恒源针对20世纪40年代初的各级学校师资匮乏、报考师范专业学生量少的情况，在国民参政会第三届第二次大会上提交了《建议政府请确定师范教育制度加紧培养各级师资案》，对师范教育承担的各级学校师资培养任务作了详尽规划，体现了保持师范教育独立性和完整性的重要意义所在。

最后，师范教育具有政府办学主体性。所谓“政府办学主体性”，指的是兴办师范教育并促其发展进步的主体力量来自政府，政府对师范院校的设置、管理和保障负有不可推卸的责任。江恒源曾在国民参政会上提出了系列提案，就师范院校的设置、学制、招生、经费、师生待遇、学术研究等问题提出建议，强调师范教育事关国家人才培养和政务治理，呼吁政府拼其全力统筹全局、辨明本末，并采取措施加强师范教育，以挽救教育尤其是师范教育的危急之势。至于师范教育的一些具体问题，如师范生实习、师范学校服务社会等问题，乃至普通学校教师知识更新、教员补充、生活保障等问题，江恒源认为也是师范教育难以独立解决的，必须得到政府和教育部门的支持。比如，对于师范教育的经费保障问题，他建议由教育部规定省市地方教育经费预算比例，“将师范教育经费一项，在全部教育经费中，比例特别提高”②。对于师范学校与地方小学的联络互助问题，江恒源认为应该由省政府组织专家研究拟定计划后付诸实施。在他的倡导下，各界知名人士曾多次联名提出议案，要求政府增加小学教师薪水和为师范生提供膳食费。

## 二、师范教育的价值与功能

师范教育作为教育之本，其根本价值和功能在于为各级各类学校培养教师。江恒源认为教育举措的落实和学校毕业生的出路，“一方面有赖于专家的设计，一方面要拥有优良的师范学校，能养成实施此种教育的师资”③。按照师范教育类别、毕业生学历层次与各级学校师资的对应关系，江恒源提出不同类型的师范学校及师范科培养的毕业生服务面向的学校也不同。江恒源在教育厅厅长任上曾主持发布官方文件来规定不同类型师范学校的培养方向：男子师范的普通部“居师范学校之主干，全省都市小学

---

① 刘旭光，连云港市政协学习文史资料委员会，中国民主同盟连云港市委员会．江恒源教育文集（4）［M］．北京：群言出版社，2020：1480.

② 刘旭光，连云港市政协学习文史资料委员会，中国民主同盟连云港市委员会．江恒源教育文集（6）［M］．北京：群言出版社，2020：2381.

③ 刘旭光，连云港市政协学习文史资料委员会，中国民主同盟连云港市委员会．江恒源教育文集（3）［M］．北京：群言出版社，2020：1171.

教师，咸出于此”，乡村师范部“专在养成乡村小学教师”；女子师范养成幼稚园教育专才[1]。他主张师范学校为小学、师范专修科为初中、师范大学或大学教育科为师范学校培养师资[2]，县立师范学校“应以养成乡村小学教员为目的而养成师范生改良社会生活之能力与兴味”[3]。20世纪40年代，时代形势发生了变化，社会对教师的需求也与以往不同，江恒源关于师范教育分层培养师资的具体主张有所变化，但是其精神内核没有发生变化。他坚持“各级师资，分别训练，分段目标，务使照明，以期提高效能”[4]，并针对师资急缺的现状提出了缩短师范教育学制的建议，希望加快师资培养速度。还主张普通师范学校除了为小学培养师资，还要为成人教育、社会教育和初等职业教育培养师资；乡村教师要从师范学校毕业生中选用，如果选用其他专业人才就要使他们接受一年的师范训练；职业教育的师资也可以由师范教育来培养，因为并非只要是大商人、老工人就能执教商科或工科，也不是接受普通大学教育的人就能做职教教师，而应是“学过师范的人，使受职业教育的训练，毕业后做职教的行政人员，做教员的乃是把工商业者，使受教育的训练而充当了”[5]。

除了强调师范教育在培养师资方面应该发挥的功能，江恒源认为师范教育还负有多种职责和具有多重价值。其一，为满足社会所需培养多样化的人才。江恒源认为师范教育应该在社会发展和乡村改进中发挥更大的作用，“社会教育及农村建设教育既需多数中级职员实际工作，此则师范学校及职业学校，应负训练之责”[6]。在江恒源看来，乡村改进人才需要具备教育、政治、生计和卫生娱乐等方面的知识与能力，而师范教育完全可以参与这类人才的训练培养工作。江恒源立足农村教育和社会生活的需要，认为乡村教师要具备教育儿童和普通群众的能力，并主张训练村长、区长的职责也要由乡村教师负责[7]。其二，师范院校负有研究教育、指导地方教育并推进其进步发展的职责。他提倡师范院校研究中国教育问题，要以“适合中国儿童、青年、成人的身心

---

① 刘旭光，连云港市政协学习文史资料委员会，中国民主同盟连云港市委员会. 江恒源教育文集(1)[M]. 北京：群言出版社，2020：124.

② 刘旭光，连云港市政协学习文史资料委员会，中国民主同盟连云港市委员会. 江恒源教育文集(2)[M]. 北京：群言出版社，2020：436.

③ 刘旭光，连云港市政协学习文史资料委员会，中国民主同盟连云港市委员会. 江恒源教育文集(1)[M]. 北京：群言出版社，2020：135.

④ 刘旭光，连云港市政协学习文史资料委员会，中国民主同盟连云港市委员会. 江恒源教育文集(6)[M]. 北京：群言出版社，2020：2363.

⑤ 刘旭光，连云港市政协学习文史资料委员会，中国民主同盟连云港市委员会. 江恒源教育文集(4)[M]. 北京：群言出版社，2020：1381.

⑥ 刘旭光，连云港市政协学习文史资料委员会，中国民主同盟连云港市委员会. 江恒源教育文集(4)[M]. 北京：群言出版社，2020：1264.

⑦ 刘旭光，连云港市政协学习文史资料委员会，中国民主同盟连云港市委员会. 江恒源教育文集(3)[M]. 北京：群言出版社，2020：1218.

为目的”，研究“学校里所用教科书的编制，以及训导教育等等的方法”[①]。其三，解决一般社会问题的职能。江恒源对师范教育承担广泛社会职责的主张，是在当时社会对教育具有多重期待的背景下提出的。江恒源说：“社会上有种种问题，不关于教育的，以我的见解，似乎也可以用教育的方法去解决他；不关于师范教育问题，但也可以用师范教育去解决，或许师范教育问题解决，社会问题也可以随之解决一二。”[②] 这番话显然带有教育救国思想的影子，因此他赞扬黄渡乡村师范实行的工学教育“是中国目下的新教育，救国的教育”[③]。江恒源对乡村师范寄予厚望，明确要求乡村师范“应兼负推广社会教育责任，且应实际操改良农民环境之工作”[④]，比如在培养农村服务人才方面，“现有高中师范学校或师范科及乡村师范学校，可以加重军训及乡镇长需知之科目”[⑤]。

## 三、人才培养内容与举措

师范教育的成效，最终要通过毕业生服务教育事业的质量体现出来，而师范毕业生的服务质量，取决于其思想、道德、知识和能力素养。江恒源认为教师应该具备超出一般知识分子的素养，而“志愿终身服务教育专业精神，尤为重要而宝贵”[⑥]。他将教师称为“精神的设备”，认为教师从事的是教“人”而非教“书”的工作，应该德才兼具，否则就会因才不称职、德不孚众而误人子弟。基于此，江恒源主张师范院校应该教育学生养成“常识丰富，身体健全，人格高尚，思想正确，心平气和，办事灵敏，兴趣浓郁”[⑦] 的特性，除了能胜任小学教学外，还需养成多方面的能力和肩负更多的责任，比如创造校舍校具的能力、从事劳作与增进生产的能力、协助地方民众进行自治

---

① 刘旭光，连云港市政协学习文史资料委员会，中国民主同盟连云港市委员会．江恒源教育文集（2）[M]．北京：群言出版社，2020：658.

② 刘旭光，连云港市政协学习文史资料委员会，中国民主同盟连云港市委员会．江恒源教育文集（4）[M]．北京：群言出版社，2020：1429.

③ 刘旭光，连云港市政协学习文史资料委员会，中国民主同盟连云港市委员会．江恒源教育文集（4）[M]．北京：群言出版社，2020：1232.

④ 刘旭光，连云港市政协学习文史资料委员会，中国民主同盟连云港市委员会．江恒源教育文集（1）[M]．北京：群言出版社，2020：136.

⑤ 刘旭光，连云港市政协学习文史资料委员会，中国民主同盟连云港市委员会．江恒源教育文集（6）[M]．北京：群言出版社，2020：2086.

⑥ 刘旭光，连云港市政协学习文史资料委员会，中国民主同盟连云港市委员会．江恒源教育文集（6）[M]．北京：群言出版社，2020：2365.

⑦ 刘旭光，连云港市政协学习文史资料委员会，中国民主同盟连云港市委员会．江恒源教育文集（2）[M]．北京：群言出版社，2020：432.

自卫组织的能力，并肩负社会教育和推进地方卫生事业的责任①。对于乡村师范的学生，江恒源提出了更高的要求，认为乡村师范的毕业生不仅要有服务乡村的志愿，而且“要有劳工的身手，要有科学的头脑，要有社会改造家的精神，能用手用脑去教育孩子、改造社会”②。江恒源提出的这些要求，是有鲜明针对性和现实需要性的。当时普遍的观念是师范毕业后到城市学校任教，师范毕业生不愿意到农村从事教师工作，甚至乡村师范的毕业生也不愿为乡村教育服务。因此，江恒源希望师范生要有浓厚的乡土情怀和致力于乡村教育的责任感，能够坚守乡村传播先进教育思想和文化知识。如果将江恒源的主张与他同时代的人的主张联系起来就会发现，面向乡村培养有用之才、会用之才、愿用之才，实在是当时社会对乡村师范教育的共同期待。比如，陶行知认为乡村教育的政策，“是要乡村学校傲改革乡村生活的中心，乡村教师做改造乡村生活的灵魂办好农村教育，关键是要有扎根农村、服务农村的校长和教师”③，认为乡村标准的校长应当有农夫的身手、教师的头脑和社会改造家的精神④，而这些素质无不有待乡村师范加以培养。

对于如何培养合格的师范毕业生以为教育提供适用师资这一问题，江恒源从实践操作层面做出了回答。首先，重视师范生德行培养。江恒源主张养成“三方合一”的人生观，即“物质的即经济的、艺术的即审美的和道德即伦理的”⑤ 三面融合，因此无论对普通教育、乡村教育抑或师范教育，都将道德训育置于首要地位。他认为优良的教师必使学生身心有适当的发展，有“好身体、好头脑、好品格”。既然师范生负有指导学生成人的责任，师范学校就要“养成良才，无忝师表”。他之所以赞同陶行知的晓庄学校用科学的、艺术的、道德的教育法来培养学生生活、锻炼学生生活和指导学生生活⑥，是因为这样的育人方法与他的“三方合一”人生观的精神内涵具有一致性。面对伤风败俗、流弊滋多的社会，江恒源主张师范学校加强师范生的道德教育，提高师范生的判断能力和引导能力。他呼吁主张政府要“特别重视，加紧调整，务使习师范

---

① 刘旭光，连云港市政协学习文史资料委员会，中国民主同盟连云港市委员会．江恒源教育文集（6）[M]．北京：群言出版社，2020：2154－2155.

② 刘旭光，连云港市政协学习文史资料委员会，中国民主同盟连云港市委员会．江恒源教育文集（2）[M]．北京：群言出版社，2020：639.

③ 陶行知．中国教育改造 [M]．合肥：安徽人民出版社，2019：40.

④ 陶行知．中国教育改造 [M]．合肥：安徽人民出版社，2019：40.

⑤ 刘旭光，连云港市政协学习文史资料委员会，中国民主同盟连云港市委员会．江恒源教育文集（2）[M]．北京：群言出版社，2020：440.

⑥ 刘旭光，连云港市政协学习文史资料委员会，中国民主同盟连云港市委员会．江恒源教育文集（1）[M]．北京：群言出版社，2020：214.

的学生，皆是社会上特殊优秀青年”[①]，又要求师范教育要“以学校为指导社会的中心”，“将师范生养成为指导社会之中心人物”[②]，“极端注重人格陶冶，培养成优异觉及服务精神”[③]。

其次，根据教师教学需要和服务对象开设相关课程。师范教育具有特殊性，其课程开设与学习安排自然应与普通中学、大学不同。江恒源认为，教师既要懂得教学内容，又要学会教育技术，因此师范学校应该教育学、心理学、教学法与普通文化知识并重，在课程分量、安排时间、种类范围等方面要根据师范生自身的发展、服务对象的需要和社会的需要做合理安排。比如：江恒源基于师范教育除了要面向儿童教育培养师资，还要关注成人教育、社会教育和初等职业教育的基本理念，主张师范教育要开设成人心理学、社会教育学、职业技术等课程；对于乡村师范，江恒源认为除了开设一般文化知识课与教育心理课，还应该以“普通农业上之必要的知识技能，乡民自治事项，公民必备之常识，应用国文及国语，社会高尚娱乐之创作法与指导法”为重要课程[④]。江恒源还细致地考虑到师范教育专业所开设的文化知识课程、教育理论课程和实践课程之间的比例、时间的协同关系，以及师范学校毕业生升学深造的需要，主张师范院校针对实际情形对课程做微观调整。

最后，重视对师范生教学能力的培养。对于教学能力、教学技能、设备运用技巧等一揽子要素，江恒源称为“教育技术”。江恒源认为教师既要具有从教的热情，又要具有“极精巧极灵活的教授技术”[⑤]，因此他非常重视师范生教育技术（广义的教育技术，包括教学能力、教学方法、教学策略、技术设备运用等）的养成，认为“无其术而强用是为害事，有其术而不用是为害才”[⑥]。他强调从事教育的人一定要经过师范学习或接受专门的教育训练，因为在他看来教师不仅仅要懂得文化知识、职业知识，更要具备良好的教学能力和教学技术。为了提高师范生的教育技术，他建议走两条路。一是延长教育实习时间，最好能延长一年，由师范学校每周安排指导员到各校视察指

---

① 刘旭光，连云港市政协学习文史资料委员会，中国民主同盟连云港市委员会. 江恒源教育文集（6）[M]. 北京：群言出版社，2020：2494.

② 刘旭光，连云港市政协学习文史资料委员会，中国民主同盟连云港市委员会. 江恒源教育文集（3）[M]. 北京：群言出版社，2020：947.

③ 刘旭光，连云港市政协学习文史资料委员会，中国民主同盟连云港市委员会. 江恒源教育文集（6）[M]. 北京：群言出版社，2020：2365.

④ 刘旭光，连云港市政协学习文史资料委员会，中国民主同盟连云港市委员会. 江恒源教育文集（1）[M]. 北京：群言出版社，2020：136.

⑤ 刘旭光，连云港市政协学习文史资料委员会，中国民主同盟连云港市委员会. 江恒源教育文集（6）[M]. 北京：群言出版社，2020：2224.

⑥ 刘旭光，连云港市政协学习文史资料委员会，中国民主同盟连云港市委员会. 江恒源教育文集（1）[M]. 北京：群言出版社，2020：61.

导。让师范生自己去发现疑难并设法解决，由此“实习获得的效果，自然就很多很多了”[①]。其二是应使学生在教育区中做实际工作。毕业后的出路是找一相当区域，办理一教育区[②]。因此，他批评一些师范学校忽视学生实践能力养成的做法——“将讲义装到学生肚子里，再加上一两星期的实习”[③]。

## 四、师范教育的协同关系建构

江恒源指出，教育是与自然、人事密切相关的事业，“在一个国家中虽然自成为一个教育行政的系统，可是同时也要与其他方面力谋调协、力谋适应才行”[④]，因此他主张教育各级沟通、各方联合。显然，江恒源将教育定位为国家整个大系统中的一个子系统，而这个子系统内部各环节要素，以及该子系统与其他子系统都要建立协调顺畅的关系。基于这样的教育定位观念，江恒源提出了关于师范教育与外部系统关系建构的思考。

首先，师范教育应该与中小学加强联系和协作。师范教育既然为教育培养师资，就要与各级各类学校建立密切关系。江恒源认为师范院校应该针对中小学校的师资需求培养师范生，帮助他们形成教师岗位需要的职业素养。江恒源说：“既用大学教育来养成中学教师，一定大学生在校所学，与将来中学所教，能完全适应。换句话说，中学学生所希求与教师的是什么，大学师范生在校所学所习的就是什么。”[⑤] 无论从传统教师的传道授业职能还是从当代教师的立德树人使命来看，师范专业学生的知识范围和能力水平都应该远远超出中小学生学习所能及，因此江恒源的观点具有一定的片面性，但其中蕴含的师范院校人才培养必须面向中小学教育需要的观念是科学的。他关于小学教师培养的说法，相对切中实际而有一定的高度，“师范学校的职业训练，根据于小学的需要而来，师范生将来的职业便是小学教师，小学教师对于小学校的一切职

---

① 刘旭光，连云港市政协学习文史资料委员会，中国民主同盟连云港市委员会．江恒源教育文集（2）[M]．北京：群言出版社，2020：431.

② 刘旭光，连云港市政协学习文史资料委员会，中国民主同盟连云港市委员会．江恒源教育文集（4）[M]．北京：群言出版社，2020：1317.

③ 刘旭光，连云港市政协学习文史资料委员会，中国民主同盟连云港市委员会．江恒源教育文集（4）[M]．北京：群言出版社，2020：1317.

④ 刘旭光，连云港市政协学习文史资料委员会，中国民主同盟连云港市委员会．江恒源教育文集（6）[M]．北京：群言出版社，2020：2094.

⑤ 刘旭光，连云港市政协学习文史资料委员会，中国民主同盟连云港市委员会．江恒源教育文集（4）[M]．北京：群言出版社，2020：1480.

业教育设施，自该有精邃的研究和纯熟的技能”[1]。

其次，师范教育内部、师范教育与职业教育应加强联系。江恒源主张师范院校在学时设立、教授任用、教育研究等方面加强交流与探讨，并希望“教育部应特定简明条款，责成各校切实执行”[2]。江恒源提出职业师资的三条培养途径：招收普通学生给予双重训练，既授以职业中必需的专门知识和技能，又授以教学的原理和方法；招收已有师范训练之学生，养成其职业中必需的专门知识和技能；招收已富有职业经验学识的学生，予以师范的训练[3]。应该说，师范教育与职业教育合作培养师资，是江恒源开展职业教育活动时奉行的基本理念。他多次明确提出，“职业教学校师资，除在师范大学特设院系负责培养外，并应就适宜之师范学院，认定某一类或数类养成之”[4]。

最后，师范教育可以就毕业生协同就业展开探索。“职业仅有普遍性、平等性，犹未为足，必须更求有互利性，一方谋利于己，一方求利于人。”[5] 从这一立场出发，江恒源尝试探索各类教育毕业生开展协同就业的途径。他在论述大学生开展社会帮助活动和毕业出路问题时，曾多次以分别学习应用化学、商科、师范的三个大学生为例，阐述师范教育与其他职业教育分工合作的问题，认为唯有合作才能解决大学毕业生就业难题。对于乡村师范毕业生，他的协作就业主张更加鲜明，提倡他们“划一区域为教育区，实施教育，改进农民生活与生产技术，以获得农民之信仰”[6]，同时“做农村普及教育的试验”，“把科学的种植蓄养方法教给农民”[7]。

## 第三节 江恒源师范教育观的实践启示

我国的师范教育随时代需求而不断变革，历经百年砥砺前行，现已迈入了“新师

① 刘旭光，连云港市政协学习文史资料委员会，中国民主同盟连云港市委员会．江恒源教育文集（4）［M］．北京：群言出版社，2020：1494.

② 刘旭光，连云港市政协学习文史资料委员会，中国民主同盟连云港市委员会．江恒源教育文集（6）［M］．北京：群言出版社，2020：2383.

③ 刘旭光，连云港市政协学习文史资料委员会，中国民主同盟连云港市委员会．江恒源教育文集（5）［M］．北京：群言出版社，2020：1945.

④ 刘旭光，连云港市政协学习文史资料委员会，中国民主同盟连云港市委员会．江恒源教育文集（6）［M］．北京：群言出版社，2020：2381.

⑤ 刘旭光，连云港市政协学习文史资料委员会，中国民主同盟连云港市委员会．江恒源教育文集（2）［M］．北京：群言出版社，2020：480.

⑥ 刘旭光，连云港市政协学习文史资料委员会，中国民主同盟连云港市委员会．江恒源教育文集（4）［M］．北京：群言出版社，2020：1320.

⑦ 刘旭光，连云港市政协学习文史资料委员会，中国民主同盟连云港市委员会．江恒源教育文集（4）［M］．北京：群言出版社，2020：1344.

范教育”时期，师范教育体系进一步完备，师范院校的办学定位日趋科学，办学思路愈加明晰，人才培养质量不断提升。然而，无须讳言的是，百年前师范教育存在的一些问题，在当下师范教育领域依然存在。有的属于师范教育永久性的伴生问题和基本问题，需要一代又一代的师范教育工作者持之以恒地予以应对与解决；有的属于任何所谓完善的体制都无法彻底解决的，但可以在研讨与实践中不断深化认识，并将其弊端控制在最小限度的问题；有的则是由于人们思想上不够重视、规划与举措不够得力而导致的问题。江恒源的师范教育观的观照对象是民国时期的师范教育，但对当下打造师范教育特色，协调人才培养与教育岗位需求的关系，促进农村教师队伍建设和推动师范教育可持续发展，解决办学存在问题和纾解人才培养困境，仍然具有一定的参考价值。

## 一、突显师范性：兴办高质量师范教育的现实前提

改革开放以来，我国师范教育的发展大致可以分为三个阶段：①从改革开放起至20世纪末为“旧师范”阶段，师范教育的独立性和定向性均较强；②21世纪初至2017年为教师教育阶段，师范院校为主体、非师范院校共同参与的师范教育体系形成，教师职前职后一体化培养机制逐步完善；③从2018年至今为“新师范”建设时期，教师教育政策与体制进一步完善，师范生公费教育政策体系初步形成[①]。

这三个阶段走的似乎是一条循环渐进、螺旋发展的路径，即从师范院校独立办师范到各类院校协同办师范再到师范院校专门办师范，其间伴随着招生政策、培养规格、毕业去向、分配制度等一系列的嬗变与争论。师范院校独立办师范对于保持师范教育特色、稳定优质生源、培养稳固专业思想师资发挥了积极作用，但是存在专业口径较窄、综合竞争力不强、毕业生难以适应就业市场化和缺乏外部竞争而容易陷入内卷等问题。而以师范院校为主体、非师范院校共同参与的师范教育体系，与我国教师专业化进程，特别是教师资格制度的确立、市场经济逻辑具有较好的内在顺应性，对于提升师范教育学术内涵、缓解师资匮乏和促进竞争机制产生了积极效应，但存在的问题也不容忽视。一方面，师范生培养在数量和学历两方面的绝对值在上升，但相对值较弱[②]；另一方面，非师范院校办学的中心不是师范教育，导致师范教育有日渐边缘化的

---

① 房玲玲，杨颖秀．师范生公费教育政策文本分析及政策建议［J］．延边大学学报（社会科学版），2020，53（01）：124-133.

② 张天雪，周晓娇：新师范教育：本质诉求与政策理路［J］．教师发展研究，2020，4（3）：66-73.

趋势，弱化了师范性[①]。对于师范与非师范混合办学的负面影响，江恒源早已敏锐地觉察到，故而他不断强调师范院校的独立性和非师范毕业生须经师范专门训练才能从事教职。当然，师范教育不可能再重走封闭培养教师的老路，但是江恒源主张保持师范教育的独立地位，反对以学术性取代师范性，显然是有利于师范教育发展，也符合师范人才培养规律的。

2018年3月，教育部等五部门印发的《教师教育振兴行动计划（2018—2022年）》提出，办好一批高水平、有特色的教师教育院校和师范类专业，建立公费师范生培养制度，招收乐教适教善教的优秀学生就读师范专业，招收学科知识扎实、专业能力突出、具有教育情怀的学生，重点培养教育硕士，适度培养教育博士[②]。这一行动计划表明，师范院校和师范类专业应该回归专门办师范的专业路径。这种变革既可以避免师范教育因办非师范专业而稀释了人才培养效能的负面效应，又有助于消除非师范院校办师范而荒芜了师资培养的弊端。江恒源虽然没有从理论上系统论证师范教育须独立设置的必要性，但是他保持师范教育特色的主张，在今天乃至未来相当长的一段时间内，都值得加以扬弃式的继承。

## 二、打造乡村特色：师范教育参与乡村振兴战略的必然作为

20世纪初期，一批开明知识分子发起了乡村建设运动，“希望智识分子都能到乡下去，与农民切实携手，灌输他们的智识，这样，对内的革命——扫除文盲，建设农村既可成功，而对外的革命——打倒帝国主义、解除压迫也可成功，中国才能有救”[③]。新时代，党和国家实施乡村振兴战略，将之作为解决新时代我国社会主要矛盾，实现“两个一百年”奋斗目标和中华民族伟大复兴中国梦的必然要求，并颁布了一系列旨在促进农村振兴和城乡协调发展的政策。相比乡村建设运动，乡村振兴战略的时代环境已经大为改善，战略高度和视野宽度也远非前者所能比，但在“国家要富强，农村应富强”“民族要复兴，乡村必振兴”的理念方面，江恒源与当代精神是相通的。乡村振兴战略的实施离不开乡村教育的振兴，乡村教育的振兴离不开“下得去、留得住、干得好”的“四有好老师”。《乡村教师支持计划（2015—2020年）》《深度贫困地区教育脱

① 刘庆龙. 新中国70年来师范教育的发展历程：基于师范教育内外部关系的视角 [J]. 四川师范大学学报（社会科学版），2019，46（6）：90-98.

② 教育部，国家发展改革委，财政部，等. 关于印发《教师教育振兴行动计划（2018—2022年）》的通知 [EB/OL]. [2022-01-18]. http://www.moe.gov.cn/srcsite/A10/s7034/201803/t20180323_331063.html.

③ 刘旭光，连云港市政协学习文史资料委员会，中国民主同盟连云港市委员会. 江恒源教育文集（5）[M]. 北京：群言出版社，2020：1667.

贫攻坚实施方案（2018—2020年）》等政策的制定，反映了国家对农村师资队伍建设的重视。这些政策从不同层面为提高乡村教师职业能力和道德修养提供了支持与保障，有利于拓展乡村教师补充渠道，推进了乡村教师专业发展。

然而，乡村教师队伍建设面临诸多挑战和困境：在城乡发展不均衡、资源配置不平衡的背景下，师范毕业生不愿意到农村尤其是偏远农村工作；现有师范教育鲜有面向农村教育培养师资的实质性办学定位，导致师范毕业生难以适应农村教育的需求；受编制、经费等因素的制约，农村教师的人员与学科配备难以满足教育教学需要。这些问题在江恒源生活的时代也相应地有不同程度的反映，故而江恒源提倡兴办专门面向农村培养教师和其他人才的乡村师范，并就招收生源、学生职业素养养成、毕业生就业服务、经费支持等方面提出了一系列主张。当下，我国农村教育对师资有特殊需求，相关部门可以采取以下措施加强乡村教师队伍建设。首先，变革师范教育招生政策。江恒源主张从农民子弟中招收愿意服务农村的学生到乡村师范学习，毕业后面向农村就业。这一主张启发我们可以从生源遴选上凸显服务农村教育的志愿，为师范教育塑造学生职业理想与信念提供优良的基础条件。目前实施的乡村教师定向培养计划和公费师范生培养政策，都可以围绕"乐于从事农村教育事业"这一条件，在招生政策和方法上做文章。其次，重视师范生专业情志和职业理想教育。江恒源主张师范学校尤其是乡村师范学校要引导学生养成服务农村、服务农民的志向，提倡师范生树立"到乡村去的决心"。我国传统中师不仅面向农村提前选录优秀生源，而且重视教育学生服务于乡村基础教育，在他们的心灵上塑造"为师之魂"①。遗憾的是，这一优良传统在当下被弱化或被忽视了。师范院校需要立足地方农村教育的发展需要，有针对性地对师范生进行服务农村教育、振兴农村教育的专业理想教育，培养他们为农村教育事业做出奉献的深厚专业情志。最后，明确师范教育面向农村教育的办学定位。江恒源与他同时代的张謇、陶行知等教育家非常重视乡村师范的兴办与发展，尤其是陶行知、张謇等人曾亲自创办乡村师范学校，其根本原因是他们意识到建立为农村教育培养人才的专门机构，对保障相关人才回归农村具有重要的作用。我国以师范院校为主体、高水平综合大学参与的协同联动的教师培养体系的建构，可以选择一批师范院校或师范类专业专门面向农村办学，为农村教育培养适用师资。目前，每年大约有4.5万名公费师范生到乡村任教，已经有了良好开端，但从农村教育分布范围及其师资需求看，不仅这一从教规模需要继续扩大，而且地方政府和教育部门要设法留住这批服务乡村教育的人才。

---

① 张天雪，周晓娇：新师范教育：本质诉求与政策理路［J］. 教师发展研究，2020，4（03）：66-73.

## 三、重视实践教学：培养高素质师范人才的重要保障

新师范教育实施以来，师范教育人才培养质量提升愈发受到重视。一方面，师范院校秉持立德树人使命，坚持“以德立身、以德立学、以德施教、以德育德”的指导思想，加强师范生道德教育尤其是职业情怀教育，按照做“四有好老师”、当“四个引路人”的要求指导师范生开展专业学习，培养他们的从教信仰、奉献精神和坚定理想。另一方面，师范院校在保持师范性特色的同时，按照高校办学标准和人才培养评估相关要求加强学术性，对一般专业学科（中文、数学、英语等）和教师教育学科（课程与教学论、教育心理学、心理健康教育等）均加大了研究力度，提升了师范教育的专业内涵。

然而，相比于以前的中师教育，师范院校在学生教育教学能力与技能培养方面显得心有余而力不足，或者说规划与方案制定得比较完善，但实践教学的力度与效度不足，存在“遴选培训双导师措施不细、对教育实践重点环节组织实施和质量监控不到位”[①] 等问题。实践环节或实践教学效果不佳已成为师范教育的通病，师范毕业生教育教学实践能力偏弱这一问题在教师岗位招考中表现得日益突出。教育部《关于实施卓越教师培养计划 2.0 的意见》明确要求着力提高实践教学质量、完善全方位协同培养机制[②]；《教师教育振兴行动计划（2018—2022 年）》提出教师教育课程内容改革应以实践为导向，教学方法变革应以师范生为中心[③]：这些要求可以视为是对师范院校以往忽视实践教学、学生教育能力与技能水平走低的回应与纠偏。

实践教学效果的提升、师范生教育教学能力的培养，有赖于多重因素的合力作用。从实践教学层面来看，师范院校或师范类专业可以采取以下措施强化实践教学。其一，在执行国家教师教育课程标准的前提下，适当增加教育实习时长，拓宽渠道，丰富形式。江恒源主张实习时间延长到 1 年，实施起来难度较大，但是通过适当延长毕业教育实习时间，以“长流水、不断线”式的日常教育实习与毕业教育实习相结合的方式夯实师范生教学能力根基还是可以做到的。其二，依据“新师范”课程改革的要求，

---

① 张天雪，周晓娇：新师范教育：本质诉求与政策理路［J］. 教师发展研究，2020，4（03）：66－73.

② 教育部关于实施卓越教师培养计划 2.0 的意见［EB/OL］. ［2022－01－18］. http：//www. moe. gov. cn/srcsite/A10/s7011/201810/t20181010_350998. html.

③ 教育部，国家发展改革委，财政部，等. 关于印发《教师教育振兴行动计划（2018—2022 年）》的通知［EB/OL］. ［2022－01－18］. http：//www. moe. gov. cn/srcsite/A10/s7034/201803/t20180323_331063. html.

地方师范院校教师教育课程建设的关键内容之一是提高实践课程教学有效性[①]。师范院校可以聘请当地中小学教师担任校内“课程与教学论”“微格教学”“教师教学技能训练”等课程的客座教授，引入外部力量强化实践教学，补足师范院校教师缺乏中小学一线教育教学经验的短板。其三，毕业教育实习由分散实习、自主实习回归集中实习。传统中师的集中实习在学生实践能力培养方面颇具特色：发挥中小学原课任教师对师范生的教学全程式指导的作用，确保师范生在教学各环节都能得到能力提升；师范学校委派的指导教师为师范生的实习提供教育理论支撑，并负有管理职责。集中教育实习这一传统，可以说是从江恒源时代延续至今的。江恒源不仅主张师范学校在学生教育实习期间要定期委派教师加以具体指导，而且主张师范学校在学生毕业后仍然要履行指导职责。但是，现在通行的分散实习、自主实习，致使教育实习存在形式化、空洞化的倾向，师范院校宜就如何回归集中实习做一些实践探索。

## 四、加强协作：提升师范教育服务功能的实践路径

教育部《关于实施卓越教师培养计划 2.0 的意见》提出，坚持服务需求，创新机制模式，深化协同育人，贯通职前职后，密切师范院校与政府、普通教育界关系[②]。中共中央、国务院《关于全面深化新时代教师队伍建设改革的意见》（2018 年 1 月 20 日）提出，实施教师教育振兴行动计划，建立以师范院校为主体、高水平非师范院校参与的中国特色师范教育体系，推进地方政府、高等学校、中小学“三位一体”协同育人[③]。上述政策为师范院校强化协同育人关系、提高人才培养质量指明了方向。

首先，师范院校要与地方政府加强联系，在地方政府及其教育行政部门支持下，深度改革人才培养方案和机制。“师范教育具有强大的公益属性和社会上层建筑属性，因此私人资本和社会力量介入师范教育的意愿并不强烈。现有从师范大学中分离出的独立学院，其师范类专业注定将回归母体，所以在‘谁来办师范’这个问题上，政府是义不容辞的单一主体。”[④] 在计划经济语境下，教育行政部门、师范院校、中小学分别承担着师资调配、师资培养和师资使用的职能，并以教育行政部门为枢纽形成了三

---

① 曾毅．“新师范”视角下的地方高校教师教育课程建设探讨［J］．肇庆学院学报，2019，40（06）：72－76．

② 教育部印发《关于实施卓越教师培养计划 2.0 的意见》［EB/OL］．［2022－01－18］．www．moe．gov．cn/jyb_xwfb/201810/t20181011_351107．html．

③ 中共中央，国务院．关于全面深化新时代教师队伍建设改革的意见［EB/OL］．［2022－01－18］．http：//www．gov．cn/zhengce/2018－01/31/content_5262659．htm．

④ 张天雪，周晓娇：新师范教育：本质诉求与政策理路［J］．教师发展研究，2020，4（03）：66－73．

位一体关系。新时代，要想落实“充分发挥党委（党组）的领导和把关作用，确保党牢牢掌握教师队伍建设的领导权，保证教师队伍建设正确的政治方向”① 的意见，政府仍然需要加强对师范教育宏观指导，彰显办学主体地位。师范院校需要深入学习和理解地方教育发展政策，熟悉地方教育发展规划，切准地方教育发展走势和师资需求的脉搏，并据此深化办学体制改革和人才培养方案改革，有针对性地培养为地方教育所欢迎的师资力量。仿用江恒源“教育要配合整个国家的国策来实行”的话说，师范教育不仅要配合国家的而且要配合地方的教育政策来实行。

其次，与地方中小学开展协作育人，强化与地方教育的“互供”关系。师范院校与中小学开展合作的最佳平台应该是双方共建的教育实践基地。《中国教育现代化2035》提出，健全以师范院校为主体、高水平非师范院校参与、优质中小学（幼儿园）为实践基地的开放、协同、联动的中国特色教师教育体系②。可知，师范院校与中小学（幼儿园）合作建设实践基地，已经上升到一定的战略高度。师范院校可以依托实践基地开展形式丰富渠道多样的实践教学活动，增加师范生观察、思考、研究和实施教育教学活动机会，切实提高他们的教育实践能力。然而，师范院校如果仅仅把在中小学建设的实践基地当作对方输出的平台，而忽视了对对方的支持，天长日久就会导致合作关系的淡化。因此，双方要致力于建立“互供”关系，即基于各自优势资源供对方之所需，从而形成优势互补、携手共进的双赢机制。一方面，师范学校将实践基地作为提升人才培养质量的重要舞台，吸取中小学丰富教学经验和研究成果，用以加速专业课程内容的更新与迭代，或者延请中小学教师担任师范生实践教学指导教师，强化实践教学效果；另一方面，师范院校可以为中小学提供先进教育理念和科学教育理论的指导，帮助他们提高教育研究水平，或者为中小学教师提供在职进修、研修的机会，帮助他们不断提升专业水平。

---

① 中共中央，国务院．关于全面深化新时代教师队伍建设改革的意见［EB/OL］．［2022-01-18］．http：//www．gov．cn/zhengce/2018-01/31/content_5262659．htm．

② 中共中央、国务院印发《中国教育现代化2035》［EB/OL］．［2022-01-18］．http：//www．gov．cn/zhengce/2019-02/23/content_5367987．htm．

# 第四章

# 江恒源的职业指导思想

江恒源长期为职业教育、乡村教育奔走呼唤，对相关理论与实践问题有深刻的认识与思考。《江恒源教育文集》中，直接阐发职业指导主张的文章有 28 篇，以职业指导为重要论述和演讲内容的文章有 56 篇，间或论及职业指导的文章有 33 篇，合计超过总篇数的 1/4，足见江恒源对职业指导的重视。这些文章蕴含的职业指导思想，反映了江恒源对社会民生的关注广度、对职业教育的认识高度和对职业指导的推行力度。他提出的有关职业教育指导的理论观点和实践主张思想，有其特定的时代背景，针对着特定的社会需求。

## 第一节　江恒源职业指导思想产生的背景

### 一、时代之潮：职业指导思想的客观基础

现代工业革命以来，为了培养满足工业发展需要的合格产业工人，欧美资本主义国家特别重视发展职业教育，形成了较为完备的职业教育体系。随着职业教育规模的扩大，职业教育与行业要求、人才素质与岗位需求之间的矛盾也日益凸显。要想缓和毕业生求职与社会行业需求之间的错位性矛盾，使职业教育培养的产业工人能满足社会行业和职业岗位的需求，社会和学校必须开拓新的服务领域，引导毕业生顺利找到合适的职业岗位。在生产技术不断改进、生产效率日益增加而产业扩展相对滞后的情况下，社会对产业工人的需求数量在下降，失业者人员不断增多，客观上需要职业指导服务。英国于 1909—1910 年始着手建立职业指导体系，其标志事件是颁布了关于职业介绍、职业选择的两部法律。德国 1919 年通令全国，规定人口在 1 万以上的地区必须设立职业指导所，办理职业指导事务；人口不到一万的地区，要建立联合组织办理此事。美国则在大学设立职业指导师范专业和职业指导专业，研究相关理论，探索实

践方法，培养职业指导人才①。

晚清以降，从洋务运动到实业救国再到教育救国，有志之士无不以学习西方资本主义科学技术，发展工业生产、商业贸易、交通运输、国民教育为救国救民之路。那些怀揣振兴国家、造福民生理想的留学海外或赴欧美考察的人士，不仅带回了现代科学思想和工业技术，而且带回了职业教育的模式和经验。民国时期，政府与教育行政部门均重视职业教育，一批有识之士认真思考并致力于解决如何使培养的职业人才为社会所用的问题。在此背景下，职业指导日益受到重视，社会上出现了职业指导社、职业介绍所等服务机构。这些机构面向行业职业和求职人员开展需求调查，宣讲职业教育，进行职业倾向测试、提供就业择业指导，为人们增进对职业的认识，强化职业认同、选择职业并找到适合岗位提供了帮助。1916 年，清华学校校长周诒春率先倡导职业指导，提出了一些具体举措。比如：举行职业演讲，促使学生对职业有认识、有反省，以便于他们根据未来从业需要规划发展的路径；散发表格，了解学生选择的系科、专业。1917 年，中华职业教育社在上海成立。该社在推行职业教育的同时，也大力提倡职业指导。20 世纪二三十年代，职业指导渐成风气，教育界尤其是职业教育界人士纷纷撰写著作，介绍西方职业指导理论与实践，宣讲自己的见解和主张。1929 年前后，中华职业教育社、商务印书馆、大东书局、泰东图书局、申报馆等出版了大量著作，如邹恩润的《职业指导》、潘文安的《服务道德》、庄泽宣的《职业指导实验》、郎擎霄的《职业指导大纲》,《教育与职业》《教育杂志》《教育与人生》等期刊还出版了职业指导专号。职业学校乃至普通中小学均注重教育与生产结合，多有开设试验农场、实验工厂的，为学生接受职业训练和职业引导奠定了基础。1923 年，江苏省率先设立了专门的职业教育指导员。1928 年，全国教育会议通过“设立职业指导所及厉行职业指导案”，要求各级学校的学生在毕业年要接受职业指导、升学指导，学校要设立职业指导部，由大学院与各省会同推进设立职业指导部②。民国教育部于 1931 年通令各普通中学一律添设职业科目，或附设职业科；于 1933 年大力推行职业指导，颁布了《各省市县教育行政机关及中小学施行升学及职业指导办法大纲》；于 1935 年颁布了《各省市教育行政机关设置职业指导组暂行办法》，要求从小学到高中均需成立升学及职业指导委员会，对职业指导做出相关规定。在此时代风气推动下，心怀家国、社会和民众，为教育事业奔走呐喊的江恒源，自然极力倡导职业指导并孜孜不倦地践行自己的主张。江恒源不仅撰有专著《职业指导问题》，在不同场合和地区广泛宣传职业指导有关理念、主张和方案，而且多次在政府教育会议上将职业指导作为重要提案内容，为

---

① 刘旭光，连云港市政协学习文史资料委员会，中国民主同盟连云港市委员会．江恒源教育文集（5）[M]．北京：群言出版社，2020：1814－1817.

② 刘旭光，连云港市政协学习文史资料委员会，中国民主同盟连云港市委员会．江恒源教育文集（5）[M]．北京：群言出版社，2020：1820.

推动职业教育而奔走呐喊。

## 二、社团使命：职业指导思想的孕育土壤

江恒源所效力的重要社团，乃是中华职业教育社。这是由著名教育家、爱国民主人士黄炎培联合蔡元培、梁启超、张謇、宋汉章等教育界与实业界的知名人士，于1917年在上海发起创立的教育社团。中华职业教育社以倡导、推行和研究职业教育，改革与生产劳动、社会生活相脱离的传统教育为宗旨，明确提出职业教育目的是“谋个性之发展，为个人谋生之准备，为个人服务社会之准备，为国家及世界增进生产力之准备”①。为了“使无业者有业，使有业者乐业”，中华职业教育社同仁进行了长期不懈的努力，成为中国近代教育史上改革的先行者②。19世纪初期，中华职业教育社多方推介和借鉴国外职业指导经验，设立专门委员会，倡导职业指导，1919年设职业指导股，1923年设立职业指导部，1927年在上海设立职业指导所。中华职业教育社还从译述国外职业教育相关论著入手，引介国外有关职业指导的学说主张和实施办法，在《职业与教育》月刊上刊登职业教育包括职业指导的经验介绍和研究成果。为了全面开展职业指导，中华职业教育社专门请顾树森赴欧洲考察各国职业指导办法，寄回了大量资料，为国内职业指导服务的发展和思想的变革提供了经验。

与普通学校、职业学校相比，中华职业教育社的职业指导有其独到之处。从指导程度来看，普通学校或职业学校受课程体系、受业年限、学时等因素的影响，不可能全面而深入地开展职业指导；中华职业教育社可以深入社会，不仅指导业务范围广、服务内容丰富，而且可以围绕就业预备、在职指导、职业调整等方面进行深入而细致的指导。从指导方式看，普通学校或职业学校的职业指导方式、指导途径，往往表现为专门课程形态或短时咨询服务等方式，除了部分学生可以在校办实验工厂或农场接受职业教育，很多学生几乎没有机会在真实的职业情境下接受指导；中华职业教育社的指导方式、途径非常多样化，既可以在指导机构内提服务，又能深入职业场所展开指导，既能以课程方式推行职业主张又能实践运动引领民众。从指导对象看，普通学校或职业学校的指导对象是在校学生，他们的身份既具有单一性又具有鲜明的共性，故而学校开展的职业指导面对的挑战性较弱，日积月累容易导致指导内容的固化，比如很多学校的职业指导往往固着于更新学生职业观念、引导学生认识职业与自我、帮助毕业生找到合适工作等方面；而中华职业教育社的服务对象具有复杂性、多层次性

---

① 中华职业教育社简介［EB/OL］.［2023-09-22］. http://www.zhzjs.org.cn/zyjyAbout/about_index.aspx.

② 中华职业教育社简介［EB/OL］.［2023-09-22］. http://www.zhzjs.org.cn/zyjyAbout/about_index.aspx.

和鲜明的差异性等特点，开展职业指导往往面临种种挑战，必须紧跟社会（职业）的需要和民众的需求。中华职业教育社职业指导的这些特点，从该社 1924 年在上海、南京、济南等地开展的具体职业指导活动可见一斑。上海职业指导所业务覆盖范围宽，涉及职业询问、职业调查、职业演讲、升学指导、职业介绍、择业指导、改业指导、职业测验、职业训练、健康法律指导、协助职业指导、编辑刊物等方面。据江恒源统计，1927—1934 年，上海职业指导所登记的求职人数达 16 030 人次，涵盖大学、专科、师范学校、中学等各级学校的毕业生；谈话 34 609 人次，其中有关人事（法律、婚姻、健康）的谈话 1428 人次；演讲 176 次[①]。由于中华职业教育社的推动，“国人对于职业指导，知之者方日渐增加”。后来，该社又设立了专门的职业指导委员会，使“国人对于职业指导了解者较前益多”[②]。

中华职业教育社这一群众社团的创办宗旨、职业教育研究与实践、社会改造行动等，既是江恒源职业指导思想萌发的土壤，又是江恒源职业指导思想不断走向深化的推动因素。江恒源最初将职业指导与职业预备、职业教育（狭义的，即学校职业教育）视为完整的职业教育（广义的）链，而且侧重于职业定向、求职服务等业务。随着中华职业教育社职业教育行动的不断变革，江恒源对职业指导的价值与功能的认识也日趋深刻与全面。中华职业教育社社歌云：“惟先劳而后食兮，吾人群之天职……欲完此天职兮，尚百业之汝择……将使无业者咸有业，有业者乐且无疆。”[③]“使无业者有业”的理想，主要依靠职业教育来实现；使“有业者乐且无疆”的理想，则主要依靠职业指导来完成。社歌将职业指导的范围由在校学生、未就业人员扩展到在职人员，歌词署名为黄炎培和江恒源所作，实则由江恒源主笔，体现了他的职业教育（含职业指导）思想。江恒源在任职上海中华职业教育社（先后任办事部主任、总干事、评议会评议长、副理事长）期间，深入研究职业教育理论，提出诸多富有创见的行动主张，制定了切实可行的工作方案，积极开创职业教育事业，其职业指导思想日趋成熟与完善，投身职业指导的信念日益坚定。

## 三、人生追求：职业指导思想的内在动力

江恒源创办过小学、中学、成人补习教育所，在抗日战争时期还创办了青年救济

---

① 刘旭光，连云港市政协学习文史资料委员会，中国民主同盟连云港市委员会．江恒源教育文集（3）［M］．北京：群言出版社，2020：1157－1159．

② 刘旭光，连云港市政协学习文史资料委员会，中国民主同盟连云港市委员会．江恒源教育文集（2）［M］．北京：群言出版社，2020：505．

③ 刘旭光，连云港市政协学习文史资料委员会，中国民主同盟连云港市委员会．江恒源教育文集（3）［M］．北京：群言出版社，2020：1169．

组织，历任师范学校校长、大学教授、教育厅厅长。他的一生，是为教育奔走呐喊、呕心沥血、热忱奉献的一生。早在1915年，江恒源的职业指导思想就初露萌芽。他认为“非兴教育讲实业不足以雪耻而图存”①，确立了“奔走呼号于闾里之间，慨然以开通风气振兴地方裁成后进为己任”② 的奋斗目标，主张国民教育、人才教育、职业教育三者并重③。江恒源积极倡导设立学术研究会，致力研究教育的理论与实践问题，希望能在“各地方既不能大兴职业教育”的形势下，以学术研究会弥补教育的不足，以“裨益社会生计”。江恒源显然看到了学术机构、服务机构在指导就业、纾解民困方面的重要作用。关注职业教育、关注民众就业的思想在江恒源此后的职业生涯中占据了重要地位。

1928年，江恒源担任中华职业教育社办事部主任，对职业教育尤其是职业指导益发用心。为了澄清人们对职业教育的误解，江恒源多次发表演说，向社会大众宣明将职业教育误解为“吃饭教育”是极大的错误，中华职业教育社的宗旨是注重职业上必要的智能及公民道德的训练，而职业指导则是职业教育的重要组成部分④。在江恒源的倡议、推动和支持下，一批职业补习学校、职业指导所等教育机构相继创立。1932—1950年期间，江恒源先后任中华职业学校、中华职业补习学校、中华工商专科学校、比乐中学校长等职。可以说，专注职业教育是江恒源后半生事业的核心内容，而在他看来，职业指导则是职业教育三大核心主题之一。自古以来，一个人要想在社会上安身立命，必须从事某一工作（劳作），只是随着时代的不同，职业的类型和具体表现形态各有差异而已。然而，中国传统社会没有独立的职业教育，自然没有与之相应的职业指导，这导致人们对职业缺乏明晰的认识，在择业上往往处于被动状态。江恒源深刻地指出，人不能游手好闲，做工是人与生俱来的天职，但是做工有低级与高级的区别。江恒源将社会上的人分为四类，分别是具有相当能力且需要寻得职业的人、为事情寻找胜任者的人、想做事但不明白应该做什么事的人、升学之际陷入选择普通中学还是选择职业中学困境的人⑤。这四类人应该有差别地接受就业介绍、择业指导、升学指导，而这三项指导恰是江恒源主张的职业指导的核心业务。

---

① 刘旭光，连云港市政协学习文史资料委员会，中国民主同盟连云港市委员会．江恒源教育文集（1）［M］．北京：群言出版社，2020：2.

② 刘旭光，连云港市政协学习文史资料委员会，中国民主同盟连云港市委员会．江恒源教育文集（1）［M］．北京：群言出版社，2020：2.

③ 刘旭光，连云港市政协学习文史资料委员会，中国民主同盟连云港市委员会．江恒源教育文集（1）［M］．北京：群言出版社，2020：10.

④ 刘旭光，连云港市政协学习文史资料委员会，中国民主同盟连云港市委员会．江恒源教育文集（4）［M］．北京：群言出版社，2020：1450.

⑤ 刘旭光，连云港市政协学习文史资料委员会，中国民主同盟连云港市委员会．江恒源教育文集（1）［M］．北京：群言出版社，2020：188－189.

江恒源对职业教育特别是对职业指导的重视，源自他关心国家、关注民生的思想。江恒源一生始终关心国家和民族的命运，关心百姓的疾苦，积极参政议政，具有强烈的忧患意识和使命感，为救国图存摩顶放踵，以切实行动诠释了一位爱国者的思想情怀[①]。抗战期间，江恒源拥护抗日统一战线，为救亡图存和民族振兴奔走呐喊，与黄炎培、杨卫玉等人一道，发起成立抗日救国联合会、江苏省失业青年救济委员会、上海市救护委员会、抗敌后援会等爱国组织，宣传爱国主张以激励民众，募捐物资以支持前线抗战，救济难民以解民众之困，并多次上书呼吁政府坚持抗战。对国家与民族的热爱和对民生的关注，使得江恒源将热切的目光投向现实社会，而不是像一般知识分子那样在社会动荡时期醉心于自我小天地。他始终以实干务实的精神考察社会，关注高校、职业学校的毕业生，以及一般民众的就业情况。他对“学校毕业学生，岁盈千百，无复消纳之路，惶惶然莫之所归”[②] 的现象深感忧虑，能根据不同群体的就业困难提出指导倡议和行动策略；他关心师范毕业生的就业，建议江苏省各地教育局设立师范生服务介绍所，使他们能心无旁骛，专心从事教育工作；他关心农校毕业生，建议实业局、农人与农校学生协商，开辟农田试验区，改良农业生产，为农校学生增加就业机会；他关注其他专业毕业生艰难的求职经历和招收机构招聘合适人员困难的现状，倡导社会提供媒介机构，帮助双方解决难题：这一切思考和作为，都折射了他在职业指导方面付出的努力和耗费的心血。

## 第二节　江恒源职业指导思想的基本内涵

一般认为，职业指导自身就是一种职业，是一种从业者凭借对职业场域全面深刻的认知和对求职人员需求的准确把握，向社会提供就业与招聘服务的行业。但是，在江恒源看来，职业指导向来不是与社会其他行业完全隔离的一种职业，更不是从事该项社会服务的人的单纯谋生之路。他对职业指导持有严谨的态度和更高的价值要求，主张“本客观的态度、用科学的方法，本协助的精神，用深厚的同情，依精密的考察，指示青年从事职业”[③]。正是这种追求，内在地决定了他职业指导思想的深刻内涵。

---

① 尚继武，刘旭光. 频将旧制赋衷情——江恒源古体诗家国情怀简析［J］. 连云港师范高等专科学校学报，2019，36（3）：34－41.

② 刘旭光，连云港市政协学习文史资料委员会，中国民主同盟连云港市委员会. 江恒源教育文集（1）［M］. 北京：群言出版社，2020：111.

③ 刘旭光，连云港市政协学习文史资料委员会，中国民主同盟连云港市委员会. 江恒源教育文集（2）［M］. 北京：群言出版社，2020：481.

# 一、职业指导的多元价值

## （一）职业指导对国家与社会的价值

江恒源认为，职业指导的目的就小的方面而言，是引导民众尤其是青年人找到合适的乃至心仪的职业，为立身谋生做准备；就大的方面而言，则承担着为社会实业选择合适人才、促进社会经济发展的重任。一个社会的政治、经济、文化等事业之所以能不断前进，核心在于社会生产与人力资源生产的协同发展。一方面，社会生产部门的良性发展，可以为社会提供充足的就业机会和就业岗位，避免人力资源生产部门（负责人才培养的教育系统）培养的人才无用武之地；另一方面，人力资源生产部门的有序发展，可以为社会生产部门提供持久的人力与智力支持。江恒源敏锐地认识到，职业指导是连接社会生产与人才培养两大领域的不可或缺的也是最佳的桥梁，是协调用人机关（职业团体、职业社会）与造就人才机关（学校教育）关系的媒介。江恒源指出，如果离开了职业指导，社会与学校、用人机关与造就人才机关、职业与人才之间的沟通就会被割断，其结果是社会生产服务部门难以聘到合适的人才，而人力资源生产部门培养的人才偏离社会需求或数量过剩。因此，职业指导的功用是站在青年、学校、职业界三方中间，做一个"联络人""媒介人"。

江恒源强调，一个国家要想文化发达，"必定要有优秀分子；而职业指导，就是要利用天才，使这种天才，能够充分发展"[①]。在这一思想的统摄之下，江恒源将职业教育的核心功能定位为国家造就和存储多量的人才、提高社会工作的效率；将职业指导的核心功能定位为使人才找到理想职业以充分发挥聪明才智以服务社会。因此，他认为青年、学校、职业界三方面，"要谋适宜的联合，使青年就学有所，可以得着一个良好学校，使学校明白社会情况，可以养成适合职业界需要人员，使职业界明了职业改进的必要，可以求得新式有用人才，此种使命的完成，实惟职业指导是赖"[②]。

针对 20 世纪三四十年代中国社会动荡不安的现状，江恒源还把职业指导的价值作用上升到关乎社会稳定和国家发展的高度，明确提出了通过职业指导挽救国家危亡时

---

① 刘旭光，连云港市政协学习文史资料委员会，中国民主同盟连云港市委员会. 江恒源教育文集（2）[M]. 北京：群言出版社，2020：447.

② 刘旭光，连云港市政协学习文史资料委员会，中国民主同盟连云港市委员会. 江恒源教育文集（5）[M]. 北京：群言出版社，2020：1655.

局的主张。江恒源指出，“毕业生就业问题，关系社会之治乱，民生之苦乐政治之隆污”[①]，而加强职业指导，“救济失业之青年，即所以挽回纷乱之时局”[②]。江恒源的这种思想源自实业救国论与教育救国论，虽然具有一定的局限性，但是他关注青年人的就业与发展，认为青年群体的健康成长是社会稳定、国家兴盛的重要基础，这无疑是有卓见的。

### （二）职业指导对职业教育的价值

要想深刻认识并实现职业指导的价值，就不能将职业指导与职业教育割裂开来，否则就会将职业指导的功能弱化为指引人们找工作、谋生存。江恒源富有创见性地站在职业教育的视角审视职业指导，将二者视为相对独立、各有分工而又互有交错、功能互补的关系。职业教育考虑的是学校学科设置是否为社会所需要，如何提高毕业生的服务效率以及为学生谋划人生的出路，即所谓“学校造就人才，使得出来服务，好促进社会文化”[③]。在江恒源看来，职业教育如果“只知道注重职业学校，而忘掉了其他，势乃偏而不全”[④]。江恒源把职业学校教育、职业补习教育和职业指导看作是广义职业教育的三大门类，这里的“其他”显然包括职业补习教育和职业指导。与一般职业教育相比，职业指导就是要“看社会需要什么就引导青年人学什么，使他能着实地加以应用”[⑤]。

基于对职业教育与职业指导关系的定位，职业指导的具体作用和价值追求也就愈加明显了。既然职业教育绝不是只教人“谋生”，还要教人“做人”，要教学生“真具有谋生技能，又具有服务道德，所谓做工做人，双美完备”[⑥]，那么职业指导不仅要在人的职业定向与职业选择等关键节点上发挥重要作用，而且应该贯穿于青年成长的全程，对其就业和做人承担一定的责任。江恒源郑重地指出，“要使职业教育彻底，则必使未入学儿童，得学其自己适宜之职业，已出学校之后，社会能与其以适宜之职业，

---

① 刘旭光，连云港市政协学习文史资料委员会，中国民主同盟连云港市委员会．江恒源教育文集（1）［M］．北京：群言出版社，2020：153.

② 刘旭光，连云港市政协学习文史资料委员会，中国民主同盟连云港市委员会．江恒源教育文集（1）［M］．北京：群言出版社，2020：153.

③ 刘旭光，连云港市政协学习文史资料委员会，中国民主同盟连云港市委员会．江恒源教育文集（2）［M］．北京：群言出版社，2020：670.

④ 刘旭光，连云港市政协学习文史资料委员会，中国民主同盟连云港市委员会．江恒源教育文集（4）［M］．北京：群言出版社，2020：1593.

⑤ 刘旭光，连云港市政协学习文史资料委员会，中国民主同盟连云港市委员会．江恒源教育文集（2）［M］．北京：群言出版社，2020：451

⑥ 刘旭光，连云港市政协学习文史资料委员会，中国民主同盟连云港市委员会．江恒源教育文集（3）［M］．北京：群言出版社，2020：942.

是故教育职业指导重焉。”[1] 由此可见，江恒源将职业指导看作职业教育的有机组成部分，又是职业教育向社会的延伸。如此一来，职业指导对职业教育目标的实现起到基石和保障作用，其重要价值自不待言。

### （三）职业指导对个体成长的价值

职业指导不仅对国家与社会的发展和职业教育良性推动具有重要价值，而且对个体尤其是青年个体的成长与生活更具重要意义。江恒源非常关注青年人的就业与成长，分析指出了当时青年存在的诸多问题。比如：有的青年在校内不知职业为何物，终日只以读书为能事；有的青年视职业为或有或无之事，漠不关心；有的青年志大气盛，高谈空理；有的青年只以应试为能事，不注重发展兴趣和才能：结果是他们毕业后浪浮于社会，不能谋一职业，或学非所用，或大小不就，或失望堕落，影响个人前途，贻害国家社会。而“职业指导对青年明了自身才干适宜做的工作，从而选择专门学科；自动努力进取，提高教育效率；对求学求业做调配；受到完满的教育和成才”[2]。针对这些问题，江恒源主张发挥职业指导对青年个体成长的引领作用。江恒源看来，职业指导对青年成长的价值是多方面的：有利于青年发展个性，“如果承认发展个性为教育之一种任务，社会与学校之沟通为当今急务，则指导青年个人问题以及谋求出路之工作，即不可少”[3]，因为职业指导关于人个性的审察、兴趣的考查，可以促使青年用其所长、补其所短；有利于提高青年的见识力，帮助他们“外察大势，内省能力，胸有成竹，不致盲从”[4]；有利于青年确定人生目标，为青年指明努力的前途与处世的方针，使青年心中有了目标，心志专一，学求实际，勇于从事，克尽职守[5]。江恒源之所以如此推重职业指导对青年成长的价值和意义，全在于他的职业观境界之高远。江恒源认为，职业指导的任务是多方面的、责任是长久的，绝非介绍一个职位那么简单，因此从事职业指导的人不能只为求职者指了一条职业途径就放弃责任。他说：“吾人深信，人生大道，舍职业指导末由，而职业指导，实人生整个之

---

① 刘旭光，连云港市政协学习文史资料委员会，中国民主同盟连云港市委员会．江恒源教育文集（1）［M］．北京：群言出版社，2020：339.

② 刘旭光，连云港市政协学习文史资料委员会，中国民主同盟连云港市委员会．江恒源教育文集（2）［M］．北京：群言出版社，2020：669.

③ 刘旭光，连云港市政协学习文史资料委员会，中国民主同盟连云港市委员会．江恒源教育文集（5）［M］．北京：群言出版社，2020：1793.

④ 刘旭光，连云港市政协学习文史资料委员会，中国民主同盟连云港市委员会．江恒源教育文集（5）［M］．北京：群言出版社，2020：1810.

⑤ 刘旭光，连云港市政协学习文史资料委员会，中国民主同盟连云港市委员会．江恒源教育文集（1）［M］．北京：群言出版社，2020：194.

教育也。”[①] 所谓“人生整个之教育”不是指职业指导是人生教育的全部内容，而是指职业指导能够影响甚至决定青年人一生的成败。江恒源把一个人从事职业的状态分为四级，分别是“有业、乐业、创业、适业”[②]，主张针对不同的状态进行有序指导，“职业的低级，是盲目地做工”，而“职业的高级，是事业，希望职业能事业化，用以促进社会文化，增进人类幸福”[③]。

## 二、职业指导是教育与社会的共同事业

当代所谓“职业指导”，一般划归两个不同的工作领域：一是就业指导，主要针对职业教育、高等教育的在校学生，为他们走向社会、进入岗位做预备；其二是职业介绍，主要为社会求职人员提供服务，是社会职业的一种。然而，江恒源的思想观念独具一格，他将职业指导视为一种教育事业、一种社会事业。既然是一种“教育事业”，则对从业人员的职业素质提出了较高的要求，比如，职业指导者必须具有高尚纯洁的人格，诚恳虚心、谦和慈爱的态度，勤俭工作与生活的习惯，精干活泼敏捷才能，以及无不良嗜好[④]；既然是一种“社会职业”，则各级各类学校和实业机关不仅有“设置机关和专员专司其事之必要”[⑤]，而且应该各有分工、各司其职，形成协同运作、相互配合、共同促进的职业指导机制。江恒源以恢宏的眼光、独到的见识将学校就业教育与社会职业介绍融合起来，从“源”与“流”衔接的角度考察职业指导的价值与意义，表现出超出一般的统合观。江恒源为职业指导机构、学校和实业界（社会）规划了主要职责与运行路径：职业指导机构要专负责任，由专家主持，与社会各界广泛接触，指导机关内部设有分工不同的部门，指导性部门（委员会、顾问会）的成员以学校内人员为主，实务性部门（指导股、测验股、训练股、介绍股、调查股等）的成员以社会人士为主，以实现各显所长、各有分工的目的；学校则要注意分析社会需求，思考所授学科是否为社会所需要，关注毕业生服务效率（含就业率）、注意学生出路（含专

---

① 刘旭光，连云港市政协学习文史资料委员会，中国民主同盟连云港市委员会．江恒源教育文集（2）[M]．北京：群言出版社，2020：537.

② 刘旭光，连云港市政协学习文史资料委员会，中国民主同盟连云港市委员会．江恒源教育文集（2）[M]．北京：群言出版社，2020：668.

③ 刘旭光，连云港市政协学习文史资料委员会，中国民主同盟连云港市委员会．江恒源教育文集（2）[M]．北京：群言出版社，2020：194.

④ 刘旭光，连云港市政协学习文史资料委员会，中国民主同盟连云港市委员会．江恒源教育文集（2）[M]．北京：群言出版社，2020：510.

⑤ 刘旭光，连云港市政协学习文史资料委员会，中国民主同盟连云港市委员会．江恒源教育文集（6）[M]．北京：群言出版社，2020：2197.

业对口情况、职业发展情况等）等[1]；实业界不仅要改善雇员生活条件、关心雇员身体健康状态，而且要为学历不充分的雇员提供补习机会，协助雇员改良职业生活以促进其发展，并为雇员提供上升空间[2]。江恒源的主张和构想将职业指导机构、学校与社会三方面有机关联起来，目的在于为受教育者的成长、发展创造良好的社会环境，其实质在于以职业指导为主线，将学校教育与社会发展串联起来。按照他的思路运作和发展下去，学校人才培养将与社会人才需求实现“无缝对接”，人才生产与使用可以形成良性循环，从而实现教育与职业的双赢。正因如此，江恒源认为职业指导的根本目的是“使职业界明了职业与教育的关系，使学校之设施能根据职业界之实际需要”，最高目标是“使无业者有业，有业者乐业”[3]。

## 三、职业指导应有价值引领

无论对职业还是对职业指导，江恒源都没有以孤立的眼光、纯实用的目的加以考察。他将职业的发展置于其理想的社会状态进行审视，理想社会的内在属性包括健康快乐、富裕安适、勤勉迈进、融合衔接（老年指导青年、青年积极进取）、团结互助（促进事业发展）、急公好义、革新进步等，理想的职业不仅意味着人人有事业，而且意味着职业成为个人追求幸福、社会臻于理想的必经之途。从这个意义上审视职业指导，江恒源自然注重发掘职业指导与人生理想、价值取向之间的内在关系，认为职业指导不是一种纯粹为了引导择业、就业的技术活，而是一门具有丰富内涵、复杂过程和重要价值的学问。江恒源提出的职业指导五项基本原则中有这样三项：①以教育为本，对于各职业要一律平等，不能预存高下贵贱的观念；②职业是人人应有的，职业指导是人人需要的，要认识到人有了职业才能发展自己的人格和服务社会的精神；③职业指导要认识到人是有可塑性的，能力在相当限度内是可以迁移的。这三项原则包含的职业平等观、劳动基础观和知能发展观，既是从事职业指导者应该持有的科学理念，又是他们开展具体职业指导工作应该持有的价值判断。江恒源还着眼于职业指导超乎“技”而近于“道”的价值引领定位，为职业指导设定了广博而深厚的学科基础。他认为，在人职业选择方面起决定方向作用的是人生哲学，因为“人生终极的目的，应为最多数人谋最大之幸福”，所以“从事职业指导者，当于人生哲学有深切之研究，

---

① 刘旭光，连云港市政协学习文史资料委员会，中国民主同盟连云港市委员会. 江恒源教育文集（2）[M]. 北京：群言出版社，2020：495.

② 刘旭光，连云港市政协学习文史资料委员会，中国民主同盟连云港市委员会. 江恒源教育文集（2）[M]. 北京：群言出版社，2020：538.

③ 刘旭光，连云港市政协学习文史资料委员会，中国民主同盟连云港市委员会. 江恒源教育文集（2）[M]. 北京：群言出版社，2020：339.

然后能指示从事职业者以有价值的途径，为最多数人谋最大之幸福策划”“告之以人生之真义”[①]，其他与择业就业相关的学科还有教育哲学、教育学、心理学、社会学、生理学等。江恒源不仅在思想上重视职业指导的价值引领，而且将这一观念融汇在职业指导实践中。他将选择职业分为消极和积极两种性质，要求青年认识到消极的择业意味着不做与自己兴趣不同、才能不合的事，不要计较地位之高低，不要计较薪酬多寡，有了业绩自然会获得好的薪酬；积极择业则意味着要有光明正大的态度，尽力展示自己的能力，多尽义务少享权利[②]。江恒源对青年的这番教导，具有较多的超功利、重价值的成分，而少有求利禄、重获取的成分。

## 四、职业指导要具有广泛的覆盖性

中国传统社会虽然没有职业指导的名目和说法，但是有职业指导的实际行动。然而，中国传统社会中所谓的“职业指导”，往往是师傅指导徒弟、长辈指点晚辈、先入行者告诫后入行者，且大多是以随机、片段的方式进行的，具有经验性强、实际影响小、社会效应低等特点。近现代，我国职业教育界从国外借鉴了工业生产背景下的职业指导经验和理论，自然要超越传统的方式，扩大职业指导的覆盖面，增强其社会效应。顺应这一时代潮流，江恒源也对职业指导的业务、内容、对象等提出了广泛覆盖的要求。

首先，职业指导业务范围要广泛而有针对性。江恒源赋予职业指导 10 大业务，每项业务都有明确的分工和职责范围[③]（表 4－1）。表 4－1 中，业务 1～3 属于职业研究方面；业务 4、5 属于预备职业方面；业务 6、7 属于从事职业方面，业务 8～10 属于改进职业方面[④]。在江恒源的思想观念中，职业指导是一项业务内容丰富、社会服务面广的浩大工程。

**表 4－1　职业指导的业务分工和职责范围**

| 序号 | 业务分工 | 职责范围 |
|---|---|---|
| 1 | 职业调查 | 精密调查本地行业、职业发展状况 |
| 2 | 职业询问 | 访谈，了解行业职业的人才需求 |

① 刘旭光，连云港市政协学习文史资料委员会，中国民主同盟连云港市委员会. 江恒源教育文集（2）[M]. 北京：群言出版社，2020：483.

② 刘旭光，连云港市政协学习文史资料委员会，中国民主同盟连云港市委员会. 江恒源教育文集（1）[M]. 北京：群言出版社，2020：184－185.

③ 刘旭光，连云港市政协学习文史资料委员会，中国民主同盟连云港市委员会. 江恒源教育文集（2）[M]. 北京：群言出版社，2020：481－482.

④ 刘旭光，连云港市政协学习文史资料委员会，中国民主同盟连云港市委员会. 江恒源教育文集（2）[M]. 北京：群言出版社，2020：482.

续表

| 序号 | 业务分工 | 职责范围 |
|---|---|---|
| 3 | 职业演讲 | 提高社会各界对职业的认识和接受 |
| 4 | 升学指导 | 有志升学者，根据其情况做职业预备 |
| 5 | 择业指导 | 毕业无力升学者，从个人、家庭和社会综合考虑，指导择业 |
| 6 | 职业介绍 | 为无业者、雇佣者提供职业信息，介绍工作 |
| 7 | 改业指导 | 为学业与职业不对口、兴趣个性与职业要求有偏差的人提供帮助 |
| 8 | 职业测验 | 了解从事某项职业的能力基础，估量将来服务之效能 |
| 9 | 服务访问 | 后续服务，随访 |
| 10 | 职业训练 | 帮助改进不适合某项职业者 |

其次，指导内容上要多样化且有重点。江恒源主张职业指导并不限于帮助人找工作，有关法律、婚姻、健康方面的咨询服务也在指导范围之内；指导不限于解决就业问题，还要重视解决思想认识和道德教育问题。换句话说，职业指导以职业为核心，涉及一切相关内容。基于对从事职业必备条件和人生要事的认识，江恒源主张对于不同的指导对象，指导内容也应有所不同。他认为当时社会应该注重成人教育，而成人的要事大抵有“生计、康乐、道德三方面，而生计教育尤属特别重要”[①]，故而主张面向成人的职业指导要以职业介绍为重点，本着为实业招收合适人才、为求职者寻找合适工作的目的提供服务。由于任何人从事某一项职业都需要有健康的身体，江恒源主张职业指导者要掌握一定的生理学知识。在他看来，健康“为一切事业之出发点，无健康之身体，势必影响到服务之效能、工作之效率”[②]，因而健康指导也占有重要地位。江恒源认为，即便是实业界（当今称“企业界”）和学校也需要接受职业指导，因为实业界要通过了解学校所培养的人才的真实水平思考如何改进职业，而学校要明白培养何种特殊人才能使社会事业发达。

最后，指导对象要面向全民而有侧重。对于民众教育，江恒源有一句著名的话，那就是“民众教育职业化，职业教育民众化”[③]。他所说的“民众”，其实际指的就是“全民”。既然全民教育与职业教育是一体的，那么职业指导自然也应该面向全民。江

① 刘旭光，连云港市政协学习文史资料委员会，中国民主同盟连云港市委员会．江恒源教育文集（2）[M]．北京：群言出版社，2020：536.

② 刘旭光，连云港市政协学习文史资料委员会，中国民主同盟连云港市委员会．江恒源教育文集（2）[M]．北京：群言出版社，2020：484.

③ 刘旭光，连云港市政协学习文史资料委员会，中国民主同盟连云港市委员会．江恒源教育文集（5）[M]．北京：群言出版社，2020：2021.

恒源坚定地认为，"职业指导，更是民众教育事业"①。因此，职业指导不仅要面向求职者，而且要面向已经从事职业的人；不仅要面向社会上的人，而且要面向学生；不仅要面向职业学校的学生，而且要面向一切学段（小学、普通中学、职业中学、高等学校）的学生。甚至对传统观念认为称不上有职业的农民，江恒源也主张给予他们职业指导，使他们在农学的引导下做新型农民。当然，江恒源主张职业指导面向全民，并不意味着对所有对象平均用力和给予无差别的指导。他主张对于小学生进行升学指导、择业指导和职业介绍，对中学生、职校生进行升入大学、职业介绍、择业指导，对大学生进行职业介绍、择业指导②。

江恒源提倡的这种全视野性的职业指导，是以他的职业教育观为基础的。他认为当时中国社会的教育应以职业教育为最大目标，虽然不能将所有的教育均改为职业教育，但是普通教育与职业教育不能隔膜，要力求普通教育职业化，即在普通教育中融汇职业教育的理念和内容。有了这样的职业教育思想，自然容易催生面向全民而以学生为重点指导对象的职业指导思想。江恒源的职业指导思想具有理想化、高标准，甚至超出现实可能性的一面，或者说江恒源赋予了职业指导太多的业务和能力范围之外的职责，但是从沟通学校、社会、学生三方，促进职业教育和社会协同发展的角度看，江恒源的职业指导思想视界之宽广、追求之不凡，实非一般力主职业教育的人所能及。

## 第三节　江恒源职业指导思想的当代借鉴

改革开放以来，职业教育为我国经济社会发展提供了有力的人才和智力支撑，随着我国建构现代职业教育体系工作的不断推进，职业教育服务经济社会发展的能力和社会吸引力不断增强。然而，在我国产业升级和经济结构调整节奏不断加快的新形势下，职业教育毕业生面临的就业形势却日趋严峻。很多职教毕业生要么奔走在求职历程中，要么只能接受低薪就业或专业不对口就业。造成这一现状的原因是多方面的，比如职业教育体系建设不够完善、企业参与办学的动力不足、办学和人才培养质量水平参差不齐③、毕业生群体基数与增幅数大、职教人才培养与社会需求有偏差等，还有

---

① 刘旭光，连云港市政协学习文史资料委员会，中国民主同盟连云港市委员会. 江恒源教育文集(5)[M]. 北京：群言出版社，2020：2017.

② 刘旭光，连云港市政协学习文史资料委员会，中国民主同盟连云港市委员会. 江恒源教育文集(2)[M]. 北京：群言出版社，2020：488.

③ 国务院关于印发国家职业教育改革实施方案的通知（国发〔2019〕4号）[EB/OL]. [2023-09-22]. http://www.gov.cn/zhengce/content/2019-02/13/content_5365341.htm?from=singlemessage&isappinstalled=0.

一个不可忽视目前却容易被忽视的因素，就是职业教育的就业指导理念滞后、体系融合度低、指导功能不断弱化，难以满足职教毕业生的就业需求和企业精准招揽人才的需求。从这个角度看，江恒源的职业指导思想对当下解决职教毕业生乃至高校毕业生的就业难题，有可资借鉴的价值。

## 一、推进就业指导体系融合，强化引领功能

当下职业教育（本节所讨论的职业教育是狭义的，即培养职业人才的学校教育，包括各类职业学校和高职院校）就业指导体系由四个分系统构成：一是政府部门主导的管理与指导系统，主要机构有全国高等学校学生信息咨询与就业指导中心（从事高校招生、学籍学历和毕业生就业信息咨询与指导服务的专门机构）、中国就业培训技术指导中心（负责全国就业、职业培训的技术指导和组织实施工作）；二是职业教育内部的就业指导系统，主要由学校一级负责招生就业的部门，以及高职院校下设的系科或二级学院负责招生就业职责的人员构成；三是社会职业指导系统，主要由职业教育从企事业单位聘请的就业指导师构成；四是上述机构或其他社会组织开办的网络平台，如学信网、学职平台、新职业网、全国大学生创业服务网等。这一体系从格局形式上看覆盖了职业教育就业指导的全程和全局，但实际上并未形成一个功能统合的严谨体系，存在功能疏离、效能耗散的弊端。首先，全国高等学校学生信息咨询与就业指导中心是教育部的直属事业单位，中国就业培训技术指导中心是人力资源和社会保障部的直属事业单位。前者负责职前教育的就业指导工作，后者负责职后职业教育的就业指导工作；前者全面掌控着职业教育的专业设置、毕业生规模、就业趋势与状况等信息，后者谙熟社会人才需求及变化趋势、行业企业发展状况等信息。这两个机构业务交集少，信息共享渠道不畅，信息交换不及时，职业教育很难借助双方力量将毕业生的就业需求与行业企业的人才需求对接起来。其次，职业教育的招生就业部门主要负责宏观就业管理与指导工作，负责具体事务的人员往往因校内业务的牵绊无法走入社会做深入而全面的调研，这使得职业教育内部的就业指导系统与行业企业的实况日益疏远。再次，职业教育从企事业聘请的就业指导师因为是兼职人员，没有足够的精力去深入了解职业教育及其培养人才的实然状况，其联通学校与社会、学生与行业企业的作用相对有限。最后，网络平台是职业教育毕业生与行业、企业之间求职与招聘信息沟通的重要渠道，但在组织劳动力市场、开展综合性咨询、引领价值导向等深度服务活动方面的功能较为微弱。

由此可知，当下职业指导体系是相对完整的，但系统功能没有实现最大化、最优化。江恒源明确指出，指导职业是社会国家的事业，不是学校或其他任何团体独有的事业；是合作的事业，不是任何团体所能单独办理的，特别强调相关机构、学校与实

业（企业）各司其职、分工合作[①]。他所主张的“分工合作”，是在各司其职基础上的合作，注重各界职业指导人士在具体工作上的衔接贯通。从江恒源主张建立协同运作、共同促进的职业指导机制来看，他理想的职业指导是以职业学校毕业生为服务主体对象，社会、学校与实业（企业）形成“三位一体”式的全程服务体系。社会要关注职业学校教育和实业发展趋势，学校要关注社会与实业的人才需求，实业要了解职业学校的人才教育和反馈自身的主张。当下，要想充分发挥我国职业教育就业指导体系的职能，就必须促进各分系统功能的融合与机制的衔接。比如，政府相关机构、职业教育与企业可以形成联动机制：政府就业机构人员要深入研究区域内企业发展趋势和就业市场供需结构变化，结合经济社会发展实际需要及时调整就业政策，引领职业教育不断变革人才培养方案，促使企业人才需求循政策而动，推进职业教育人才培养与企业人才需求的衔接；职业教育内部就业指导人员要关注就业政策和企业人才需求的变化，而且要深入研究、多方参与订单培养、顶岗实习、共建实训基地、建设“校中企”或“企中校”等与企业合作项目，为指导毕业生拓展就业空间和渠道奠定坚实基础；企业受聘的就业指导人员要基于对本企业人才现状与未来发展需要，主动走进职业教育领域熟悉其人才培养格局，调动企业力量参与人才培养，为企业打造人才后备军。只有政府管理机构、职业教育和企业做到功能优势互补、机制衔接顺畅、着力同向同质，才能实现毕业生与成人就业的衔接、新就业与岗位提升的衔接以及功利性目标与非功利目标的融合。

从上文提及的江恒源有关职业指导的主张看，职业指导机构、学校和实业界三者之中，能够直接影响职教毕业生并推动其就业的驱动力来自职业学校；江恒源所列的职业指导 10 项业务分工和职责范围中，有 7 项属于职业学校职业指导部门的核心业务，或者说由职业学校主抓才能获得实效。我们由此可以得到启示，在当下就业指导体系中，职业学校的作用至为关键，不仅因为学生就业的根基是由学校造就的，而且因为学校就业指导的思想、政策、策略和方式直接关乎学生就业的成败。职业学校的就业指导人员应该下沉到学生、企业和社会之中，切实而深入地了解学生的职业准备、企业的人才需求和经济的发展趋势等情况，做实校企合作、校企衔接、校企共建的具体工作，推动毕业生就业，使就业指导体系成为为“我国致力于构建的具有国际先进水平的中国职业教育标准体系”[②] 的有机成分。

---

① 刘旭光，连云港市政协学习文史资料委员会，中国民主同盟连云港市委员会．江恒源教育文集（1）[M]．北京：群言出版社，2020：184－185.

② 国务院关于印发国家职业教育改革实施方案的通知（国发〔2019〕4 号）[EB/OL]．[2023－09－22]．http：//www．gov．cn/hengce/content/2019－02/13/content_5365341．htm？from＝singlemessage&isappinstalled＝0.

## 二、倡导就业指导走入社会，凸显实践属性

无论是指导学生获得适合的工作岗位，还是着眼于开创“社会共同的事业”，都离不开具体的职业指导行动，因此实践性是职业指导的重要属性。从江恒源所列的职业指导10项内容看，完成每一项工作都需要切实的行动、扎实的工作为保障，都需要职业指导人员走入社会、身体力行。在江恒源理想的职业指导规划中，就业指导不是成立一个机构、统计一下数据、呈报一份材料那么简单，就业指导管理机构、就业指导机构、就业指导工作人员、直接的职业介绍人员均承担复杂的实践任务，需要制定目标明确、过程持恒、方法得当的方案，并且要保证每一个环节都具有现实基础和可操作性。江恒源不仅主张职业指导人员要切实走进学校、职场开展就业指导，而且也是这么做的，他参与徐公桥试验区建设就是明证。

而我国当下就业指导体系所缺乏的，就是扎实有效的指导策略和实践过程。职业学校承担就业指导课程教学任务的教师，因受种种条件的局限，只重视创业就业知识的传授和相关案例分析，很少带领学生走入社会、行业、企业开展切实有效的指导活动。负责就业指导业务归口的管理人员，常常把工作重心放在收集毕业生就业资料和统计相关数据上，鲜有机会能就社会人才需求、行业发展实况和毕业生就业生态做实地调查。2019年《国务院关于印发国家职业教育改革实施方案的通知》的发布，对职业学校面向行业实际和岗位实践培养人才提出了新要求，为行业、企业介入职业人才培养提供了良好契机。这在客观上要求职业学校就业指导要实现质的变革，不断增强自身的实践性。借鉴江恒源的职业指导思想，职业学校可以围绕以下几方面切实开展就业指导。首先，加强与企业的就业信息“对流”。职业院校可以制定恰当的工作机制，鼓励就业指导课程教师增进与企业的交流，了解企业的用人需求，掌握就业市场的前沿动态，及时根据就业市场的变化调整课程内容和优化指导策略，不断提高对毕业生求职需求的满足度；可以要求就业指导人员加强与行业、企业的联系，走进职场收集信息，把握行业、企业的人才需求走向，为学生提供契合职业实践的就业指导；还可以邀请企业人力资源部门的工作人员进入校园作专题讲座，分析行业发展趋势和人才需求形势，使学生有针对性地规划自身的职业发展，为学生就业的专业对口、兴趣对口奠定基础。其次，引导学生走向社会、走向企业。职业院校可以要求学生利用顶岗实习、跟岗见习和不定期参观等机会，全面了解职业岗位对从业人员职业素质与能力的需要，使学生能够根据岗位要求完善自己的专业学习计划和职业发展目标。最后，加强与企业的人才培养合作。《国务院关于印发国家职业教育改革实施方案的通知》提出，职业教育要总结现代学徒制和企业新型学徒制试点经验，校企共同研究制定人才培养方案，及时将新技术、新工艺、新规范纳入教学标准和教学内容，强化学生实习

实训[①]。这一要求的精神实质是强化职业学校与企业在人才培养方面的互融互通，实现职业教育人才培养规格与企业人才岗位素质的无缝对接。职业学校需要深入领会其精神并贯彻落实，借助企业力量提高人才培养的“实用性”和“适用性”，引导学生不断提高综合素质、实践能力和创新创业能力，以适应现代企业对高素质、创新型技术技能人才的要求，提高就业竞争力。

## 三、分层开展精准就业指导，做实服务支撑

完善的就业指导体系的建构离不开健全的组织机构、系统的操作规程和合适的人员配置，更离不开富有实践价值的和面向全体学生的精准指导机制。职业学校就业指导的终极目标具有高度一致性，那就是使每个学生都能找到合适的职业岗位，不断提高就业率。但是，不同专业、不同层次学生的专业素养、就业目标和职业理想各有不同，职业院校要想圆满实现就业指导的终极目标，就必须考虑学生个体之间的差异。就业指导名为指导，实质上是为学生就业提供服务。既然是服务，就讲究全面周到，如果不能针对个体差异，细分层次，就无法达到精准服务的目的，自然就难以提高服务质量。

江恒源不仅一贯主张职业指导要全面实施且注重差异，而且主张择业指导必须针对不同的对象采取差异化的指导策略，给予符合各自所需的引导和帮助。江恒源指出，实施职业指导的根据有两个方面：一是职业界的情形，如职业的内容、容量，需要何种资格、报酬、攫升机会等；二是被指导者的能力、兴趣、品格、志愿、家庭、处境和经济情况等。而职业介绍目的在于使“怀才者固然可以展其怀抱，而求才者亦可得相当的人才”[②]，因此“要按照他们的天才、社会的环境、家庭的状况和个人的意愿”，帮助求职者谋取相应的职业[③]。江恒源这一差异化的职业指导观念，对于当下做实就业指导工作、提高就业率有重要的启发价值。首先，在一般情况下，就业指导往往面向毕业班学生，而按照江恒源的观点，应该面向所有在校学习的学生。针对不同学段的学生，职业院校要采取不同的措施以达成不同的目的，逐渐积累下来，至学生毕业走出校门求职之时，就能水到渠成地实现就业指导的终极目标。比如：对于新生，学校

① 国务院关于印发国家职业教育改革实施方案的通知（国发〔2019〕4号）[EB/OL]. [2023-09-22]. http://www.gov.cn/hengce/content/2019-02/13/content_5365341.htm?from=singlemessage&isappinstalled=0.

② 刘旭光，连云港市政协学习文史资料委员会，中国民主同盟连云港市委员会. 江恒源教育文集(2)[M]. 北京：群言出版社，2020：394.

③ 刘旭光，连云港市政协学习文史资料委员会，中国民主同盟连云港市委员会. 江恒源教育文集(2)[M]. 北京：群言出版社，2020：448.

要加强职业愿景和职业认知教育；对于在校学习了一段时间的学生，学校要及时引导他们做出职业定向和确立职业理想；对于毕业生，学校要切实帮助他们实现职业选择和树立职业信念；毕业生就业以后，学校还要加强跟踪服务，指导其职业发展。这一切都要目的明确、切合实际，做得扎扎实实。其次，不同学业状态的学生，得到的指导应该有所不同。江恒源都能提出职业指导要“使无业者有业，有业者乐业，使人人能得到与其能力、兴趣、个性相称的职业”① 的主张，那么当下就业指导更应该做到使专业素质各不相同的学生能专业对口地走向岗位，实现“有业”“乐业”。比如：对于专业素质一般的学生，学校可以鼓励他们先就业再创业，先解决入职问题再考虑职业提升问题；对于专业素质优异的学生，学校不仅要激励他们找寻优质平台为将来发展拓展空间，而且要采取特别举措帮助他们实现职业梦想，使他们成为学校人才培养的名片。最后，针对求职需求不同的学生，学校可以开展专门化服务。有些学生满足于就业守业，学校可以在校园招聘、订单培养、校企合作等方面下功夫，为学生就业托底；有些学生热爱创业，学校可以在创业项目引领、创业资金支持、创业市场调研等方面给予扶持，为学生奠定创业基础；有些学生具有创新性强，可以走技术研发道路，学校可以提供实验设备、研发平台、合作团队、专家引领等方面的便利，帮助学生百尺竿头，更进一步。

当然，在对学生进行精细分层、精准指导的同时，学校就业指导工作各层机构和相关人员也需要分工合作，做到职责明晰、功能互补。学校就业指导部门可以将主要精力放在内联外通、宏观调控、政策支撑和行政支持上；学校下属学院、系科的就业指导人员，可以将主要精力放在学生情况分析、人才合作培养、就业市场调研和就业方向指引等方面；就业指导课程教师可以在职业定向、专业素质与职业匹配、职业理想确立等方面引导学生，或者加强求职技巧、职业道德、文明礼仪教育。唯有如此，才能做到校内校外协同一致，下活就业指导这盘棋。

## 四、树立就业指导的理想愿景，发挥航标功能

狭义的就业指导，是向毕业生传递就业信息，做毕业生与用人单位的沟通桥梁。广义的就业指导，则包括预测评估毕业生资源、企业人才需求量，汇集与传递就业信息，培养学生劳动技能，组织劳动力市场，以及推荐、介绍、组织招聘等与就业有关的综合性社会咨询、服务活动等。无论狭义还是广义的就业指导，都以服务学生求职就业为宗旨。这很容易造成一种错觉或误解，那就是就业指导属于纯粹的操作领域或

---

① 刘旭光，连云港市政协学习文史资料委员会，中国民主同盟连云港市委员会．江恒源教育文集（5）[M]．北京：群言出版社，2020：1809.

技术性质的工作，只要毕业生就业率持续高涨，就意味着学校人才培养的成功。这种错觉或误解在一定程度上助推了一些不良倾向，使得就业指导成为一种纯功利性的工作。比如：有些求职的学生只要高薪水、好待遇，不谈个体责任和回报社会，甚至为了高报酬而不计职业是否正当、合法；有些毕业生刚进职场便不安于本职工作，频繁跳槽，缺乏在职业领域潜心钻研、不断进取的精神；有些就业指导工作人员者要么以就业市场复杂多变为借口推卸责任，无所作为，要么为了达到所谓的高就业率而数据造假。这一切有违初衷和宗旨的现象，都是因为忽视了就业指导也需要灵魂主宰、精神引领。

江恒源就非常重视职业指导中的"品德正身、精神立骨"的作用，主张"要青年训练好生产知能，同时也要青年训练好公民品格、服务道德、民族精神……把民族精神，渗透入一切教学实习工作中"[①]。在他看来，"人之所贵者，不在有职业而在职业之外有社会服务的精神"，职业指导也要讲求"人生的价值、人生的兴趣和人生的意义"[②]。江恒源有关精神、价值、品德在职业领域引领价值的观点启发我们，不能将就业指导降低为单纯的引导学生寻找就业岗位为目的的活动，就业指导工作人员不仅较高的人生目标、精神境界和职业理想，而且要教育学生以正确的价值观念、理想信仰为航标，引领自己的求职与就业。职业学校可以采取以下策略，强化理想信念与职业精神在指导就业方面的引导作用：①加强就业指导工作人员队伍建设，使他们准确定位自身角色，形成正确的关于职业、就业的价值观念和理想信念，做就业工作的研究者、职业指导的专家和推动就业的知心人。②在强化学生理想信念引导和职业精神培养的基础上，对学生进行人文素养、文明礼仪、文化修养等养成教育，引导学生深刻认识职业发展对于个体与社会的重要意义，讲个人价值实现与为社会创造财富结合起来，避免学生形成有职业无事业、有岗位无品位、重获得轻奉献的惯性。③确立价值引领的分层化就业指导目标。高位目标是使学生认清职业内涵、树立职业目标、明确职业价值、养成职业情意、确立职业理想，"促进社会文化，增进人类幸福"[③]；中位目标是使学生能针对社会与职业需求找到符合自己专业方向、兴趣爱好的职业，为国家、社会和民众做贡献；基础目标是使学生找到一份工作以实现其人生价值，形成"自养自群的能力""自治治人的能力"[④]，避免从事不当之事和盲目地工作。

---

① 刘旭光，连云港市政协学习文史资料委员会，中国民主同盟连云港市委员会．江恒源教育文集（5）[M]．北京：群言出版社，2020：1803.

② 刘旭光，连云港市政协学习文史资料委员会，中国民主同盟连云港市委员会．江恒源教育文集（5）[M]．北京：群言出版社，2020：1803.

③ 刘旭光，连云港市政协学习文史资料委员会，中国民主同盟连云港市委员会．江恒源教育文集（1）[M]．北京：群言出版社，2020：194.

④ 刘旭光，连云港市政协学习文史资料委员会，中国民主同盟连云港市委员会．江恒源教育文集（4）[M]．北京：群言出版社，2020：1575-1576.

江恒源早在1930年就指出了当时学校教育存在的问题：学校只教书，不问社会需求；学校不问学生有职业与否、服务效率如何，只希望学生多、学校发达；学生到毕业之时，无论课程学完与否、是否有毕业程度，一律准其毕业[①]。这些问题直到现在也未能完全绝迹，而问题的解决除了有赖于学校不断改革人才培养工作之外，还有赖于职业教育加强就业指导工作。2019年，国务院公布了《国家职业教育改革实施方案》，对职业教育发展与规划做了高度预期，但是关于就业指导方面还缺少指导性强的具体表述，不能不说是一件憾事。《江恒源教育文集》中那一篇篇关于职业指导的文章，折射了20世纪上半叶职业教育家们对就业指导的思考和举措。当下，职业教育界可以借鉴其积极精神，汲取其有益方法，权衡其得失利弊，用以改善就业指导观念的变革和实践的推进，切实缓解大学生就业难题，帮助大学生实现人生价值。

① 刘旭光，连云港市政协学习文史资料委员会，中国民主同盟连云港市委员会．江恒源教育文集（2）［M］．北京：群言出版社，2020：494．

# 第五章

# 江恒源的农村教育思想

20世纪20—30年代，在五四新文化思想的感召下，一批关注农村破产、力图民族复兴的进步知识分子，为救活农村，纷纷奔波于其中，从事乡村建设实践。他们“或从农业技术的传播入手，或致力于地方自治与政权的建设，或注重于农民文化教育，或从经济、政治、道德三者并举开端，试图为破败的中国农村寻找一条救济与复兴的出路”①，形成了声势浩大的乡村建设运动。在乡村建设实践中，时任中华职业教育社办事部主任的江恒源以极大的热情和浓厚的兴趣，积极投身于乡村建设（黄炎培称之为“农村改进”）运动，在总结徐公桥试验区建设经验的基础上，写出了《农村改进的理论与实际》《村治与农村教育》等多部农村教育著作，提出了“富教合一主义”等具有重要影响的农村改进理论，清晰地回答了农村改进工作中的一些疑难问题，形成了比较系统的农村教育思想体系，在乡村建设运动中产生了重要影响。《江恒源教育文集》中收录的江恒源教育著述，其时间跨度长达半个世纪，总字数为166万，其中涉及农村教育的文章字数达80余万，由此可见江恒源对农村教育的重视，以及乡村教育在他心目中的地位。江恒源对20世纪上半叶中国农村教育的观察之全面、论述之深刻，在民国时期的教育研究领域中实属罕见。这些论述对当时中国的农村教育发展和质量提升具有重要价值的指导价值，对于我国当代农村教育发展包括苏北地区乡村振兴也有重要的启发意义。近年来，国内关于江恒源教育思想的研究多集中在职业教育、补习教育两个方面，而对他的农村教育思想关注甚少。江恒源丰富和拓展了农村教育和农村改进的内涵，划清了农村教育与农业教育的边界，他的“教富政”辩证统一的主张对当下实施乡村战略也具有很强的理论价值。有研究者认为，江恒源区分了农村教育与农村改进这两个概念，理清了乡村建设运动的来龙去脉，从理论和实践的不同角度回应了农村改进究竟由谁来做、怎样才能做得更好的问题，并提出了具体的改进原则和基本标准，但是他对农村教育的重要性和实践价值估计过高，难以摆脱“教育救国论”的窠臼。这类观点反映了江恒源农村教育思想的部分内容和特征，但是留下了一些研究空白。比如江恒源农

① 孙君，廖星臣．乡村建设实践与理论研究［M］．北京：中国轻工业出版社，2014：28.

村教育思想的全貌、机理和特征有待于进行全面分析和提炼，其形成过程值得深入梳理，并在此基础上总结出他农村教育思想的结构体系。

## 第一节　江恒源农村教育思想的来源与形成

江恒源农村教育思想源自他开展的卓有成效的农村教育实验、广泛深入的农村教育调查和全面深刻的教育研究。

### 一、农村教育实验：江恒源农村教育思想的实践基础

早在20世纪20年代，江恒源就认识到当时的农村教育是失败的。他依托中华职业教育社开办了徐公桥乡村改进实验区，积极推行农村教育以促进农村建设。徐公桥乡村改进实验区从1928年4月开办，至1934年7月实验完成，后续扩大为江苏省昆山县自治实验区，同时兼办民众教育馆、合作社、警管区、青年团、改进会等，使“行政与教育打成一片”。徐公桥乡村改进实验区等工作经历和所见所闻使江恒源认识到，办理乡村改进区启动之初，要把握好三个重点，分别是普及教育、推广合作社和注意公共卫生[①]。其中，就农村教育言，“应分儿童保育、青年训练、成人组织、妇女集会数种，要同时并进。实施方式，有是学校的，有是社会的，有是家庭的，因人而异，不必一致，亦不能一致。教育目标，以经济生产为惟一中心，以组织团体完成公民道德、发扬民族精神、训练保卫能力与技术，为重要目的”[②]。他对农村教育的对象、形式和目标的认识，其针对性、全面性、深刻性和全民性，为当下许多人对农村教育的认知所不及。江恒源还与中华职业教育社的同仁在上海、浙江、镇江、东台等地，陆续举办了中华农具推行所、农学团辅导处、沪郊农村改进区、黄墟农村改进区、观澜义务教育学校、农光乡村小学、鸿英乡村小学、丁卯农村小学、熏德乡村小学、三益改良蚕种制造厂、荻山自治实验乡、长安小溪口改进区、上海县立道南小学等教育机构或自治实验区。这些学校或机构以义务教育为中心，兼顾成人教育、女子教育，积极参与农具推广、农业经营、军训保卫、公共卫生等社会公共事业。这些学校和机构或属于中华职业教育社的附属机关，或属于代办机关，或属于合作机关。江恒源在农村教育办学实践中，深刻认识到农村教育的意义所在，真切感受到兴办农村教育面临

① 刘旭光，连云港市政协学习文史资料委员会，中国民主同盟连云港市委员会. 江恒源教育文集(4)［M］. 北京：群言出版社，2020：1397.

② 刘旭光，连云港市政协学习文史资料委员会，中国民主同盟连云港市委员会. 江恒源教育文集(4)［M］. 北京：群言出版社，2020：1397.

的重重困难，亲眼看到了实施农村教育给乡村区域自治与农民生活改良带来的诸多益处。在推进农村教育、研究农村教育的历程中，江恒源逐渐形成了独具特色的农村教育思想。

## 二、农村教育调查：江恒源农村教育思想的现实基础

《江恒源教育文集》收录了大量江恒源关于农村教育的调查报告，这些报告对农村与农村教育提出了诸多真知灼见。在《调查江苏泰县全县农业概况报告》《调查江苏十七县农民生计状况厚德感想》中，他提出要推行新式农具，提倡兴办适合当地的副业，普及乡村小学教育和中等学校，同时推行乡村社会教育、补习教育，教给农民致富之道、实用知识，并锻炼他们的良好习惯。江恒源说："欲办农村自治，必以农村小学为中心；因以农村教育为乡村改进一切事业之本。"[①] 他在调研中认识到，农村教育不仅关乎农村社会改良和农民生活改进，而且关乎国家命运和民族存亡。因此，他要求农村教育"从大处着眼、从小处下手"推进农村改进，"不仅是为农村，乃是为民族；不仅是建设农村，乃是为复兴民族；不仅是为救济农民，乃是为排除国难；不仅改善农民生活，乃是为紧固全国国防"[②]。到在《丹徒城外两个优良小学笔记》《六合城外费省效宏之优良小学》《视察东海教育情况》《注重乡村教育的函》《江宁县北固乡第一小学视察纪略》《江宁尧化门小学校视察笔记》《视察无锡小学笔记》等文章中，他结合实例提出了"不希望人人升学的以农商两业为目标"的学校教育，批评了那些只顾城市不顾乡村的现象，力主推广义务教育时应当首先关注乡村。江恒源希望农村教育尤其是乡村学校能融入农村，与农民融洽相处，并对他们发生积极影响。他这样描绘附设平民学校开张成人教育的小学校情景："学校与乡人相处也，感情极融洽。凡乡人入校参观，一律表示欢迎。有跣足不着袜者，有披衣不结扣者，亦让其入教室、观讲授、赴场圃、观工作。迨相识而稍稔，始乘隙施婉劝。久之，遂亦无不整衣履而入校者矣。"[③] 江恒源针对当时的中国"有公民常识者，只一万万，而多数之三万万，仍为愚弱贫散之农民"[④] 的现状，提出了农民教育实为当今之急务的主张。通过调查，他总结出了中国农民"弱、愚、穷、懒、私"的五大特征，为农村教育开出了"四大主义"

---

① 刘旭光，连云港市政协学习文史资料委员会，中国民主同盟连云港市委员会. 江恒源教育文集（1）[M]. 北京：群言出版社，2020：248.

② 刘旭光，连云港市政协学习文史资料委员会，中国民主同盟连云港市委员会. 江恒源教育文集（4）[M]. 北京：群言出版社，2020：1418.

③ 刘旭光，连云港市政协学习文史资料委员会，中国民主同盟连云港市委员会. 江恒源教育文集（1）[M]. 北京：群言出版社，2020：76.

④ 刘旭光，连云港市政协学习文史资料委员会，中国民主同盟连云港市委员会. 江恒源教育文集（1）[M]. 北京：群言出版社，2020：348.

的药方，即“经济主义——不废多金，而效率甚大”“实用主义——注重职业陶冶，练习道德学习于工作之中”“社会主义（与经济学上所谓社会主义有别）——学校教育效率，能发散及于社会”“进化主义——时时谋向新的好的方面发展”①。他在《农村问题》一文中剖析了农村教育存在的问题，指出“目前农村的教育，日渐趋于破产，受过教育的青年，不但不能使生产增加，而家庭所生产的反不足供他一人的消费”②，主张“应当研究农村教育怎样才能变成生产的教育，怎样才能配称救国的教育”③。江恒源还积极宣传介绍梁漱溟开办的邹平实验区、晏阳初在河北定县的实验和彭禹廷在镇平抓治安与生产的农村教育实验。大量农村教育的调查，使江恒源对农村教育的问题了然于心。随着江恒源建构农村教育体系的诉求愈加迫切，他有关农村教育的思想框架与实践路径也愈加清晰。

## 三、农村教育研究：江恒源农村教育思想的理论提升

江恒源的农村教育研究主要涉及以下主题内容，从不同角度促生了他的农村教育思想。①关于教育与经济关系问题。教育与经济的关系，是现代教育经济学的重要课题，在江恒源农村教育思想里表现为“富”与“教”的关系问题，即如何通过教育来促进人的致富。江恒源敏锐地发现了当时的中国教育存在的症结：不是教人致富，而是教人追求高人一等；不是为了实业，而是为了少数人；不是为了人的发展，而是为了培养官员。因此，江恒源提出了“富教统一”的观点，主张农村教育一面教农民致富的方法，一面使他们得到人生实用知识和道德行为的训练。江恒源还认为，农民的读书工作“应该在他们物质生活能稍稍解决之后，再去实施”④。对于农村教育，江恒源认为要能促进农业生产、增加农民收入，“至于农村人民以农业为生活主体，农村教育为适应农民生活计，当然以发展农业，增加农产为惟一中心，虽然农村小学，谈不到农事教育，但关于职业陶冶，势必以农事为重要教材，这是无可疑惑的”⑤。②关于教育与政治的关系。政治作为上层建筑的一个概念，被江恒源

---

① 刘旭光，连云港市政协学习文史资料委员会，中国民主同盟连云港市委员会. 江恒源教育文集（1）[M]. 北京：群言出版社，2020：85.

② 刘旭光，连云港市政协学习文史资料委员会，中国民主同盟连云港市委员会. 江恒源教育文集（3）[M]. 北京：群言出版社，2020：1115.

③ 刘旭光，连云港市政协学习文史资料委员会，中国民主同盟连云港市委员会. 江恒源教育文集（3）[M]. 北京：群言出版社，2020：1115.

④ 刘旭光，连云港市政协学习文史资料委员会，中国民主同盟连云港市委员会. 江恒源教育文集（2）[M]. 北京：群言出版社，2020：426.

⑤ 刘旭光，连云港市政协学习文史资料委员会，中国民主同盟连云港市委员会. 江恒源教育文集（2）[M]. 北京：群言出版社，2020：989.

嵌入了农村教育实施计划。在江恒源的观念中，教育与政治具有不可分割的关系，“教育政策，一定要配合着国家的整个政策……当然教育事业，也就要随着这个国策配合进展”[①]。江恒源为农村建设提出了三条途径，分别是文化建设、经济建设和政治建设，而政治建设是农村教育得以成功的保障。他主张只有实现知识分子与农民的结合，才能打倒帝国主义和解除农民的压迫[②]。作为一位民主人士，江恒源看到了农村教育对于国家富强、农村振兴、农民发展的重要意义，看到了社会各行业对农村教育的重要作用，看到了农民精神面貌改观对他们走向富裕生活的重要价值，因此主张全面提高农民素质，尤其要提高农民的思想觉悟，深化他们对国家民族的认知。可以这么说，自觉地从政治角度看待农村教育，反映了江恒源对教育使命的洞察力。③关于区域教育。江恒源最先提出了“区域教育”思想，这与他的“农村教育”“农村自治”思想是一脉相承的。江恒源主张建设“农村改进区”，实现区域推进、整体设计。他说：“今日要改进农民生活，还不是单纯改进农业所能奏其全功，必与其全部生活加以注意。”[③] 他主张先划定一个区域，“认定若干农村，并认定各农村中的全体农民，做一个教育对象，特设机关，延请专家，专司改进事业”[④]。他主张的“区域教育”既是为了一个区域内政治、经济、教育、文化的协调发展，也是为教育服务当地社会经济发展而采取的重要策略。

## 第二节　农村教育活动相关概念的阐释

在江恒源的教育思想体系中，农村教育活动的对象有广义与狭义之分。农村教育活动的广义对象包括大中小学生、农民；狭义对象仅包括农民。因农村教育活动的对象范围和实施内容不同，江恒源对农村教育活动的指称也有所不同。

### 一、农村教育活动相关概念的内涵

在江恒源的教育论述中，与农村教育活动相关的概念有农村教育、农学教育、农

① 刘旭光，连云港市政协学习文史资料委员会，中国民主同盟连云港市委员会．江恒源教育文集(6)［M］．北京：群言出版社，2020：2096.

② 刘旭光，连云港市政协学习文史资料委员会，中国民主同盟连云港市委员会．江恒源教育文集(3)［M］．北京：群言出版社，2020：1167.

③ 刘旭光，连云港市政协学习文史资料委员会，中国民主同盟连云港市委员会．江恒源教育文集(2)［M］．北京：群言出版社，2020：625.

④ 刘旭光，连云港市政协学习文史资料委员会，中国民主同盟连云港市委员会．江恒源教育文集(2)［M］．北京：群言出版社，2020：625.

业教育、农人教育、农村改进等。

### (一) 农村教育

农村、乡村实际上是同一概念，都指的是城市以外的地方。“我们要知道农村是什么，然后才可以讲农村的教育，不然便是隔靴搔痒。”① 1930 年，江恒源对“农村”这一概念做了具体而形象的解释：“农字的上面，是臼或林，下边是辰。他的意思，便是朝夕操井臼造林的工作叫农，农人住的村落，就叫农村。农村有山村水村平原村的分别：山村的人，住居山旁，他们靠种植和打猎来度日，民性大都刚直强悍；水村的人，是依水而居，他们除种穀之外，还去打鱼，民性活泼敏慧；平原村人，靠树艺五谷，以谋生计，民性和平宽大”②。1937 年，陈兆庆在《中国农村教育概论》中指出，“今之所谓农村，不是像我国古书上所说的以万二千五百家为乡的一种机械式之划分，而是以教育为立脚点，无论其为城，为市，为镇，为乡，如其文化低劣，教育幼稚，工商业等不大发达，而仍以农业为其主要之职业的地方，都称之为‘农村’”③。陈兆庆认为“农村”既是一个地域概念，也是一个产业概念，是“以农业为其主要之职业的地方”。中华人民共和国成立前，学界更多地认同和使用“乡村教育”，而很少使用农村教育。《教育大辞典》没有收录词条“农村教育”，就是一个例证。我国最早重视农民问题、关心乡村教育的是李大钊。最早界定乡村教育内涵的是教育家余家菊。余家菊指出：“从地域上界定，认为乡村教育与都市教育相比较，并无特殊内容。它是包含除都市教育外的一切教育在内的一种教育形式”④。黄炎培是重视乡村教育的重要代表之一，他在《农村教育〈弁言〉》中第一次使用了“农村教育”的概念，不过，他当时所说的“农村教育”，主要是指“乡村职业教育”。从现有资料看，最早界定和具体解释“农村教育”内涵的应该是江恒源。他在《农村改进的理论与实际》中指出，“农村教育”是指“在农村特设机关认定一般农民生活需要，以实施种种改善农民生活的方法，是为农村教育”，其教育机构和教育方法多种多样。有乡村小学、补习学校，还有农品陈列室、农品展览会、各种讲演会、农民教育馆等。“教材是随事随时供给的，教法是因地因人设施的”，教育对象“并不限定何人，而总以促其反应，开通其知识，增长其经验，为惟一目的。”上述教育机构是“农村学校教育”，也是“农村社会教育”。“所谓农村教育，则为混合二者之总名”⑤。由此可见，江恒源界定的“农村教育”是广义概念，是指在农村区域面向农民的多种形式的教育，是以试验区全体农民为对

---

① 江恒源. 乡村教育［J］. 中华教育界，1930，18（4）：1-13.

② 江恒源. 乡村教育［J］. 中华教育界，1930，18（4）：1-13.

③ 陈兆庆. 中国农村教育概论［M］. 北京：商务印书馆，1937：1.

④ 余家菊. 乡村教育通论［M］. 北京：中华书局，1934：20.

⑤ 江恒源. 农村改进的理论与实际［M］. 上海：生活书店，1935：4.

象，不分“男的、女的、老的、少的、富的、贫的、驯良的、狡黠的、健全的、残废的，一齐在内”的教育。它不仅包括乡村小学，乡村中学，临时设立的种种讲习所、传习所、民众夜校式的补习教育，也包括农民教育馆、农民问字处，讲演会等不同方式的社会教育，还包括农民生计、农民健康和娱乐、农民组织、农村建设，农村防卫等村治教育。江恒源为什么把村治纳入农村教育范畴呢？他认为，农民的促动启迪、农事的指导与推行，都离不开教育的方法。总之，农村教育是一种大教育，是“乡村全民教育”和农村生活教育。

### （二）农事教育

在中国近代教育史上，黄炎培是较早关注农业教育的职业教育家。民国初期，他在《江阴、南通、苏州农业教育调查报告》《在山西三星期间之工作》等文章中，多次使用“农业教育”“农事教育”等概念。然而，对于什么是农业教育，什么是农事教育，黄炎培并没有给予明确的界定和解释。作为黄炎培职业教育事业的紧密合作者和中华职业教育社农村改进工作的具体执行者，江恒源对黄炎培提出的两个概念进行了认真思考，形成了对农村教育的基本认识，认为农事教育包含三大领域或者说三种形态，并分别就其内涵做了阐释：①农学教育。江恒源认为农学教育属于大学教育，其责任是研究、计划、解决较大的农村问题，推进全国农事的进展[①]。农学教育“偏重研究学理，属高等教育范畴。农学教育任务首先是结合中国情况学习传播国外先进的农业知识技术工具材料，其次是研究改良本地农业的土壤、技术现状”[②]，比如民国金陵大学、中大农学院、岭南大学等高校开办的农学专业。②农业教育. 江恒源所说的农业教育既包括在正式的农业学校、农业补习学校或临时的农业讲习所对农民开展的生产知识与技术的教育，也包括在农事试验场及农业推广部对农民进行的农事知识教育和技术指导，属于中等教育或高等教育层次，是“社会式的农业教育。”农业教育的培养对象，“一种是技术的人才，直接从事于实地工作，一种是推广人才，受高等农业人才之指引，将各种新的智识，新的方法，直接的或间接地向农民介绍，将农科大学所研究的结果，依照计划努力推销”[③]。③农人教育。农人教育即农民教育，“指对农村青年、成人、儿童的教育，既包括普通教育，也包括农业教育。”从上述界定可以看出，农学教育属于高等教育，培养研究型农业人才；农业教育有高等教育和中等教育两个层次，是一种广义的教育，它包括正式的农业学校和非正式的农民补习学校、讲习所等。其教育对象是农业技术人才和推广人才；农民教育是小学教育、补习教育和农业

---

① 刘旭光，连云港市政协学习文史资料委员会，中国民主同盟连云港市委员会. 江恒源教育文集（3）[M]. 北京：群言出版社，2020：1111.

② 江恒源. 关于中国职业教育的六个中心问题 [J]. 教育杂志，1935，25（09）：9-18.

③ 江恒源. 关于中国职业教育的六个中心问题 [J]. 教育杂志，1935，25（09）：9-18.

教育，其教育对象是农村青年、成人和儿童。农事教育涵盖的这三个领域，可以简称为“三农”教育。

### （三）农村改进

农村改进是黄炎培在提出“大职业教育主义”思想之后，在试办农村试验区过程中提出的新概念。他认为乡村是个整体问题，教育只是其中的一种解决方法，要“把全部农村改进的事务，统统包在我们责任范围以内”，不应该单从教育入手①。黄炎培第一次使用了“农村改进”这一概念，但对其内涵没有做出界定或解释。当时，江恒源经常与黄炎培一起深入徐公桥试验区开展调查和指导工作，非常了解黄炎培的乡村职业教育思想。他根据黄炎培的“划区施教”原则作了如下解释：农村改进是指“一农村或若干农村，划定一个适当区域，依照理想的能实现的预定计划，用最完善的方法技术，以化导训练本区以内的一切农民，使全区农民，整个生活，逐渐改进，由自给、自立，以达自治，俾完成乡村的整个建设”②。这种区域称作“农村改进区”或“乡村改进区”，改进区内所兴办各项事业称做“农村改进事业”或“乡村改进事业”③。江恒源认为，农村改进有教育、经济和组织三大目标。其中，教育目标是“使全区儿童，完全入学，不识字之青年成人，完全减除，知识开明，风俗敦厚，发挥互爱互助之精神，共谋本区文化之进展”；经济目标是“使农事改进，生产增多，家给户足，百废俱举，村容野容，焕然改观，健康安乐，疠疫不兴，养生送死，毫无遗憾”；组织目标是“使人人能自治，能合群，视公事如己事，扩大爱家爱乡之心以爱国”④。从他提出的这三大目标可以看出，农村改进的主要内容是教育、农事、组织、卫生等。江恒源认为，农村改进是改良农业的最好工具，是地方自治的渡桥，是辅导人民达到生活改善的过程，更是“适应中国农村特殊需要除去中国农村贫、愚、弱、散的危症的特殊方法，是救济农村衰落，完成农村建设，实现教育救国的根本办法”⑤。

## 二、农村诸项教育活动之间的关系

江恒源有关农村诸项教育活动之间关系的论述，主要围绕以下方面展开。

---

① 中华职业教育社．黄炎培教育文集（2）[M]．北京：人民教育出版社，2018：453.

② 江恒源．农村改进与农村教育 [J]．中华教育界，1934，22（04）：1-12.

③ 江恒源．农村改进与农村教育 [J]．中华教育界，1934，22（4）：1-12.

④ 江恒源．中华职业教育社之农村工作一农村改进事业之动机 [M] //章元善．乡村建设实验（1）．上海：上海中华书局，1934：39-51.

⑤ 江恒源．中华职业教育社之地方自治辅导工作 [J]．地方自治专刊，1937，1（1）：109-117.

### （一）农村教育与农业教育的区别

农村教育与农业教育这两个概念虽然仅有一字之差，但是在江恒源看来两者有很大区别。他从教育目的、教育层次、教育范围、教育内容等方面进行了具体说明。“农村教育与农业教育，两者不同，未可相混。农村教育，是为改良农村生活而设；农业教育的目的，是要养成农业专才。农村教育，是平民的初等教育；农业教育，是有大学中学小学的等级。农村教育，范围广阔，内容有五：（1）农民生计（物质的）；（2）农村的建设（道路桥梁）；（3）农民的健康；（4）农民的娱乐；（5）农民教育（读书识字）。所以农村教育，是改良农村生活；农业教育，则专为养成农业上专门人材与知能，与什么健康娱乐，完全无涉”[①]。他在《农村改进的理论与实际》中强调说：“农村人民以农业为生活主体，农村教育为适应农民生活计，当然以发展农业，增加农产为惟一中心，虽然农村小学，谈不到农事教育，但关于职业陶冶，势必以农事为重要教材，这是无可疑惑的。不过要说到农民整个生活，却又不是农业一端所能包括殆尽。通常人往往会把农村教育，认作农业教育，这显然的是一种错误了”[②]。江恒源认为“农业教育是职业教育，这个概念至今仍在沿用”[③]，这可以说是他对农村教育理论的一大贡献，在中国近现代教育史上具有理论开创意义。

### （二）农学教育、农业教育和农民教育的关系

江恒源认为，农学教育、农业教育和农民教育是农事教育的三个方面，这三者是相互联系的。农学教育“为大学专科所有事，目的在研究关于一区域的农事农业问题，得着解决之方，可以推行于农民”[④]。也就是说，农学研究是针对某一区域农事农业问题的研究，其研究成果有赖于农业教育的应用和推广。“农业教育是培养实际经营农业和推广农业新方法，指导农民的实施人才”，以农业学校和农业补习学校为主体，大都属于中等职业教育。在农事教育三个层级中，农业教育是关键，是衔接农学教育和农民教育的中心环节，地位十分重要。因为没有这一层级的教育，“大学所研究出来的方法，就无法推广到农村的希望；而一般中等农业学校毕业生，也就与农民无接近的可能”[⑤]。农业教育如果没有成效，农学教育就难以落地生根，农民教育也会失去经济基础。在农民教育中，“青年和成人是推动农村社会的中坚人物，农童是中国将来的农村

---

① 江恒源．乡村教育［J］．中华教育界，1930，18（4）：1－13.
② 江恒源．乡村教育［J］．中华教育界，1930，18（4）：1－13.
③ 刘桂林．中国近代职业教育思想研究［M］．北京：高等教育出版社，1997：258.
④ 江恒源．关于中国职业教育的六个中心问题［J］．教育杂志，1935，25（9）：9－18.
⑤ 江恒源．关于中国职业教育的六个中心问题［J］．教育杂志，1935，25（9）：9－18.

组织的柱石，必须加以相当教育，农事才有进展可言，农村才有进步的希望”[①]。在江恒源看来，农民是农业生产的主体，农业是农民赖以生存的产业，农学是研究解决人类“吃饭穿衣”问题的科学。与之相适应，“农民教育是谋农业的维持，农业教育是谋农业的发展，农学教育是谋农业的改进”，“前二种是关于农事教育的实施成分居多，后一种是关于农事教育的研究成分居多，三者是相因而非各别”[②]。应该说，江恒源对农事教育内涵和外延的界定和把握十分准确，对其内部关系的认识和阐述也很透彻。从农事教育的属概念具体阐述各个种概念内涵及关系，加深了人们对农业教育内涵的认识和把握。

### （三）农业教育、农村教育、农村改进之间的关系

农业教育、农村教育、农村改进是一组关系十分密切的概念。江恒源在《乡村教育——上海县学员听讲笔记选录》中指出，农业教育和农村教育“关系甚为密切”，主要体现在两个方面。一是农村教育在设施注重农人生计和生产改良，必须有农业专门人才做指导[③]；二是当时学者对于农村教育十分关注，“考其原因，即昔者农业教育，将对于农村之关系，完全置诸脑后。学校设于都市，与农人隔绝，平时实习，纯系贵族式的，卒业之后，不能实用于农业”[④]。他认为，农村教育的主要对象是农民，农民的生产技术需要农业专业人才为之指导，如果脱离农村实际，与农人隔绝，农业教育就失去了依托和实际意义。在《乡村教育》中，他再次强调农村教育农业教育的关系“却是很大，因为要注意农村教育，须改良生产。要改良生产，那末全靠农业教育”[⑤]。两者互相依存、相互促进，是农村改进的两个重要方面。

农村教育与农村改进有什么关系呢？江恒源认为，农村改进是随着农村教育功能的扩大而产生的概念。“乡村教育要从学校的活动进而为社会的活动，将课室里的活动搬到农村社会去活动，真正的乡村教育，要把农村改良，就是乡村改进”[⑥]。在他看来，农村教育不是单纯的教育活动，而是社会的活动，农村教育的目的就是改造乡村。因此，农村教育与农村改进，部分内涵是相同的，但并非完全一致。“因为教育事业，原包括于改进事业之中，而改进事业，却不限于教育一种。又照通常习

---

① 米靖. 二十世纪中国职业教育学名著选编［M］. 北京：教育科学出版社，2011：304.

② 米靖. 二十世纪中国职业教育学名著选编［M］. 北京：教育科学出版社，2011：304.

③ 刘旭光，连云港市政协学习文史资料委员会，中国民主同盟连云港市委员会. 江恒源教育文集（3）［M］. 北京：群言出版社，2020：349.

④ 刘旭光，连云港市政协学习文史资料委员会，中国民主同盟连云港市委员会. 江恒源教育文集（3）［M］. 北京：群言出版社，2020：349.

⑤ 刘桂林. 中国近代职业教育思想研究［M］. 北京：高等教育出版社，1997：258.

⑥ 江恒源. 乡村教育与乡村改进［J］. 湘湖生活，1932，2（1）：1-4.

惯，所谓农村教育，大率指农村小学而言；而在农村改进事业中，所包括的教育范围，则至广且大；凡一切学校教育，社会教育，皆属之。"① 由此可见，农村教育与农村改进是两个既有联系又有区别的概念，农村改进的内容包括农村教育，农村教育只是农村改进的一个方面或一部分，两者不能混为一谈。总之，农村教育是为农村改进事业服务的，农村教育水平不仅影响农业发展，也影响农村改进事业。而农村改进事业的发展，反过来则能够更好地促进农业教育和农村教育的发展，为他们提供更多的支持和保障。

综上所述，培养农业人才，推介农业研究新成果、推广应用新技术、新方法，改进农业教育，离不开农村普通教育，职业教育和成人补习教育，也离不开"有组织，有卫生，有建设"的"自给、自立、自治"的农村改进。农村教育是实施农业教育的依托和平台，是农村改进的重要途径，是衔接、贯通农业教育和农村改进的桥梁。农村改进是一个包含农业教育和农村教育以及农村经济、农村卫生、农村自治等内涵的系统工程。三者相互依存、相互作用而又相互促进，是一个不可分割的有机整体。

## 三、江恒源农村教育相关概念内涵阐述的贡献

### （一）丰富和拓展了农村教育的时代内涵

农村教育是一个历史概念、动态概念。其内涵随着时代的变迁和社会发展而变化。农村教育有狭义、广义之分。狭义的农村教育"大都偏于乡村小学校教育，尽或叙到一些成人教育及社会教育，也皆是以学校式教育或小学校教育为中心"②。在江恒源看来，农村教育涉及范围很大，应该是一个广义概念。"抑知今日中国农村所需要的教育，绝不是这样，应该放大范围，以全村人民的生活为对象"③。他认为农村教育不仅包括农业知识和技术教育、乡村小学教育、农民补习教育，也包括农品陈列室、农品展览会、各种讲演会、阅书报室等形式多样的活动教育，是农村职业技术教育、成人教育、社会教育、正式教育和非正式教育的总和。今天，学界对农村教育内涵的理解分歧依然很大，有三种主要观点。第一种认为是面向农村地区的教育，第二种认为是以农民为教育对象的教育，第三种认为是指为农村建设发展服

---

① 江恒源. 农村改进与农村教育［J］. 中华教育界，1934，22（4）：1－12.

② 国家教育委员会，中国联合国教科文组织全国委员会. 当代国际农村教育发展的改革大趋势［C］//农村教育国际研讨会论文集（上）. 北京：教育科学出版社，1993：225.

③ 国家教育委员会，中国联合国教科文组织全国委员会. 当代国际农村教育发展的改革大趋势［C］//农村教育国际研讨会论文集（上）. 北京：教育科学出版社，1993：225.

务的教育。国外对农村教育的界定首推联合国教科文组织秘书处的表述，该机构将农村教育界定为农村地区的基础教育、职业技术教育和成人教育，包括有文凭的全日制正规学习、短期非正规的成人扫盲学习以及技能培训①。第一种观点和联合国教科文组织秘书处的定义是“地域论”，把教育限定在农村地区；第二种观点是“对象论”，限定农村教育的对象是农民。这两种定义综合起来与江恒源的界定完全相同。第三种观点较为切合当下实际，与前两者的不同之处在于认为农村教育中还包括“城市里的直接或间接服务于乡村发展需要的普通高等教育与中等、高等职业教育”②等。虽然江恒源的定义并不完全符合当前我国城乡二元结构日益变化、农村人口和村落正在减少、城乡一体化发展的现实，但它准确地反映了乡村建设时期的客观实际，为当代更科学地界定农村教育的内涵和外延奠定了坚实的基础。

### （二）揭示了农村改进内涵关系的辩证统一

在农村改进过程中，江恒源从普遍联系的观点看待农村教育相关概念，具有很强的启示性。在农事教育概念群中，江恒源把农业教育放在农事教育的属概念中加以认识，阐述了农学教育、农业教育和农人教育的内涵及相互关系，突出了农业教育在农学教育和农民教育中的地位和作用。乡村建设时期甚至在当下，人们常把农业教育与农村教育混为一谈，因为这两者之间存在着你中有我，我中有你的交叉关系。农村教育包括农民文化知识、生产技能、吃饭穿衣、卫生健康等农村生活。在农村生活中，发展农业生产，帮助农民致富，改善生产条件，解决生计问题的过程是实施农业教育的过程，是提高农民文化知识、技术知识、思想道德水平的农村教育过程，也是提高村政自治水平和能力的农村改进过程。江恒源把这种辩证统一的过程概括为“教富政合一”。这里的“教”显然是指农业教育和农村教育，“富”即发展农业生产，促进农民致富，“政”即村政自治。他认为，“教”“富”“政”三位一体，共同构成了辩证统一的农村改进整体。在这个整体中，实现“富”和“政”，教育始终是一个重要手段。农业教育、农村教育贯穿在发展农业生产、组织农民自治、改进农民生活的全过程，是农村改进的一条主线。教育具有鲜明的政治性。教育服务经济社会，同时也是服务政治，因为政治是经济的集中表现。毫无疑问，江恒源的“教”“富”“政”辩证统一的思想对于当下实施乡村振兴战略具有很强的认识意义。

---

① 国家教育委员会，中国联合国教科文组织全国委员会．当代国际农村教育发展的改革大趋势［C］//农村教育国际研讨会论文集（上）．北京：教育科学出版社，1993：225.

② 李森，汪建华．我国乡村教育发展的历史脉络与现代启示［J］．西南大学学报（社会科学版），2017，43（1）：61－69，190.

### （三）提出了农民精神文化建设的重要性

在阐释农村教育、农村改进内涵时，江恒源虽然重视“以经济生产为惟一中心”，以教育为主要手段开展农村改进，提高农民生活水平，但是同时强调农村改进内涵的文化要义。他说，农村改进“不外经济、文化、政治三端”，“这三端”“文化最大的效用，在启发自动”。无论组织民众，训练民众，还是教育民众，首先应启发民众，激发和凝聚民众的自动力量。“讲农村教育的人，要以农民生活为对象，讲到农民生活，要先注意到物质一方面，不要把他们一个最根本的问题——‘穷’字忘掉！因为今日农民的一切病象，皆是从一个‘穷’字发出，则治病之要，当然要使他富，而于教他致富之际，施以适当教育，便是最良好的知识教育和道德教育”[①]。在《何谓农村改进——农村改进的意义、范围与目的》中，他特别强调“物质问题以外，对于精神方面，亦绝对不容漠视”[②]。做好农村改进工作，只有首先解决农民温饱问题，同时渗透文化教育，提高其精神文明水平，才能促进农民致富与精神致富相互促进，协调发展。否则，农村改进就变成了脱离教育、脱离伦理道德等精神文化层面的物质主义。对于农村教育来说，农民教育是根本。农村学校无论正式与否，都是农村文化的中心，也是农村中智慧最密集的地方。农村改进不仅需要农民有知识、有特长、有能力，还需要有高层次的精神追求。“救活旧农村”，要在致富的同时，更多地关注农民精神品质的提升，改造国民精神。当前，由于功利主义等诸多因素影响，农村扶贫工作中仍有一些干部以为农村教育就是科技教育、职业教育，把过多的人力物力财力用于扶智、扶贫、脱贫，这当然必要，但是，扶贫、脱贫终究离不开“扶志”。实施乡村振兴战略，建设美丽乡村，不能忽视农民精神文明建设。没有农民精神文明的现代化，就没有农业农村的现代化，也就没有中国的现代化。

## 第三节　江恒源农村教育思想的基本内涵

江恒源以广阔的视野分析探索了当时中国农村教育发展的基本规律、基本路径，丰富了教育学理论，拓展了人们对农村教育的认知，具有丰富的思想内涵。

### 一、农村教育具有重要意义

江恒源有大量的文章论述了中国农村教育的重要意义，批评了当时普遍弱化农村

① 江恒源．农村改进的理论与实际［M］．上海：生活书店，1935：55．
② 江恒源．农村改进的理论与实际［M］．上海：生活书店，1935：59．

教育的行为，也分析了农村教育落后的原因。针对“中国百分之八十以上的皆是农民”[①]的现状，江恒源认为要挽救中国，必须要把这百分之八十以上的农民变为健全的国民，因此必须很好地从农村建设着手，“要繁荣都市，必先要建设乡村，要发展工业必要先注重农事”[②]。江恒源概括了旧中国农民具有的“愚弱贫病懒”等特点，认为这样的农民“如再不急为施教，吾恐老大中国，难以在世界立足矣”[③]。江恒源指出，过去只注重义务教育、仅关注儿童教育的做法不足以拯救国难，应当使儿童、青年和成人都受到相当的教育。江恒源从三个层面阐述了农村教育的意义和价值：①在民智上讲，一个民主国家能独立于世界，全靠国民的自治精神，中国有三亿农民没有智识，只重城市而忽略乡村的畸形教育实在大错特错；②就富力而言，判断一个国家的强弱以富裕强大为标准，中国要先变得强盛就必须先增强经济实力，而要增强经济实力全仗教育，农民富裕则有赖农村教育；③从国际间看，一个国家欲想屹立于世界必须扬己之长、克己之短，中国之长是农业、之短是工商，要达到发展农业、改良工商的希望必须依靠农村教育[④]。他批评中国做教育的人往往喜欢将教育办在城市里，愿意做将粉擦在脸上的工作，“至于那些乡村教育，则很少有人过问”[⑤]。正因如此，江恒源主张农村教育施教的内容和主题应该更加广泛，要对农民实行生计教育、农村建设教育、健康教育、娱乐教育、公民教育。

## 二、农村教育应该形式多样

古今中外，教育的形式和种类十分繁复。教育对象不同、学习需求不同，确定的教育目的和实施的教育类型也应各不相同。从教育形式的角度，江恒源多次强调农村教育面向的是农村地区，受教育对象不仅包括儿童，而且包括农民，因此农村教育应该包括学校教育与社会教育两种基本类型。从教育内容的角度，江恒源将农村教育分为农民教育、农业教育和农学教育，“农民教育是基础的与通俗的教育，他的对象是广大的农民，以及农民的后备军；农业教育是在训练技术人才与推广人才；农学教育则

---

① 刘旭光，连云港市政协学习文史资料委员会，中国民主同盟连云港市委员会．江恒源教育文集（5）［M］．北京：群言出版社，2020：1663.

② 刘旭光，连云港市政协学习文史资料委员会，中国民主同盟连云港市委员会．江恒源教育文集（5）［M］．北京：群言出版社，2020：1686.

③ 刘旭光，连云港市政协学习文史资料委员会，中国民主同盟连云港市委员会．江恒源教育文集（1）［M］．北京：群言出版社，2020：348.

④ 刘旭光，连云港市政协学习文史资料委员会，中国民主同盟连云港市委员会．江恒源教育文集（2）［M］．北京：群言出版社，2020：634－635.

⑤ 刘旭光，连云港市政协学习文史资料委员会，中国民主同盟连云港市委员会．江恒源教育文集（2）［M］．北京：群言出版社，2020：581.

是最高级的，特别侧重于学理的研究”[①]。总体来说，农村教育是为改良农村生活而设，是平民的初等教育。值得注意的是，江恒源没有将农村教育等同于农业教育、农学教育，即没有将农村教育局限在“农”字上，这说明他已经认识到应该为出生于农村的人提供更为广阔的发展空间。江恒源对农村教育形式与内容的阐述，使人们认清了农村教育内容的丰富性和受众对象的广泛性，理清了农村教育与农村发展、农村教育与农业发展、农村教育与人全面发展的关系。他建构的农村教育体系与结构使广大农村地区的所有人均能享受教育红利。

## 三、乡村教育有多重功能和独特路径

在《江苏泰县顾高庄境况及改进计划》《中国乡村改造之我见》等文章中，江恒源要求乡村教师要具有两种能力，即教育儿童的能力和教育普通人民的能力。他主张乡村教师要以“勤、俭、忠、恕、敬、爱”六字诀为立身处世的方法，尊重农民的固有习惯，不能以农民的师长、官长自居。不仅如此，他还主张师范学校的学生应该学会制造教具的技能、善于了解和把握农民心理、懂得医药常识。江恒源之所以对乡村教师提出这样的要求，是因为在他看来，兴办乡村学校的目的是改进乡村，乡村教育的功能应该是多种多样的。比如：除正式的学校外，“宜有适合农民开会的大礼堂、农产品（农具等）陈列馆、悬挂教育格言、图画、标语、休闲娱乐运动空间、民众图书馆、补助学费机制”，以丰富农民的生活；“小学中须有成人补习班”，为农民提供基础文化教育；教会农民治理乡村，实现乡村区域自治；等等[②]。基于这样的认识，江恒源提出了“教富政合一”的思想，并将“教富政合一”视为解决农村教育的正确途径。其中，“政教合一”是为了改进乡村组织，“教富合一”是为了巩固教育，“教富政合一”的最终目的是农民致富。江恒源还主张用政治力量来推动农村改进工作，倡导“知识分子与农民的结合”“动手与动脑结合”[③]，尽全力推动民众教育和乡村合作社建设。

---

① 刘旭光，连云港市政协学习文史资料委员会，中国民主同盟连云港市委员会. 江恒源教育文集（6）［M］. 北京：群言出版社，2020：2141.

② 刘旭光，连云港市政协学习文史资料委员会，中国民主同盟连云港市委员会. 江恒源教育文集（1）［M］. 北京：群言出版社，2020：36.

③ 刘旭光，连云港市政协学习文史资料委员会，中国民主同盟连云港市委员会. 江恒源教育文集（5）［M］. 北京：群言出版社，2020：1667.

## 四、大力推行农村改进活动

农村改进是江恒源提出的重要概念，农村改进指的是“就一个或几个农村，划定适当的区域，依照理想的能实现的预定计划，用最完美的方法、技术以化导本区内一切农民，使全区农民整个的生活，逐渐改进由自给、自立以达自活，并完成乡村的整个建设”。江恒源认为农村改进就是广义的农村教育，是完成农村自治的唯一方法。他不仅制定了农村改进的目标——改变农民的“弱、愚、穷、懒、私”以实现“富教政合一”，而且规定文化、经济、政治为农村改进的三大主干事业，主张这三项事业要连锁进行、混合推动。江恒源还为农村改进制定了四条基本原则：①简而易行；②事事求经济；③力求普遍；④促进农民自动[①]。江恒源认为，农村建设不外乎文化建设、经济建设、政治建设三种途径，必须要以教育的手段推行，要注重真正的、有精神的、有系统的教育，不能搞形式主义。江恒源主张调动各种积极因素和团体参与农村改进工作，认为私人团体、当地人团体、学校教育机关、农民教育馆、农业教育机关、保卫机关、宗教团体、经济组织都可以而且应当参与农村改进工作。

可见，江恒源是将农村教育放在农村乃至整个社会范围中来进行思考和研究的，摆脱了“就教育论教育”的惯习，具有“大农村教育”的格局与视野。他的这种研究视野和教育理念值得继承和发扬。

# 第四节　江恒源农村教育思想的基本特征

江恒源的农村教育思想有一个鲜明的核心追求，那就是国家富强、农村兴旺和个人发展。这是农村教育的向导，也应该是农村教育追求的目标。江恒源以此核心追求为统领，建构了其农村教育思想与农村教育的关系。他围绕文化建设、政治建设和经济建设开展乡村改进实验，大力推行农民教育、农业教育、农学教育，并以区域治理和办学机关为保障条件和实施基础（图 5-1）。由此可见，江恒源的农村教育思想已经形成了一种体系，乡村教育诸要素以核心追求为最高目标，按照一定的秩序和内部逻辑关联起来，构成了具有目的性、关联性、区域性和全纳性等基本特征的整体。

---

① 刘旭光，连云港市政协学习文史资料委员会，中国民主同盟连云港市委员会. 江恒源教育文集（2）[M]. 北京：群言出版社，2020：732.

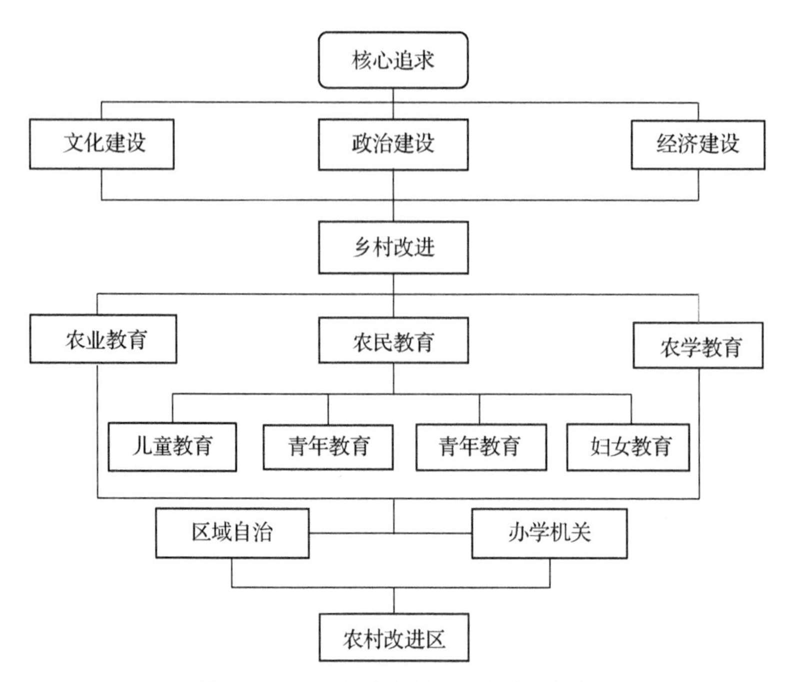


**图 5-1 江恒源农村教育思想体系框架**

## 一、江恒源农村教育思想的目的性特征

江恒源将兴办农村教育与中华民族振兴大业联系在一起，将国土的沦陷、农村的凋敝、农业的衰落、农民的“弱、愚、穷、懒、私”均归罪于教育的落后。他在批判了旧教育只是叫人“做官当老爷”“往城里跑”的弊端之后明确指出，教育必须为民族振兴服务、必须为农村强盛服务。这体现了他对教育目的性的认识，反映了他的教育思想具有明确的目标，即改善农民生计、推动农村兴盛、助力农业发达和实现国家强大。其中，改善农民生计是基础，因此有时江恒源将农村教育的目标定位为“改良农事为中心，以增进幸福为目的，以极经济稳固的方法，来启迪辅助农民，使农民能自动自治自立”[①]。可见，江恒源主张实施农村教育，不是单纯为了解决当时中国农民的穿衣吃饭问题，还立足农民的发展和农村的治理，为农民指明需要实现的目标，既教给他们谋生的本领，又激发他们的自觉性、主动性，使他们过上文明、健康、幸福和自尊的生活。江恒源对农村教育高远的目标定位，内在地决定了他所主张的农村教育与以往农村教育发展的思路和途径的差异。他在《农村教师的使命》中写道：“要增进农民的生产力，发展农民的自治力……打破奢侈的教育、关门的教育，盲从外化的教

① 刘旭光，连云港市政协学习文史资料委员会，中国民主同盟连云港市委员会. 江恒源教育文集（1）［M］. 北京：群言出版社，2020：295.

育，死的教育、假的教育……创造用钱少的教育、公开的教育、适合国情的教育、活的教育，真的教育。”①

## 二、江恒源的农村教育思想的关联性特征

作为一名卓有建树的教育家，江恒源担任过宏观教育发展的设计者、组织者和实施者。他深刻地认识到，教育工作与社会方方面面都有着密切联系，农村教育更是如此。一些农村教育的落后现象，往往是各行业定位的缺失与行动的误区所致，因为教育发展与政治、经济、文化等因素密切相关。江恒源在《论教育的联系性》一文中指出，“教育政策一定要配合着国家的整个政策来切实施行，教育要各级沟通，教育要各方联合教育行政，要能利用社会文化团体、教育团体使之协助推进”②换句话说，教育应该与社会打成一片。再次，江恒源的农村教育思想具有区域性特征。江恒源主张对农村改进工作要整体设计、区域推进。所谓“区域推进”，就是农民教育、农学教育和农业教育形成一个有机结合、相互衔接、有效利用的系统，对农民开展全方位的教育，包括“生计教育、文字教育、公民教育、政治教育、康乐教育”，而各种教育“要同时并进，协作推行，万流同归，以改进他们的全部生活”③。

## 三、江恒源农村教育思想的全纳性特征

所谓“全纳性”，可以从三个层面理解：一是教育对象，二是教育内容，三是教育资源。在江恒源的视野中，义务教育是广义的，农村教育也是广义的。他跳出了义务教育和农村教育属于儿童教育的传统理念，将农村所有成员都纳入教育范围，主张每个人都应当受到恰当的教育。江恒源说：“过去只注意到义务教育，仅仅注意在儿童身上。这种狭义普及教育，还不足救目前的国难，吾们应当把儿童、青年、成人都受到相当的教育，这就是广义的普及教育。”④ 基于这样的认识，江恒源将农村教育分为三

① 刘旭光，连云港市政协学习文史资料委员会，中国民主同盟连云港市委员会．江恒源教育文集（1）[M]．北京：群言出版社，2020：109．

② 刘旭光，连云港市政协学习文史资料委员会，中国民主同盟连云港市委员会．江恒源教育文集（6）[M]．北京：群言出版社，2020：2099．

③ 刘旭光，连云港市政协学习文史资料委员会，中国民主同盟连云港市委员会．江恒源教育文集（2）[M]．北京：群言出版社，2020：625．

④ 刘旭光，连云港市政协学习文史资料委员会，中国民主同盟连云港市委员会．江恒源教育文集（5）[M]．北京：群言出版社，2020：1687．

类，分别是幼儿教育、小学教育和成人教育[①]，其中成人教育除了农村小学兴办的补习学校、夜校等，还包括专门面向成人的民众学校。江恒源将农村教育的主题分为五个方面：①农民生计教育（物质的）；②农村的建设（道路桥梁）；③农民的健康；④农民的娱乐；⑤农民教育（读书识字）。江恒源从更加广阔的视野阐述了黄炎培提出的“农事教育”这一概念的内涵，认为“农事教育”应该涵盖农学教育、农业教育和农民教育，其中农学教育属于大学教育，农业教育归于中等农业教育，农人教育分为农村儿童教育、农村青年教育、农村成人教育、农村妇女教育[②]等。可以说，他所说的“农村教育”涵盖了农村教育又超越了农村教育的疆域和主题，涉及农村社会、乡村建设和农民生活的全部领域。江恒源教育思想的全纳性还表现在他充分地考虑到了农村教育资源，认为农村的一切，包括河沟湖汊、稻黍麦菽、猪牛狗羊都是教育资源。这一全纳性特征，反映了江恒源所说的农村教育具有全员教育、全面教育和全域教育的属性。

从结构体系、基本特征和基本内涵进行审视，我们会发现江恒源的农村教育思想具有朴素的社会主义教育思想的性质。江恒源对农村教育目的的界定是全面的，即为国家富强、民族复兴、乡村自治和个体发展服务；对教育在社会发展中的地位与作用的把握是正确的，即教育必须与各行各业相结合才能实现行业治理、农村自治、区域治理，这自然涵括了教育与生产劳动相结合的命题；对教育对象发展的阐释是科学的，即实现全面发展、终身发展。这一切很容易使人想起毛泽东阐述过的教育方针——“使受教育者在德育、智育、体育等几方面都得到发展，成为有社会主义觉悟的有文化的劳动者”，也容易使人想起马克思主义的教育观——与生产劳动相结合，实现人的全面自由发展。我们可以判定，江恒源的农村教育思想与马克思主义的教育观有内在相通性，这是他比同时代的其他教育家农村教育思想的高明之处。他不仅顺应了时代精神，体现了社会发展对教育的客观要求，而且为半殖民地半封建社会的旧中国教育指出了一条正确的道路。

---

① 刘旭光，连云港市政协学习文史资料委员会，中国民主同盟连云港市委员会．江恒源教育文集（1）[M]．北京：群言出版社，2020：226.

② 刘旭光，连云港市政协学习文史资料委员会，中国民主同盟连云港市委员会．江恒源教育文集（3）[M]．北京：群言出版社，2020：1111－1112.

## 第五节　江恒源农村教育思想的借鉴价值

党的十九大明确提出了乡村振兴战略方针，国家也制定了乡村振兴规划，这意味着我国农村教育必将获得快速发展。农村教育不仅是雪中送炭的事情，也是锦上添花的事情。要想真正培养出人才、大师，就要关注农村、关注农村教育。要想振兴乡村，就应该重视农村教育。江恒源农村教育思想中的一些重要观点，不仅在技术路线方面，而且在战略制定与实施方面，都有利于理清当下农村教育发展思路，为采取科学策略振兴乡村教育提供借鉴。

### 一、农村教育要实行区域发展

区域发展是江恒源农村教育思想的重要内容，其基本内涵是教育要为区域内的社会经济发展服务。这既是教育目的性的体现，也是实施农村教育的基本战略。“教育在乡村振兴中发挥着基础性、先导性作用，实现巩固拓展教育脱贫攻坚成果同乡村振兴有效衔接，以振兴乡村教育赋能乡村振兴，是教育的职责和使命。”① 从当下农村教育的发展实际看，将“区域”定位在县、乡镇、村庄的统合上更有现实意义。因为，人力资源是农村的最大资源，农村区域内的机关、人员、经费、场所、自然资源、人文资源如果能形成协同的整体，就能产生推动教育发展的强大合力，不仅可以解决农村教育师资匮乏问题，而且可以为教育反哺其他行业提供可能。

### 二、重视成人补习教育

成人补习教育是江恒源农村教育思想的重要内容，体现了终身教育思想。当下，我国社区教育正日益兴旺，社区教育部分地承担了成人补习的职能。但是，我国社区教育政策和制度不够健全，成人补习教育的氛围没有形成，尤其是成人技能补习没有形成气候。农村教育要想在乡村振兴战略中发挥应有作用，就应该吸收借鉴江恒源有关成人补习教育的思想观点，引领当代农民走一条以教育促发展的崭新之路。正像有人所说的，“要推进乡村职业教育科学发展，建设一批直接服务脱贫致富和乡村振兴的特色专业，加大服务乡村技能型人才培养力度，积极引导群众参与技能学习培训，科

---

① 王海燕．振兴乡村教育 赋能乡村振兴［EB．OL］．［2023－10－10］．http：//www．moe．gov．cn/jyb＿xwfb/moe＿2082/2021/2021＿zl31/202111/t20211129＿583085．html．

学全面系统培养一批新型职业农民，为服务乡村振兴做贡献。”[1]

## 三、推行教育生活化

农村是教育发展的洼地，却是教育资源的高地。乡村具有丰富农业资源和自然资源，也有俯拾皆是的历史文化资源。如何发掘和使用农村的优势资源推动农村教育发展，是当前农村教育急需解决的问题。江恒源一向主张要立足乡村实际引领农民接受教育，当代农村教育工作者应该从中取得借鉴，深入思考并切实解决农村教育资源的发掘与利用问题。

## 四、要坚持“富教合一”

“富教合一”虽然是江恒源在特殊历史时期提出来的教育主张，但是跳出江恒源对“富教合一”的内涵阐释，仅从字面上看，“富教合一”在当下仍然具有积极意义。引领当代农民在“教育中致富”“在致富中学习”，既是一个教育发展与经济发展相互生成的理论问题，也是一个亟待解决的现实问题。当代农村教育仍要致力于让青少年学得一技之长、让成人获得谋生本领，实现江恒源等人未能实现的“富教合一”的教育理想。

## 五、坚持广义教育

江恒源经常使用“广义教育”这一概念，如“广义义务教育”“广义农村教育”“广义的补习教育”等。“广义教育”是对教育外延的拓展，是对教育理解的扩大。强调“广义教育”不是玩文字游戏，也不是主张搞“泛教育化”，而是对社会需求的顺应，体现了教育的应有之义。当下继续教育、成人教育、终身教育的广泛开展，就是在广泛意义上推行“大教育”。因此，当代农村教育应该突破农村、农业的束缚，探索广义教育的时代内容和革新路径，担负起实施农民教育的当代使命。

## 六、坚持教育救国

20 世纪初期，一批教育人士的“教育救国”理想最终因时代因素而落空，但绝不意味着这种思想是完全错误、非常迂腐的。事实上，中国共产党领导的新民主主义革

---

① 王泉. 振兴乡村教育 赋能乡村振兴 [N]. 教师报，2021 - 11 - 02 (1).

命的 28 年，从广义教育的角度看就是教育救国的 28 年。以毛泽东为代表的无产阶级革命家正是运用了马克思主义思想观点教育了中国共产党人和广大人民群众，培养了成千上万的革命家和劳动者，取得了新民主主义革命的胜利。现在如果有成千上万个像江恒源一样的教育工作者走出城市、深入农村，坚守“教育救国”的信念开展农村教育，我国农村教育就能得到迅猛发展，从而为中华民族伟大复兴提供巨大动力。

# 第六章

# 江恒源对陶行知乡村教育试验的评价与借鉴

江恒源与陶行知都是20世纪二三十年代著名的乡村教育家。他们大力开展乡村教育，唤醒民众，开启民智，提高国民素质。他们将改变贫穷落后、封建愚昧的乡村世界，实现改造社会、拯救民族危机的教育理想，作为共同的社会责任与理想追求。他们的教育思想在很多方面“相同或相近”[①]，因此陶行知在筹办和试验晓庄师范的过程中，得到了当时江苏省教育厅长江恒源的高度认同和鼎力支持。江恒源不仅充分肯定了陶行知乡村教育试验的创新精神、实践价值和办学模式，而且在他后来主持中华职业教育社农村改进试验时有意学习和借鉴陶行知乡村教育思想，指导农村职业教育实践，为中国乡村教育和乡村建设发展做出了重要贡献。

## 第一节　民国时期江恒源与陶行知的社会交往

根据陶行知年谱所载，江恒源与陶行知交往始于1926年6月21日。当日，南京燕子矶小学举行乡村公园落成典礼，江苏省省长陈陶遗、教育厅厅长江恒源应邀参加，陶行知发表演说。同年12月17日，陶行知决定筹设晓庄师范，并函请江苏省教育厅批准。不到半个月，便收到江苏省教育厅复函：“查贵社为改进乡村教育师资及试验师范学校制度起见，拟在南京神策门外设立试验乡村师范学校第一院，事关改进乡村教育师资，自当尽力赞助，除将简章存备查考外，相应函复，即希察照。”[②] 1927年2月5日，中华教育改进社在无锡开原小学举行乡村教师工作会议，陶行知邀请教育厅厅长江恒源、江苏省教育会长袁观澜参加会议。在如何开展乡村教育特别是办好乡村师范等问题上，陶行知与江恒源进行了探讨。江恒源支持陶行知的乡村师范教育设想，赞

---

① 刘旭光，连云港市政协学习文史资料委员会，中国民主同盟连云港市委员会．江恒源教育文集(6)［M］．北京：群言出版社，2020：2471.

② 王文岭．陶行知年谱长编［M］．成都：四川教育出版社，2012：188.

同“在小学里办师范，在小学生活中训练小学师资”[①] 的办学思路。1927 年 3 月 15 日，晓庄师范举行开学典礼，江苏省教育厅长江恒源，南京市教育局陈鹤琴、徐作人以及姚文采等应邀出席[②]。江恒源致辞，提出了三条建议。第一，晓庄师范“要增进农民的生产力，发展农民的自治力，要把农民现在的疾苦放在脑子里，农民所需要的快乐幸福也把它放在脑子里，一天天地奋斗，一天天地改造，要有不达目的不止的精神”；第二，“要打破奢侈的教育，关门的教育，盲从外化的教育，死的教育，假的教育”；第三，“要创造用钱少的教育，公开的教育，适合国情的教育，活的教育，真的教育”[③]。1947 年，江恒源在《我对于陶行知先生逝世后的感言》中深情地回忆了他们之间的交往，认为陶行知当初创办晓庄师范、开展乡村教育试验的精神与想法是值得肯定的，他对陶行知也是尽力襄助的。

1927 年 3 月下旬，江恒源辞去江苏省教育厅长职务，1928 年 6 月接替黄炎培继任中华职业教育社办事部主任。虽然他与陶行知分处上海和南京，但是他们的交往、交流并未因此而中断。“后来我因为专办职业教育，遂和他分离开来，走了两条道路，可是在教育精神上，还是息息相通的”[④]。他们的共同话题是乡村教育改造。江恒源曾受邀担任南京晓庄师范学校指导员，并于 1934 年受陶行知之邀发表了题为“中国乡村改造之我见”的演讲。他说：“一般乡民需要的是‘富’，我们要教他们能从生产上去增加，能从与他们有切身关系的事去努力，结果就可以使他们达到‘富’的目的”[⑤]。是“先富后教”，还是“先教后富”呢，“以我个人体验下来，两者都不大对，应该是‘富教合一’。也可以说是‘即富即教，即教即富’”[⑥]。他主张乡村教育要和农民致富、乡村自治一体化推进。江恒源“富教合一”“富教政合一”的见解，与陶行知的乡村教育改造路径完全一致。陶行知对此十分赞赏，认为江恒源富教合一、政教合一使生活教育内容更加具体、更加丰富，更加富有社会改造意义。在《晓庄三岁敬告同志书》中，陶行知说：“江问渔先生近著《富教合一》和《政教合一》两篇文字，使生活教育之内

---

① 陶行知. 请试就小学办师范［M］//方明. 陶行知全集（第 8 卷）成都：四川教育出版社，2009：172.

② 杨效春. 晓庄学校与中国乡村教育［M］. 上海：上海爱文书局，1928：28.

③ 刘旭光，连云港市政协学习文史资料委员会，中国民主同盟连云港市委员会. 江恒源教育文集（1）［M］. 北京：群言出版社，2020：109.

④ 刘旭光，连云港市政协学习文史资料委员会，中国民主同盟连云港市委员会. 江恒源教育文集（6）［M］. 北京：群言出版社，2020：2471.

⑤ 刘旭光，连云港市政协学习文史资料委员会，中国民主同盟连云港市委员会. 江恒源教育文集（3）［M］. 北京：群言出版社，2020：1214.

⑥ 刘旭光，连云港市政协学习文史资料委员会，中国民主同盟连云港市委员会. 江恒源教育文集（3）［M］. 北京：群言出版社，2020：1214.

容更为明显。”[①]。在此后的乡村教育工作以及抗日救国运动中，他们经常在全国性各种会议上见面，彼此关照，“不断地讨论教育问题”，共同参加中华职业教育社第七、八次教育专家会议、沪郊农村协进会、中国教育学会第二届年会、湖北教育专家会议等交流活动，一起研究职业学校、职员补习教育、农村改进、生产教育等问题。与蔡元培等百余人联名发表《马克思逝世五十周年纪念会缘起》，“以致真挚之敬意于此近代伟大之思想家”[②]。担任上海文化界救国会执行委员，提出抗日救亡八条主张，支持民族抗日统一战线。

综上可见，中国教育改造特别是乡村教育改造是江恒源与陶行知思想交流的中心话题，他们的思想交集历时长达20年。江恒源说他与陶行知教育思想相通或相近，绝非虚言。

## 第二节　江恒源对陶行知乡村教育试验的观察与评价

陶行知乡村教育试验是以生活教育理论为指导，以晓庄师范为重点，以乡村小学为中心，改造乡村教育和乡村社会的教育创新活动。陶行知把晓庄师范和中心小学作为“生活教育”的试验田，其别具一格的招考方式、教学做合一的教学方法、生活化的课程内容、开放的教学活动等，在社会各界产生了极大影响，吸引了蒋介石夫妇、冯玉祥、蔡元培、梁漱溟、美国教育家克伯屈等许多党政要员、中外教育家、社会名流和各界人士前来参观、访问和学习，有关晓庄的讨论和评论也随之而来。江恒源是当时最早给予陶行知乡村教育试验高度评价的重要人物之一。

### 一、乡村教育试验“树反叛之旗”是乡村教育改造社会的典范

江恒源赞扬陶行知的乡村教育试验竖起了一面针对传统教育的“反叛之旗”，认为这一试验活动主要在两个方面为当时的乡村教育树立了典范。

---

① 陶行知．晓庄三岁敬告同志书［M］//徐莹晖，徐志辉．陶行知论乡村教育．成都：四川教育出版社，2010：157．

② 陶行知．与马相伯、沈钧儒、胡愈之等281人联名发表《上海文化界救国运动宣言》［M］//方明．陶行知全集（第3卷），成都：四川教育出版社，2009：644．

### （一）晓庄师范是"学生练习生活的场所，引导农民改良生活的策源地、模范处"[①]

晓庄师范创建之后，江恒源虽然不在江苏教育厅长任上，但他经常关注陶行知的乡村教育试验进展及效果。在《中国三十年来乡村自治与农村教育》等文章中，江恒源对晓庄师范的办学实践进行了认真细致的观察。他认为，晓庄师范教育以乡村社会为学校，以乡村生活教育为内容，以教学做合一为教育法，仅仅用了3年时间就取得了丰硕成果。晓庄师范先后建立了实验民众学校、民众教育研究会、农艺陈列所、中心木匠店、织袜厂、晓庄商店、乡村医院、中心茶园等。师生与乡民一起兴筑晓庄通过往城里的道路，"组织联防自治会，以谋自卫，帮助村民办理婚丧喜庆等事务"，并组织分队"到农家居留一月，和农民共同生活，以指导农民"[②]。江恒源评价说，短短三年时间内晓庄师范所做的事业、教学做的精神，"已可概见"，"何等可敬"[③]！晓庄师范试验创造出来的办学模式，成为后来乡村师范教育借鉴的样板。在《中国三十年来乡村自治与农村教育》中，江恒源认为晓庄学校是"学生练习生活的场所，引导农民改良生活的策源地、模范处"[④]，赞扬晓庄师范的师生然对过去一味"死读书本""一无实效"的旧式教育"真的失望极了"，能勇敢地"树反叛之旗，另找路径"[⑤]。晓庄学校及其创办的附设机构、设施是对以往关门式的教育，装饰品的教育，不自然的教育，不能救国，不能救民的彻底否定。晓庄师范不愧"是一个革命的师范"[⑥]，其革命意义和首创价值为乡村建设树立了典范。"何等可敬""反叛之旗""革命的师范"等评语，足以见出江恒源对陶行知的钦佩之至。

### （二）中心小学是塑造"活教师"的基地，"救农民救中国的革命军"[⑦]

在筹办晓庄师范的过程中，江恒源十分赞赏陶行知通过办好乡村小学来训练师资，

---

① 刘旭光，连云港市政协学习文史资料委员会，中国民主同盟连云港市委员会．江恒源教育文集（1）[M]．北京：群言出版社，2020：214.

② 刘旭光，连云港市政协学习文史资料委员会，中国民主同盟连云港市委员会．江恒源教育文集（2）[M]．北京：群言出版社，2020：629.

③ 刘旭光，连云港市政协学习文史资料委员会，中国民主同盟连云港市委员会．江恒源教育文集（2）[M]．北京：群言出版社，2020：629.

④ 刘旭光，连云港市政协学习文史资料委员会，中国民主同盟连云港市委员会．江恒源教育文集（1）[M]．北京：群言出版社，2020：210.

⑤ 刘旭光，连云港市政协学习文史资料委员会，中国民主同盟连云港市委员会．江恒源教育文集（2）[M]．北京：群言出版社，2020：629.

⑥ 刘旭光，连云港市政协学习文史资料委员会，中国民主同盟连云港市委员会．江恒源教育文集（2）[M]．北京：群言出版社，2020：629.

⑦ 刘旭光，连云港市政协学习文史资料委员会，中国民主同盟连云港市委员会．江恒源教育文集（1）[M]．北京：群言出版社，2020：213.

以更多的教师办更多的乡村学校以达到改造社会的教育思想。陶行知认为，中心小校是师范学校的中心，办好中心学校是办好师范学校的前提；没有活的师范学校，就不能培养具有“农夫的身手”“科学的头脑”“改造社会的精神”[①] 的活的教师；没有乡村气质活的教师，就不可能“产生有生活力的国民”[②]。在他看来，乡村中心小学是塑造教师最好的试验基地，是教师成长发展的最好平台，于是陶行知格外重视中心小学建设。他特约尧化门小学、燕子矶小学两所中心小学，自建了晓庄小学、神策门小学、黑墨营小学、大象房小学、嘉善寺小学、四颗柳小学。江恒源称赞这些中心小学不仅是“晓庄师范试行小学做学教的中心”，而且是“该校所在地乡村社会改造的中心”[③]。这些小学“学生个个活泼、有礼数，器物件件整洁、有条理，校景布置，处处适宜”。尤为特别的是，学校“一方面注意在学生身上，同时一方面又注意在学生的父兄身上。教成好学生，固是他们的重要目的，因教学生而使学生的家庭也得着了教育的效益，更是他们的重要目的。因此之故，所有他们教育设备、教育方针、教育方法，就不能不特别的注重到社会方面，专以改良社会环境为教育的目的了”[④]。江恒源称赞这类学校“简直可以说是促进农村文化的中心，改良农民生活的要具，也可以说是改革旧式小学教育的先锋队，并且可以说是救农民救中国的革命军”[⑤]。这样的学校与都市小学“绝对不同”“吾侪厕身教育界诸同人，得此固足以自豪”[⑥]。他认为，这种试验无疑是中国乡村学校发展的方向。

## 二、崭新的生活教育试验“正在开头，实如一株宝树，方继萌芽”[⑦]

生活教育理论是陶行知教育理论的核心和灵魂，它植根于乡村教育试验。生活教育理论认为，生活即教育，教育是生活的重要组成部分；生活是社会的生活，生活具

---

① 陶行知. 中国乡村教育之根本改造［M］//徐莹晖，徐志辉. 陶行知论乡村教育. 成都：四川教育出版社，2010：9.

② 陶行知. 中国乡村教育之根本改造［M］//徐莹晖，徐志辉. 陶行知论乡村教育. 成都：四川教育出版社，2010：9.

③ 刘旭光，连云港市政协学习文史资料委员会，中国民主同盟连云港市委员会. 江恒源教育文集（2）［M］. 北京：群言出版社，2020：643.

④ 刘旭光，连云港市政协学习文史资料委员会，中国民主同盟连云港市委员会. 江恒源教育文集（1）［M］. 北京：群言出版社，2020：212.

⑤ 刘旭光，连云港市政协学习文史资料委员会，中国民主同盟连云港市委员会. 江恒源教育文集（1）［M］. 北京：群言出版社，2020：210.

⑥ 刘旭光，连云港市政协学习文史资料委员会，中国民主同盟连云港市委员会. 江恒源教育文集（1）［M］. 北京：群言出版社，2020：74.

⑦ 刘旭光，连云港市政协学习文史资料委员会，中国民主同盟连云港市委员会. 江恒源教育文集（6）［M］. 北京：群言出版社，2020：2471.

有教育的意义，也就是社会具有教育的意义。乡村教育试验的全部课程就是乡村社会生活，课程实施的原则和方式“以生活为中心，以学生全人、全校、全天的生活为中心”[①]。江恒源对这种开放的、生活化的教育试验很感兴趣。他不仅认真研究晓庄师范学校的课程内容，还深入乡村中心小学仔细观察生活教育过程。他说：“人人离不了生活”“离生活没有教育可言，要教育必定以生活为根据”[②]。陶行知的生活教育“没有一定课本，并不是没有课本；种一棵植物，常常观察它的生长状况，和它的外部形态，切断了，用显微镜考察它的内部组织，记载下来，经过指导员的订正，这就是活课本”[③]。生活教育“不要固定的教室，并不是没有教室。在田里头种麦子，这是生活，那末，田里头就是他们的教室……柳树下、水池边、花阶前、松阴下，就是他们的教室”[④]。晓庄师范的学生经常“至村庄联络，排难解纷，专任乡间零星事务”“兼办乡村医院，学生既可借此练习，又可以联络乡人感情”“外人睹此现象，以为奇异，实则均系切实工作，毫无假借，农民所得之利益无穷”[⑤]。在燕子矶小学、尧化门小学等学校考察时，江恒源看到学生不但读书识字，也参加乡村教育活动，以及换种、除害、耕植种种等农事之改良，还包括补路、清洁道路河渠、举行音乐会、同乐会等，生活教育同样丰富多样，生机盎然。他禁不住赞叹说，陶行知“创出‘生活教育’的理论，并且从事‘生活教育’的实验，崭新事实，正在开头，实如一株宝树，方继萌芽”[⑥]。这种教育犹如“鱼到水里”畅游不已，“鸟到树林”自由飞翔，也像“春光之下的花草”欣欣向荣[⑦]。

---

① 陶行知．我之学校观［M］//徐莹晖，徐志辉．陶行知论生活教育教育．成都：四川教育出版社，2010：71.

② 刘旭光，连云港市政协学习文史资料委员会，中国民主同盟连云港市委员会．江恒源教育文集（1）［M］．北京：群言出版社，2020：210.

③ 刘旭光，连云港市政协学习文史资料委员会，中国民主同盟连云港市委员会．江恒源教育文集（1）［M］．北京：群言出版社，2020：210.

④ 刘旭光，连云港市政协学习文史资料委员会，中国民主同盟连云港市委员会．江恒源教育文集（1）［M］．北京：群言出版社，2020：210.

⑤ 刘旭光，连云港市政协学习文史资料委员会，中国民主同盟连云港市委员会．江恒源教育文集（2）［M］．北京：群言出版社，2020：342.

⑥ 刘旭光，连云港市政协学习文史资料委员会，中国民主同盟连云港市委员会．江恒源教育文集（6）［M］．北京：群言出版社，2020：2471.

⑦ 徐特立，范文澜．延安新教育会致函陶行知先生庆祝生活教育社十五周年［N］．解放日报，1992-3-15（1）.

## 三、“教学做合一法”是“奇特”的“生活法”“破天荒的教育法”[①]

传统乡村教育专注知识传授，培养出来的学生不能适应乡村和农民的真正需要。如何改造乡村教育，陶行知采用的方法是“教学做合一”“教的法子根据学的法子，学的法子根据做的法子”[②]。教师要“在做上教，做便是教；学生要做上学，做便是学”[③]。比如种稻，教师一边在田里讲解如何如何育苗、插秧、除草，一边在田里做示范；学生一边在田里听讲解，一边在学育苗、学插秧、学除草。“教与学都以做为中心”[④]。这种反传统的教育方法令江恒源耳目一新。他说：“晓庄师范内的所有生活，对外的一切问题，皆由学校各部指导学生去做，他们的教法根据学的法子，学法根据做的法子。离开了事实不做，那末学不是真学，教也不是真教。在做上教在做上学的，所得知识，才是有效，才是真实”[⑤]。晓庄师范没有聘用多少职员，学校很多事务都是师生共同承担。也不用几个校工，做饭、扫地、汲水、挑粪等事务都是由师生共同做的。“他们更没有堂课，是在做事当中，增进新经验，寻求真知识”[⑥]“他们不是一味读死书的，有了生活的需要，要印证古人的知识，当然要去请教古人。他们要去做生活上的实事，要把事做好，这就是把未进步的不圆满的不高尚的生活，改造成进步的圆满的高尚的生活”[⑦]。晓庄师范的教育方法“是用科学的、艺术的、道德的教育法，来培养学生生活、锻炼学生生活、指导学生生活的。随时随地要生活，即随时随地给他们一种进步的生活法”[⑧]。晓庄师范“无论何事，只要是生活上所必需，皆要去教一番，学一番，做一番，教学做合一的去磨炼一番”。他们的教育方法，“不是教授法，也不是教学法，

---

① 刘旭光，连云港市政协学习文史资料委员会，中国民主同盟连云港市委员会. 江恒源教育文集(1)［M］. 北京：群言出版社，2020：215.

② 陶行知. 中国乡村教育之根本改造［M］//徐莹晖，徐志辉. 陶行知论乡村教育. 成都：四川教育出版社，2010：9.

③ 陶行知. 教学做合一［M］//徐莹晖，徐志辉. 陶行知论乡村教育. 成都：四川教育出版社，2010：86.

④ 陶行知. 教学做合一［M］//徐莹晖，徐志辉. 陶行知论乡村教育. 成都：四川教育出版社，2010：86.

⑤ 刘旭光，连云港市政协学习文史资料委员会，中国民主同盟连云港市委员会. 江恒源教育文集(2)［M］. 北京：群言出版社，2020：629.

⑥ 刘旭光，连云港市政协学习文史资料委员会，中国民主同盟连云港市委员会. 江恒源教育文集(2)［M］. 北京：群言出版社，2020：629.

⑦ 刘旭光，连云港市政协学习文史资料委员会，中国民主同盟连云港市委员会. 江恒源教育文集(1)［M］. 北京：群言出版社，2020：210.

⑧ 刘旭光，连云港市政协学习文史资料委员会，中国民主同盟连云港市委员会. 江恒源教育文集(1)［M］. 北京：群言出版社，2020：210.

只是生活法”“是破天荒的教育法”[①]。江恒源称赞陶行知提出的教育方法，但对其适用性提出了自己的看法。他说：师范生实习到小学“去做去教，好比学工的在工厂里，学农的在农场里一样，岂不好么？但是他尚在试验时期，我们办师范教育的人，马上就去跟他一样做，恐怕也很危险。”[②] 教学做合一方法是科学的，但在什么时间、什么情况下、什么范围内使用是有一定条件的。

总的来看，在江恒源的心目中，陶行知是“眼光远大，思想精密，魄力雄厚，意志坚强”的乡村教育家。他的乡村教育试验是改造中国社会的伟大实践，他创造的生活教育理论，是对“死读书”“读死书”的旧教育“所下的一颗有力的原子弹”[③]。他倡导的教学做合一法是科学的富有生命活力的教育法。陶行知先生是“旧教育的革命者”“新教育的创造者”[④]。

## 第三节　江恒源对陶行知乡村教育思想的学习与借鉴

江恒源亲历了陶行知乡村教育试验的酝酿、产生和发展的过程，不断为陶行知敏锐开放的富有智慧的教育理念和鲜活的教育实践所折服。

### 一、以乡村学校为中心“改善一切生活，促社会之进步”[⑤]

在为什么要改造乡村教育，江恒源与陶行知的认识高度一致。20 世纪 20 年代，民国乡村人口占中国社会的 85%，但乡村学校的数量远远不能满足民众对教育的需要数量，乡村教育不仅规模小，而且完全以城市为价值取向，严重脱离乡村社会实际，“它教人离开乡村向城里跑，教人吃饭不种稻……”[⑥]。乡村教育迷失了方向，“走错了路”，

---

① 刘旭光，连云港市政协学习文史资料委员会，中国民主同盟连云港市委员会．江恒源教育文集（1）［M］．北京：群言出版社，2020：210.

② 刘旭光，连云港市政协学习文史资料委员会，中国民主同盟连云港市委员会．江恒源教育文集（1）［M］．北京：群言出版社，2020：430－431.

③ 刘旭光，连云港市政协学习文史资料委员会，中国民主同盟连云港市委员会．江恒源教育文集（6）［M］．北京：群言出版社，2020：2471.

④ 刘旭光，连云港市政协学习文史资料委员会，中国民主同盟连云港市委员会．江恒源教育文集（6）［M］．北京：群言出版社，2020：2471.

⑤ 刘旭光，连云港市政协学习文史资料委员会，中国民主同盟连云港市委员会．江恒源教育文集（1）［M］．北京：群言出版社，2020：135.

⑥ 陶行知．中国乡村教育之根本改造［M］//徐莹晖，徐志辉．陶行知论乡村教育．成都：四川教育出版社，2010：9.

必须悬崖勒马，另找生路。陶行知认为乡村教育的使命是“教民造富、教民均富、教民用富、教民知富和教民拿民权以遂民生而保民族”[①]，乡村学校应根据乡村需要，“做改造乡村生活的中心”，“乡村教师做改造乡村生活的灵魂”[②]，培养具有生活力的人才，全面参与乡村政治经济文化活动。江恒源在多次讲演中直接引用了陶行知的上述观点。他说：“中华本以农立国，但现在外国输进者，已达一万万元以上矣，此三万万五千万人民无教育，生产每年减少，试问国家何以立？民族何以存？”[③]江恒源犀利地指出，中国自创办新式教育以来，形成了注重都市、忽视乡村的陋习，“从前的教育走错了路，他教男学生变做少爷，女学生变做小姐”[④]；师范学校误入“迷途”，它“教人离开农村，不事生产”[⑤]；中等职业教育“办得太坏，与农民社会，毫不发生关系”[⑥]。江恒源认为，农村改进试验与陶行知的乡村教育试验都是为了矫正时弊，救济全国三万万五千万农民。他号召有志青年，“一齐到乡间去”，去办农村学校，“使一个乡村学校，成为一个乡村社会的中心”[⑦]，让学校的活动变成社会的活动，“假教员与学生之活动，以放射于社会，博得社会之极端信仰；复假毕业生服务之效能，改善一切生活，促社会之进步”[⑧]。从城乡教育极不平衡，到旧教育误入歧途，从乡村教育历史使命，到改造乡村社会，江恒源对当时教育存在问题的看法与陶行知不谋而合。

## 二、实施生活教育要“和社会沟通”“注意到职业问题”[⑨]

如何改造乡村教育？陶行知主张学校教育应打破自设的藩篱，与大自然、大社会

---

① 陶行知．晓庄三岁敬告同志书［M］//徐莹晖，徐志辉．陶行知论乡村教育．成都：四川教育出版社，2010：157.

② 陶行知．中华教育改进社改造全国乡村教育宣言书［M］//徐莹晖，徐志辉．陶行知论乡村教育．成都：四川教育出版社，2010：47.

③ 刘旭光，连云港市政协学习文史资料委员会，中国民主同盟连云港市委员会．江恒源教育文集（1）［M］．北京：群言出版社，2020：332.

④ 刘旭光，连云港市政协学习文史资料委员会，中国民主同盟连云港市委员会．江恒源教育文集（2）［M］．北京：群言出版社，2020：469.

⑤ 刘旭光，连云港市政协学习文史资料委员会，中国民主同盟连云港市委员会．江恒源教育文集（1）［M］．北京：群言出版社，2020：332.

⑥ 刘旭光，连云港市政协学习文史资料委员会，中国民主同盟连云港市委员会．江恒源教育文集（1）［M］．北京：群言出版社，2020：332.

⑦ 刘旭光，连云港市政协学习文史资料委员会，中国民主同盟连云港市委员会．江恒源教育文集（5）［M］．北京：群言出版社，2020：2022.

⑧ 刘旭光，连云港市政协学习文史资料委员会，中国民主同盟连云港市委员会．江恒源教育文集（1）［M］．北京：群言出版社，2020：135.

⑨ 刘旭光，连云港市政协学习文史资料委员会，中国民主同盟连云港市委员会．江恒源教育文集（2）［M］．北京：群言出版社，2020：592.

相联系，所谓“到处是生活，即到处是教育”[①]。陶行知在介绍自己的学校观说：“学校以生活为中心。一天之内，从早到晚莫非生活，即莫非教育之所在。一人之身，从心到手莫非生活，即莫非教育之所在。一校之内，从厨房到厕所莫非生活，即莫非教育之所在。学校有死的有活的，那以学生全人、全校、全天的生活为中心的，才算是活学校。死学校只专注在书本上做功夫。介于二者之间的，可算是不死不活的学校。”[②]在陶行知看来，从生活中学习，学习无处不在，学校本是社会的一部分，而传统教育与社会、生活分离，变成了“死教育”。陶行知推行乡村教育试验，就是要变“死教育”为“活的教育”。“活的教育”要求打破关门办学的陈规陋习，拆去学校与社会的围墙，主动与乡村社会建立广泛联系，“与农业携手”，以丰富生动的内容弥补课堂教育、书本知识的不足，纠正学校教育的狭隘性与片面性，改革学用脱节的教育模式，促进生活与教育相结合，以实现教育与社会一体化。江恒源不仅肯定陶行知“活的教育，真的教育”的价值取向，而且主张把生活教育与职业教育联系起来。他认为，人的生活是多方面的，总的归为物质和精神两大类。这两类之间存在着紧密的关系。“职业是占人类生活中最重要部分，他是能横亘于物质精神两方面，也可以说是一切生活的源泉，一切生活的主干”[③]。农村改进是以乡村教育为中心，提高农人文化水平，改进农业生产，改良农村生活，促进农村进步发展的乡村建设活动。农村改进实施生活教育，“首先注意到职业问题，认定职业是占全部生活中的重要地位……教育是为预习职业，那末，职业与教育的关系，也就可想而知了”[④]。江恒源认为职业教育是生活教育的重要组成部分，“要和家庭联络，和社会沟通”“与农村联络一气”“与农民切实携手”[⑤]，“学校内须组成职业指导部，务使各种课程，在可能范围内使其‘职业化’”[⑥]。学生学习之后，“便可增进产业上的知识技能。同时要注重体育，注重劳动，注重处理事务才能的训练，注重团体生活习惯地养成”[⑦]。由此可见，江恒源主张把职业教育纳入生活教育的内容，强调职业教育只有同生活教育联系起来，才能使职业教育发挥效力。

---

① 陶行知. 什么是生活教育［M］// 徐莹晖，徐志辉. 陶行知论生活教育. 成都：四川教育出版社，2010：147.

② 陶行知. 陶行知文集［M］. 太原：山西教育出版社，2021：107.

③ 刘旭光，连云港市政协学习文史资料委员会，中国民主同盟连云港市委员会. 江恒源教育文集（2）［M］. 北京：群言出版社，2020：585.

④ 刘旭光，连云港市政协学习文史资料委员会，中国民主同盟连云港市委员会. 江恒源教育文集（2）［M］. 北京：群言出版社，2020：585.

⑤ 刘旭光，连云港市政协学习文史资料委员会，中国民主同盟连云港市委员会. 江恒源教育文集（5）［M］. 北京：群言出版社，2020：1662.

⑥ 刘旭光，连云港市政协学习文史资料委员会，中国民主同盟连云港市委员会. 江恒源教育文集（2）［M］. 北京：群言出版社，2020：614.

⑦ 刘旭光，连云港市政协学习文史资料委员会，中国民主同盟连云港市委员会. 江恒源教育文集（2）［M］. 北京：群言出版社，2020：585.

## 三、乡村教育“教根于学”“学根于做”“做是学之始”“教是学之成”[①]

改造乡村教育重点在于改造教育方法。传统教育“教用脑的人不用手，教不用手的人用脑”[②]。学校成为名副其实的书呆子制造厂，学生成了不会生产劳动的“废物”。这种教育“只有思想，没有行动”“是死的教育。”陶行知认为，生活教育是行动的教育，要求“教与学都以做为中心”，“教学做是一件事，不是三件事”[③]。在生活教育中，教学做是互相联系、互相促进、相辅相成的三个方面，是生活法也是教育法。“教而不学”或“学而不做”，都不是真正的生活教育，都不能培养出具有生活能力和创新能力的人。为了试验生活教育法，陶行知有意让师生经历农民的困苦生活，训练教师形成“农夫的身手”，培养学生刻苦耐劳的忍耐力，以造就新一代乡村劳动者。必须指出的是，陶行知强调做为中心，这个“做”是以教、学为目的的“做”，并不排斥讲授、讨论交流、练习巩固等教学方法，要求教师在实践的基础上引出相关知识，便于学生理解、记忆和掌握。陶行知的乡村教育法引起了江恒源的极大关注。在《农村教师的使命》等文章中，江恒源一再引述陶行知反对“死的教育”观点。他说：“从前的人都是头与手分开的，用头脑的人都是不动手的，而动手的人都是不用动脑的，所以才会造成今日国势危亡的现象。”[④] 他强调，“无论何种学校，何种学校课程，必使教学做三者同时并重”[⑤]，乡村学校的“各项课程，或用讲解，或用读阅，或用讨论，或用实习，或用调查，各视其性质所宜，分别学做”[⑥]。江恒源认为，课程的教法、学法、习法、做法，都应该是活的、切合实际的，学生要通过学习学生活，接触社会，而“不是读死书，并不是做死事”[⑦]。对于教学做三者之间的关系，江恒源有几句经典的话，即

---

① 刘旭光，连云港市政协学习文史资料委员会，中国民主同盟连云港市委员会. 江恒源教育文集（5）［M］. 北京：群言出版社，2020：1641.

② 陶行知. 教学做合一下之教科书［M］//徐莹晖，徐志辉. 陶行知论生活教育. 成都：四川教育出版社，2010：20.

③ 陶行知. 陶行知文集［M］. 太原：山西教育出版社，2021：14.

④ 刘旭光，连云港市政协学习文史资料委员会，中国民主同盟连云港市委员会. 江恒源教育文集（5）［M］. 北京：群言出版社，2020：1662.

⑤ 刘旭光，连云港市政协学习文史资料委员会，中国民主同盟连云港市委员会. 江恒源教育文集（1）［M］. 北京：群言出版社，2020：135.

⑥ 刘旭光，连云港市政协学习文史资料委员会，中国民主同盟连云港市委员会. 江恒源教育文集（1）［M］. 北京：群言出版社，2020：135

⑦ 刘旭光，连云港市政协学习文史资料委员会，中国民主同盟连云港市委员会. 江恒源教育文集（2）［M］. 北京：群言出版社，2020：744.

“教根于学”“学根于做”“做是学之始”“教是学之成”[①]。他要求从事农村改进工作的同志，注意学习和运用陶行知生活教育法，“凡做做此，凡学学此，凡教教此”[②]，对己、对人、对事、对物的一切动作，都应这样。只有一面做一面学，从做中学，才能在教学做的统一中求得系统的知能。从措辞用语，到行文语气，再到思想内容，江恒源与陶行知一脉相承。

## 四、乡村教师“要有劳工的身手”“科学的头脑”“社会改造家的精神”[③]

乡村教育改造关键在于造就“活教师”。陶行知认为，好的乡村教师不仅能够办理学校，“使学校气象生动”，而且要置身于乡村社会实践中，成为“改造乡村生活的灵魂”，促进乡村社会的改造与发展。他要求乡村教师要有爱心和奉献精神：爱学生要把心献给乡村儿童，爱农民要把心献给农民。在《中国乡村教育之根本改造》等文章中，陶行知多次提出乡村教师的标准，“第一有农夫的身手，第二有科学的头脑，第三有改造社会的精神”[④]。在他看来。乡村教师如果没有农人的身手就不知道农人的苦处，更不能与农人合作，要化农人必先自己农人化；没有健康的体魄，就难以达到改造乡村、建设乡村的目标。乡村教师光会干农事还不行，还必须有科学的头脑，依靠科学才可以使农业生产发展，使农人社会进步。乡村教师要把学校教育变成发电机，把电力送到农家去，使家家发出光明，每个学生就是活的电线，把学校和社会连接起来。江恒源非常赞同陶行知的乡村教师标准。认为乡村师范“应以养成能教育农家子弟之好教师为目的”“好教师，不仅能教成农家好子弟，并且可以教成许多好农民”[⑤]。什么样的乡村教师才是“好教师”？他认为，乡村教师“读书之外，自己种田，自己烧饭，养成农夫的身手、科学的头脑，将来服务社会，成绩一定是很好的”[⑥]。关于如何培养适应乡村的教师，江恒源提出了三个要求：首先，要有下定“到乡村去”的决心；其次，

---

① 刘旭光，连云港市政协学习文史资料委员会，中国民主同盟连云港市委员会. 江恒源教育文集（5）［M］. 北京：群言出版社，2020：1645.

② 刘旭光，连云港市政协学习文史资料委员会，中国民主同盟连云港市委员会. 江恒源教育文集（5）［M］. 北京：群言出版社，2020：1636.

③ 陶行知. 中国乡村教育之根本改造［M］//徐莹晖，徐志辉. 陶行知论乡村教育. 成都：四川教育出版社，2010：9.

④ 陶行知. 中国乡村教育之根本改造［M］//徐莹晖，徐志辉. 陶行知论乡村教育. 成都：四川教育出版社，2010：9.

⑤ 刘旭光，连云港市政协学习文史资料委员会，中国民主同盟连云港市委员会. 江恒源教育文集（1）［M］. 北京：群言出版社，2020：135.

⑥ 刘旭光，连云港市政协学习文史资料委员会，中国民主同盟连云港市委员会. 江恒源教育文集（2）［M］. 北京：群言出版社，2020：469.

“要有劳工的身手，要有科学的头脑，要有社会改造家的精神，能用手用脑的，去教育孩子，去改造社会”①；再次，“要做农民的友朋，勿做农人的先生，使人民望之生畏、不敢亲近”②。很明显，他的这些要求均源于陶行知，并且化用了陶行知乡村教师要化农民和农民化的观点。

江恒源在《职业教育之理论与实际·序》中坦言，相比职业教育，他对乡村教育有更加浓厚的兴趣，这与陶行知的乡村教育试验及其影响有密切关系。《江恒源教育文集》中，乡村教育、农村改进等论述文字占比将近三分之一。在这些论述中，陶行知乡村教育思想的灵魂弥漫字里行间。一切历史都是思想史。“思想是教育家想过的路，实践是思想家走过的路”③。陶行知乡村教育试验想过走过的路，也正是江恒源农村改进试验的学习之路、融合之路和发展之路。

## 第四节　陶行知和江恒源乡村教育探索的启示

陶行知的乡村教育试验和生活教育理念成为江恒源职业教育思想的重要滋养。江恒源的“富教合一”“政教合一”等农村改进思想也给了陶行知一些启发。他们改造中国的大胆试验，为当代农村职业教育发展提供了“悠长启示”。

### 一、农村职业学校应成为乡村振兴的“发电机”

近代以来，在国家陷入生死存亡之际，一部分开眼看世界的人，把教育看成是救国救民的根本。陶行知、江恒源就是其中的坚定笃行者。陶行知认为，民富国强，根基在教育，重点在乡村。要改造中国社会，必先改造中国乡村；要改造乡村，教育必须下乡扎根，让乡村教育成为农民生产“致富”的“发电机”。以“职教救国”为其志的江恒源，试图以农村职业教育为中心帮助农民提高文化知识，促进农村生产、提高“自治”能力，建设乡风文明。他们的探索尽管带有理想主义的色彩，但是他们“教民致富”“改善一切生活，促社会之进步”的实践，对于当代农村仍然有很强的现实意义。改革开放特别是新世纪以来，在工业化和城镇化的浪潮中，大批农民远走城市，

① 刘旭光，连云港市政协学习文史资料委员会，中国民主同盟连云港市委员会．江恒源教育文集（2）[M]．北京：群言出版社，2020：629.

② 刘旭光，连云港市政协学习文史资料委员会，中国民主同盟连云港市委员会．江恒源教育文集（1）[M]．北京：群言出版社，2020：342.

③ 李剑萍，杨旭．总序·原创型教育家的文化自觉与现代中国教育体系之形成 [M] //谢长法．教育家黄炎培研究．济南：山东 人民出版社，2016：38.

“留下大片抛荒的土地和‘空心’的村落”[1]，农村职业教育失去了天然优势，“轻农、离农、弃农”问题日益突出。目前，农村职业学校仅剩237所，2018年，涉农专业年招生数已不足40万人[2]，各类农业生产经营人员接受技能培训的比例仅为32.9%，其中接受农业技能培训的比例仅为8.7%[3]。中国现代化的短板在乡村，乡村振兴的基础在农村职业教育。《中共中央国务院关于实施乡村振兴战略的意见》《乡村振兴战略规划（2018—2022年）》充分肯定了农村职业教育在提升农村人口文化素质、培训致富技能、促进农村产业转型等方面的重要作用。乡村振兴关键在人才，重点在振兴农村职业教育。因为农村职业教育立足于农村，学生来源于农村，毕业扎根、服务于农村。改革开放以来的农村发展历史证明，农村职业教育贴近“三农”，农业人才就“姓农”，农民就有致富新本领，农业生产就有发展“新动力”。

## 二、农村职教要“与农业携手”“与农村联络一气”[4]

生活即教育，生活是教育的中心，教育必须与生活相联系、相一致。陶行知批评教育躲在象牙塔，教育与农业各干各的、不相闻问、互相不沟通，乡村教育成了空洞的教育、分利的教育、消耗的教育。他提出要打破学校与社会之隔阂，“教育与农业携手”。1925年，黄炎培提出“大职业教育主义”的观念，主张职业教育须和职业界努力地“沟通联络”。陶行知第一个做出响应，“若囿于职业，不能办好职业教育；囿于教育，亦办不好职业教育”[5]。办职业教育最危险的是“为教育而教育”，如果没有一个大联合，最后只能培养出脱离社会“一无所能，一无所用”的人。江恒源十分欣赏陶行知的生活教育理念，认为农村教育只有竭力使其“职业化”，才能真正发挥推动农村经济发展的作用。陶行知、江恒源提出的教育“大联合”“携手”“联络”等问题，今天仍然没有得到很好的解决。“受多种因素影响，目前我国农村职业教育产教融合发展的动力不足，校企合作处于浅层次、自发式、松散型、低水平状态”[6]。“离农”的专业结

---

① 王乐．乡村教育“离土性”的话语隐喻分析［J］．教育研究与实验，2019，187（2）：10－15.

② 张旭刚．乡村振兴战略下农村职业教育产教融合发展的国际比较与路径［J］．教育与职业，2020，966（14）：80－87.

③ 高峰．乡村振兴战略下农村职业教育发展现状及应对策略［J］．职教论坛，2019，704（4）：135－138.

④ 刘旭光，连云港市政协学习文史资料委员会，中国民主同盟连云港市委员会．江恒源教育文集（1）［M］．北京：群言出版社，2020：350.

⑤ 陶行知．事业之境界［M］//陶行知选集（三卷本）：第1卷．北京：教育科学出版社，2011：154.

⑥ 高峰．乡村振兴战略下农村职业教育发展现状及应对策略［J］．职教论坛，2019，704（4）：135－138.

构大多面向城市，与农业产业结构不匹配，专业设置与人才培养难以融入农村产业链，培养的学生几乎全部流向了城市。在国家高度重视乡村振兴、农村职业教育的背景下，农村职校要兼顾城市化趋势进行专业设置的同时，要主动适应乡村振兴战略，根据农村产业结构升级趋势，集中资源办好现代农业技术、乡村生态旅游等复合型涉农专业（专业群），改造传统专业（如将机电、市场营销等改造为农业机械、农产品营销方向等），以增强融入乡村产业链的适应性。

## 三、农村职教要培养适应农村的“新乡贤”教师

古代乡村社会，乡村教师往往扮演着“文化持有者”、“教育代言人”、教化乡民的“文化人”、引领乡村风尚的“道德人”和维持乡村秩序的“政治人”的角色。近代以来，教师的这些角色日益淡化和消解。陶行知的乡村教育目标是造就适应乡村生活的教师，其培养规格是具有坚定教育信念、人格修养、创造与开辟的精神、康健的体魄、农夫的身手、科学的头脑、艺术的兴趣、改造社会的精神，“变”的本领，学习与引导的能力，改造社会的能力，经师与文化传递的能力等。江恒源认为农村教师要“懂农民”“知农事”，有“爱乡爱国的意识和情感”“为群服务”的道德，掌握农事、卫生、医学、合作社、乡村自治等自然科学和社会科学的基本知识。不仅是会教书的专才，而且是在农事知识普及、农业技能培训、新技术应用、乡村自治辅助、乡风文明建设等方面能够发挥作用的全才。陶行知、江恒源的认知和今天主流意识形态关于乡村教师的价值取向基本一致。2018 年，中共中央、国务院《关于全面深化新时代教师队伍建设改革的意见》、教育部《关于加强新时代乡村教师队伍建设的意见》等文件指出，“突显教师职业的公共属性，强化教师承担的国家使命和公共教育服务的职责”[①]“引导教师立足乡村大地，做乡村振兴和乡村教育现代化的推动者和实践者”“发挥乡村教师新乡贤示范引领作用，塑造新时代文明乡风，促进乡村文化振兴”[②]。在乡村振兴背景下，农村职业教育不能只关注传道授业、公共教育、立德树人、培训技能，还要赋予乡村教师“教民造富”“教民用富”，参与乡村治理，引领乡风文明，传承和创新乡村文化，建设新时代美丽乡村的历史使命。

---

① 中共中央、国务院. 关于全面深化新时代教师队伍建设改革的意见 [J]. 中华人民共和国国务院公报. 2018，1616（05）：16－23.

② 教育部等六部门关于加强新时代乡村教师队伍建设的意见教师（〔2020〕5 号）[EB/OL]. [2023－10－12]. http：//www. moe. gov. cn/srcsite/A10/s3735/202009/t20200903_484941. html

# 第七章

# 江恒源的高中国文教学理论

江恒源一生涉猎广泛，著述颇丰。除了研究职业教育，他在哲学、伦理学、历史学、诗学、文字学等方面均有建树，出版了《中国先哲人性论》《伦理学概论》《孔子》《中国诗学大纲》《补斋诗存》《中国文字学大意》等论著。江恒源还是我国20世纪初国文教学论的探索者，在高中国文教学方面既有理论研究也有实践探索，他的一些有关高中国文教学的理论观点和实际做法对当下依然具有启发意义和借鉴价值。

## 第一节　江恒源高中国文教学的理论和实践探索

1923年，江恒源在《益世报》上发表了《国文学教学法商榷》一文，重点探讨高中国文教学问题。1928年5月，商务印书馆出版了江恒源主编的新学制高级中学教科书《国文读本》，同年还出版了江恒源编写的《高级中学国文读本分周教学方法纲要》。如果说《国文学教学法商榷》是江恒源对高中国文教学的理论探索，那么，其后的教材编写和分周教学方法纲要，就是他高中国文教学的实践尝试。本节以江恒源的这篇文章和两部论著为研究对象，从教学目的、教学内容、教学方法、教材编写、教学安排、教学条件六个方面分析他的高中国文教学思想。

### 一、教学目的

在民国时期出版的教学法论著中，专门探讨高中国文教学法的著作并不多，江恒源应该说是早期对高中国文教学问题进行系统探讨的先驱。《国文学教学法商榷——以讨论高级中学国文教学问题为主旨》原载于1923年的《益世报》，主要内容就是探讨高中的国文教学问题。文章分为四个部分：①吾何为而作斯文（作斯文之动机）；②关于国文学上之见解；③各级学校国文教学之标准；④高级中学国文学教学方法。

江恒源认为，从小学到大学可划分五个阶段，即前期小学、后期小学、初级中学、高级中学、大学。这五个阶段对应五个时期，分别是“学语”时期、“学文（指白话文）兼学语”时期、“学文”时期、“学文学”时期和“专修中国文学”时期。在此基础上，他还提出了各阶段的教学要旨及目的：第一阶段练习语言技能；第二阶段练习语言及作文技能；第三阶段练习作文技能；第四阶段能对普通国文学有系统的研究；第五阶段能对国文学有精深的研究①。

按照他的划分，高中属于第四阶段。江恒源认为，这一阶段“学生之心能益进，求知之欲正强，读书习惯，既渐养成”②,“盖此时之所以为教，所以为学，皆不能以‘文’为限，势须扩充范围进而入于‘文学’之域”③。因此，这一时期语文教学的重点是培养学生读书的习惯和文学的趣味，养成学生文学的识别、欣赏和创造能力。江恒源认为“教学文学，目的不外三端”，即“①养成学生欣赏力；②养成学生创造力；③养成学生识别力”。欣赏之力，关键在于“审美之感与活泼之知，必使之互相为用，以各尽其能”；创造之功，往往“先之以摹仿，展读佳文，大增兴趣”④，要慎重选择，力求功夫到家；识别之能包括能“读古书”和能“辩文质”两个方面，关键是“学”和“识”，所谓“学非积不富，识非练不精”⑤。江恒源从文学角度来确定高中语文的教学目的，虽然与今天我们的高中教学目的有所不同，但在当时来说，是有一定意义和价值的。

## 二、教学内容

在《国文学教学法纲要》里，江恒源把高中语文教学方法分为三部分内容，即执教者的教学组织（甲项）、学习者的学习方法（乙项）以及学校的教学设备（丙项）。实际上，在执教者的教学组织（甲项）里，他主要谈的是教学内容。江恒源将教学内容分为六部分，在六部分之前又有“总论”一编，计七部分⑥。①总论，包括文学之起

---

① 刘旭光，连云港市政协学习文史资料委员会，中国民主同盟连云港市委员会．江恒源教育文集（1）［M］．北京：群言出版社，2020：28－32.

② 刘旭光，连云港市政协学习文史资料委员会，中国民主同盟连云港市委员会．江恒源教育文集（1）［M］．北京：群言出版社，2020：29.

③ 刘旭光，连云港市政协学习文史资料委员会，中国民主同盟连云港市委员会．江恒源教育文集（1）［M］．北京：群言出版社，2020：30.

④ 刘旭光，连云港市政协学习文史资料委员会，中国民主同盟连云港市委员会．江恒源教育文集（1）［M］．北京：群言出版社，2020：27.

⑤ 刘旭光，连云港市政协学习文史资料委员会，中国民主同盟连云港市委员会．江恒源教育文集（1）［M］．北京：群言出版社，2020：27－28.

⑥ 刘旭光，连云港市政协学习文史资料委员会，中国民主同盟连云港市委员会．江恒源教育文集（1）［M］．北京：群言出版社，2020：33－34.

源、定义、范围，治文学之工具，文学与国学的关系及文学在国学中的地位，文学与地域、思想、政治的关系；文体骈散之特质及变迁、小说之源流及价值等内容，目的是让学生了解文学知识，洞悉古今学术渊源。②文原——文字学，包括“字形”“字音”“字义”三项，用以帮助学生了解语言文字的起源与变迁。③文式——文式学（又称文学分类学），用以引导学生区分古今文章的种类与体裁，“于每一类之始，必论究其分类之主旨，本类文章之特性，各家作品之特色”。④文法——文法学，在初中的基础上“再扩而大之”，“须就古籍文句中各种特殊词性，提出条例，加以解释”。⑤文辞——修辞学，“以古今作品为例，分别说用其法则”，重在关注“文辞”。⑥文术——作文法，专论“句法”“章法”“篇法”之构造，在初中的基础上“扩而大之，提出要点，加以详释”。⑦文史——文学史，“就古今文学之变迁，摘要叙述”。

江恒源认为，以上七部分内容构成了普通国文学的全部，应该说他的这种概括是比较系统全面的。但是，江恒源同时强调，高中教学应以“总论”“文原”“文式”为中心。其中，“文原”（文字学）是治文学之唯一工具，“不解文形，即为‘识不得字’；不解字音，即为‘读不成文’；不解字义，即为‘看不懂书’”[①]，所以必须重视“文原”；“文式”在各部中居最重要地位，因为这里涉及选文问题，选什么文章，选哪一类文体的文章，涉及到文章分类学问题，“精致粗放，价值亦迥殊矣”[②]。

## 三、教学方法

高中国文究竟怎么教、怎么学，是一个关键问题。江恒源特别强调以下几种教学方法，而且这些方法都是互相关联的。

一是读书法。江恒源认为，学生读书与教师讲解相比，其效力尤大。他把书分为三类：精读之书、必读之书、浏览之书。江恒源主张高中学生在三年之内“精读之书，能有十余部；必读之书，能有二十余部；浏览之书，能有三四十部”[③]。他认为关于“孰宜精读，孰宜浏览，孰须摘要，孰须批评”等的问题[④]，教师须加强指导。他将读书分为在校读和假期读两种，主张教师要有计划地指导学生阅读，“由教员列出书目，划定范围，任学生自择。如学生不愿意读教员所指定之书，亦可自行选读，惟必事前

---

① 刘旭光，连云港市政协学习文史资料委员会，中国民主同盟连云港市委员会. 江恒源教育文集（1）[M]. 北京：群言出版社，2020：35.

② 刘旭光，连云港市政协学习文史资料委员会，中国民主同盟连云港市委员会. 江恒源教育文集（1）[M]. 北京：群言出版社，2020：35.

③ 刘旭光，连云港市政协学习文史资料委员会，中国民主同盟连云港市委员会. 江恒源教育文集（1）[M]. 北京：群言出版社，2020：38.

④ 刘旭光，连云港市政协学习文史资料委员会，中国民主同盟连云港市委员会. 江恒源教育文集（1）[M]. 北京：群言出版社，2020：36.

经过教员之审核同意乃可"[①]。这些做法既留给学生自主阅读的空间，又能发挥教师的指导审核作用，能有效预防学生阅读的随意性和盲目性。

二是抄录法。江恒源认为，"读书之际，须辅之以抄录，或摘其要点，或纪其一节。此本为学问之初步，为材料储蓄之必要工夫，万万不容忽视"[②]。他把抄录笔记视为作文的一种，认为读书抄录具有吸取作用，"吸收既多，消化继之，消化融解，发表随之，于是乃有所谓'作文'"[③]。

三是作业法。这一方法要求教师定时给学生布置课堂作业。江恒源以作文为例说明这一方法的具体运用情况，"第一学年，每月两次，均于教室内行之。第二学年，月仍两次，可一次作于教室之内，一次作于自修之时。第三学年，则每两月三次，其作于教室内者"[④]。江恒源指出，作业是一种被动的"策励法"，是"为最少数习性比较懒之学生而设"[⑤]，也就是说这是基本要求，教师可以根据情况布置和增加相应的作业。

四是自由创作法。江恒源认为，"迨及高中，势则稍异，庀才既丰，积理渐富，修辞务美，立言务精。思想与艺术两方，皆定予学生以自由发表自由创作机会"[⑥]，因此要重视学生自由创作能力的培养。何为自由创作？江恒源认为自由创作意味着"各随学生之意"，"诗歌散文皆弗拘。须限定每一学年，至少五篇，多则益善"[⑦]。

五是教室笔记法。江恒源所说的教室笔记，类似于今天的课堂读书随笔，也就是读后感和读书摘要之类。江恒源认为教室笔记"可视为作文一种"[⑧]，每学期要交给教师审阅两次，用以测试学生的学业进步程度。

由上可见，江恒源主张的教学方法实际上更多指向学生的学习方法。他重视对学

---

① 刘旭光，连云港市政协学习文史资料委员会，中国民主同盟连云港市委员会. 江恒源教育文集（1）[M]. 北京：群言出版社，2020：37.

② 刘旭光，连云港市政协学习文史资料委员会，中国民主同盟连云港市委员会. 江恒源教育文集（1）[M]. 北京：群言出版社，2020：37.

③ 刘旭光，连云港市政协学习文史资料委员会，中国民主同盟连云港市委员会. 江恒源教育文集（1）[M]. 北京：群言出版社，2020：37.

④ 刘旭光，连云港市政协学习文史资料委员会，中国民主同盟连云港市委员会. 江恒源教育文集（1）[M]. 北京：群言出版社，2020：37.

⑤ 刘旭光，连云港市政协学习文史资料委员会，中国民主同盟连云港市委员会. 江恒源教育文集（1）[M]. 北京：群言出版社，2020：37.

⑥ 刘旭光，连云港市政协学习文史资料委员会，中国民主同盟连云港市委员会. 江恒源教育文集（1）[M]. 北京：群言出版社，2020：37.

⑦ 刘旭光，连云港市政协学习文史资料委员会，中国民主同盟连云港市委员会. 江恒源教育文集（1）[M]. 北京：群言出版社，2020：38.

⑧ 刘旭光，连云港市政协学习文史资料委员会，中国民主同盟连云港市委员会. 江恒源教育文集（1）[M]. 北京：群言出版社，2020：38.

生自主学习能力的培养，是具有前瞻性的，与今天新课改所倡导的教学理念具有一致性。

## 四、教材编写

1928 年 5 月，江恒源出版了他主编的新学制高级中学教科书《国文读本》。这套读本共四册，供高一、高二两年四个学期使用。其后，这部教材多次再版，在民国时期高中国文教材编写方面做了可贵的探索。

首先，在教材编写宗旨上，《国文读本》体现了工具与人文、阅读与写作的有机结合。《编者例言》的《总则》里说："本读本编著目的，固在供给全国高中学生诵读阅览，而最后希望，则在使一般高中学生，能了解本国历代文章及学术之变迁与价值；同时对于人生品行、才能方面、言语技能方面，皆能获得绝大效益；由此可以养成读书、作文之较优兴趣与能力，终身享用不穷。"① 可见，这部教材编写既重视学生人生品行等人文素质的培养，也重视学生言语技能的培养；既关注学生阅读的兴趣和能力，也关注学生写作的兴趣和能力，指向学生"终身享用不尽"的素质提升。应该说，其目标是综合的、多元的，也是立足于学生终身发展的。

其次，在教材选文类型上，《国文读本》体现了经典与现代、文言与白话的结合。《编者例言》的《选例》里说，本读本所选文章"以古文为主体，故文言文居多数，语体文居少数"，"除录自经、史、子、集外，其关于近人著述、译述之文，亦间采及"②。整个教材以古代名家名篇为主，如第一册选用刘向、司马迁、贾谊、曹植、曹丕、骆宾王、韩愈、柳宗元、杜甫、杜牧、王安石、司马光、苏轼、王世贞、郑燮等历代名家作品。其中，选文最多的是王安石，共选了 7 篇；贾谊、司马迁、司马光、韩愈、郑燮等都在 3 篇以上。选文中的经典名篇涉及《左传》《战国策》《史记》《三国志》《资治通鉴》《三国演义》等，还选用了张謇、曾国藩、孙文、蔡元培、胡适、林纾等近现代名家的作品，体现了古典与现代的结合。另外，教材在语言体式上注重文言文与白话文的结合，特别是收录了当时的一些佳作，如孙文的《上李鸿章书》、胡适的《中国文学改良刍议》、蔡元培的《国文之将来》等。

再次，在教材内容规范上，《国文读本》体现了思想与趣味、知识与能力的结合。《编者例言》的《选例》说："本读本选录各文，依其性质及效用，规定五项标准如次。①关于指导或锻炼人生品格及行为者。②关于整理或扩充人生思想及意识者。③关于陶冶或安慰人生情感及增进人生兴趣者。④关于灌输和补充本国文化学术知识者。

---

① 江恒源. 新学制高级中学教科书国文读本第一册（上）[M]. 上海：商务印书馆，1928：1-2.
② 江恒源. 新学制高级中学教科书国文读本第一册（上）[M]. 上海：商务印书馆，1928：2.

⑤关于启发或补助文化创造之知能者。”[1] 这五方面涉及思想、行为、情感、学术、创造等多方面素质的指导和培养，注重知识性与思想性的有机统一，富有健康向上的审美趣味。

最后，在教材使用策略上，《国文读本》体现了精读与略读的结合。教材所选课文分为正篇、副篇两种，如高一年级第一册教材选正篇 48 篇、副篇 43 篇，与今天的高中教材相比篇数是较多的。为了让学生在一学期 18 周的有限时间内学完这些文章，编者提出了具体的操作要求，即“正篇供精读详阅，副篇仅供阅览”。这一使用原则既重视教师的精讲指导和点拨作用，又注重学生自主阅读能力的培养，是非常科学合理的。

## 五、教学安排

1928 年 6 月，商务印书馆出版了江恒源编写的《高级中学国文读本分周教学方法纲要》，共四册，对应于四册《国文读本》，以方便教师执教。在该书的《总说》里，江恒源说：“分周教学方法纲要，系专供给教师之用，故所言只能具一个大概；至教师实际应用时，如何损益变通，当然可各随其便。”[2] 可见，他编写的《分周教学方法纲要》只是给教师提供一些基本的教学参考，并不是一刀切的硬性要求，教师可以在此基础上根据自身实际灵活运用。

《分周教学方法纲要》按每学期 18 周设计和安排《国文读本》的教学，内容大致包括时代背景、内容简析、教学目的、教学安排、教师教授用品、学生参考用书等。随着年级的变化，内容也有所变化。如高中第一册第二周的学习内容是两封书信，一封是林纾写给蔡元培的《致蔡鹤卿太史书》，另一封是蔡元培给林纾的复信《复林琴南书》。《分周教学方法纲要》首先说明了选文意图：“这两篇文章，关系最近二十年间思想变迁史的价值很大，同时对于一般青年思想的趋同、暗示的力量也很不小。”[3] 显然，编者试图通过对比阅读来引领青年的价值观。接着，江恒源简要分析了两篇选文的时代背景，“近十年来，全国思想呈剧急的变动，确为不可掩盖的一种事实，其为变动之前驱当然要数到北京大学。……林先生在近数十年中国文学界是负有一点盛名的，崇拜他的人并且不在少数；不过取以与蔡先生相比较，思想确是有一点不对了，思想虽然不对，可是他的价值自在，万不能一笔抹杀”[4]。然后，江恒源提出了两篇选文的教学安排：“本周两篇文章，是以蔡先生之文为正篇，林先生之文为副篇，但当预习时，

---

① 江恒源. 新学制高级中学教科书国文读本第一册（上）[M]. 上海：商务印书馆，1928：2-3.

② 江恒源. 新学制高级中学教科书国文读本第一册（上）[M]. 上海：商务印书馆，1928：1.

③ 江恒源. 高级中学国文读本分周教学方法纲要（第一册）[M]. 上海：商务印书馆，1928：20.

④ 江恒源. 高级中学国文读本分周教学方法纲要（第一册）[M]. 上海：商务印书馆，1928：20-21.

却是要先读林文，而后再读蔡文。”[1] 其后，江恒源提出了本周学习的目的：①使学生明白自作论辩文的方法；②使学生明白中国近来思想变动的情况[2]。这两个学习目的涉及思想与方法两个维度，且注意引导学生关注时事和社会。最后，江恒源提出了教学建议，“希望教师于未开始讨论本文以前，先将国内近数十年的思想变迁和趋向，略说一说，复习之后并令学生对于两位内容所含的思想加以批评”[3]，并向学生推荐胡适的《中国五十年的文学》《中国五十年的哲学》作为参考读物。

应该说，《分周教学方法纲要》教学目标明确，内容分析精当，教学要求清楚，推荐拓展阅读的材料合理而新颖，并重视学生辩证思维的培养，注意引导学生走出死读书的“藩篱”去关注现实社会。这些在指导教师的教材分析和课堂教学等方面，具有一定的针对性、适切性和便捷性。

## 六、教学条件

江恒源认为，国文教学必须有配套的教学设备和教学条件，“就学校设备一方面言，应注意于国学、国文学、图书馆之组织于教学两方，均获有适用之工具”[4]。江恒源特别重视学校图书馆的建设。他说：“学校经费，无论如何支绌，而关于国学国文学一项，不可不有一应有尽有之图书馆，以资教学之用。凡属精读必读之书，自以学生自备为原则，惟学生贫富不齐，学校亦不可不量为供给，以弭缺憾。至于各种浏览之书，为类既繁，范围亦广，更非学校莫办。”[5] 江恒源还特别强调图书馆的所设位置，主张“图书馆宜接近国文教室”，因为“除定时上课外，师生且可时时共同作用于其间，其效益当视定时上课为尤著矣”[6]。这种处处以学生为本、以教学为中心的做法，值得我们今天借鉴。

从以上六个方面来看，江恒源对高中国文教学理论和实践的探索是立体的、多维的，也是务实的、富有创造性的，为早期语文教学提供了许多弥足珍贵的经验。

---

① 江恒源．高级中学国文读本分周教学方法纲要（第一册）[M]．上海：商务印书馆，1928：21.

② 江恒源．高级中学国文读本分周教学方法纲要（第一册）[M]．上海：商务印书馆，1928：21.

③ 江恒源．高级中学国文读本分周教学方法纲要（第一册）[M]．上海：商务印书馆，1928：22.

④ 刘旭光，连云港市政协学习文史资料委员会，中国民主同盟连云港市委员会．江恒源教育文集（1）[M]．北京：群言出版社，2020：33.

⑤ 刘旭光，连云港市政协学习文史资料委员会，中国民主同盟连云港市委员会．江恒源教育文集（1）[M]．北京：群言出版社，2020：38.

⑥ 刘旭光，连云港市政协学习文史资料委员会，中国民主同盟连云港市委员会．江恒源教育文集（1）[M]．北京：群言出版社，2020：39.

## 第二节　江恒源高中国文教学探索的当代启示

江恒源关于高中国文教学的理论研究和实践探索，在中国语文教育发展史上具有重要价值，对于当下的高中语文教学具有一定的启发意义。

### 一、课程目标的制订要指向关键能力的培养

高中语文课程目标究竟是什么？它与初中语文课程有何不同？它究竟应以应试为课程目标，还是以学生的语文能力发展和提升为旨归呢？这些问题都是我们不得不正视的问题。在这方面，江恒源提出的高中语文教学目的是有借鉴价值的。江恒源的《国文学教学法商榷》是从文学的维度来制定高中语文“教学目的”的，且所用“教学目的”一词与今天所说的“课程目标”有些差异，但是他立足与文学密切相关的三大关键能力（识别力、鉴赏力、创造力）来确定教学目标的做法是很有价值的。当下在语言、思维、文化、审美这四个维度构成的语文素养框架下，高中语文教学需要培养学生哪些语文关键能力，如何培养学生的语文关键能力，以及为学生未来的语文学习奠定怎样的基础，都是语文教育工作者应该思考并予以解决的问题。

### 二、教学内容的选择要聚焦语文核心素养

新修订的《高中语文课程标准》里提出了“核心素养”这个概念，应该说是具有科学意义和现实价值的，因为语文学习原本就是开放的领域，涉及内容比较宽泛。但是，我们不能因为语文的宽边界就把语文学习变成了一个“大杂烩”，什么都往语文这个“锅”里放。语文教学需要紧紧围绕学生从事语文学习所必备的品格和能力，培养能使他们终身受益的语文核心素养。因此，语文教学在教学内容选择上应该突出价值性和可持续性，在教学内容呈现上应该体现连续性、系统性、进阶性，要聚焦语文核心素养，抓住“语言建构与运用”这一核心中的核心，培养学生的思维品质和思维能力，形成学生健康的审美情趣和审美品位，拓展学生的文化视野，发展学生文化传承和理解能力。江恒源的《国文学教学法商榷》《国文读本》已经在这方面提供了理论指导和积累了实践经验，值得当下语文教学很好地加以借鉴和汲取。

## 三、要培养学生自主学习的方法、能力与习惯

“教是为了不教”，这是叶圣陶先生的经典名言。叶圣陶主张，“教师之为教，不在全盘授与，而在相机诱导”[①]。语文教学的最终目的是培养学生正确运用祖国语言文字的能力，提升他们的语文核心素养。因此，引导学生亲近母语，学好母语，形成自主学习语文的实际能力才是关键。在这一方面，江恒源进行了成功的尝试。他非常重视学生语文学习方法的指导和训练，如前文所说读书法、抄录法、作业法、创作法、笔记法，这些都是对传统语文教学方法的慎重选择和合理借鉴，实实在在，很贴地气。所有方法都是指向学生的学习方法，教师的职能就是教会学生学习，这等于抓住了语文学习的牛鼻子。什么是好的语文学习方法？合适的方法就是好的方法。能让学生学会学习的方法就是最好的方法，这是一个基本常识。但是，这个常识也常常被人们忽视了。其实，语文教学不在于花样翻新，关键是要踏踏实实地培养学生自主学习的方法、能力和习惯。

## 四、语文教材要能为学生打开语文学习的“天窗”

语文教材是重要的语文教学资源，是语文教学的凭借和抓手。语文教材究竟应该以怎样的面貌出现在学生面前，语文教材在培养和生成学生的语文核心素养方面究竟该发挥怎样的作用，这是值得语文教材编写者深思的问题。客观地说，江恒源编写的新学制高级中学教科书《国文读本》在某种意义上毕竟具有探索性，从今天的视角看确实存在一些问题。但是，我们不得不承认，这套教材在许多方面提供了一些范例，比如，对高中教材选文经典性和时代性、基础性与选择性、学术性与应用性的关系的处理，对工具与人文、文言与白话、阅读与写作、知识与能力、思想与趣味等方面的兼顾。语文教材应该能为学生的语文学习打开一扇“天窗”，也是引导学生走向语文深处的“桥梁”。语文教师应该本着“立德树人”的教育宗旨，有意识地去寻找、发现并建构用于学生生命成长的学习资源[②]。

## 五、教学设计和安排要体现序列性和渐进性

语文教学是一个系统工程，各个学段学什么、各个学期学什么、各个单元学什么、

① 叶至善. 叶圣陶答教师的 100 封信［M］. 北京：开明出版社，1990：30.

② 丁雄，管然荣. 统编高中语文教材学习资源的呈现与使用［J］. 中学语文教学，2020，496（10）：8－11.

每篇课文学什么、每一堂课学什么，应该有相对合理的设计和安排。语文教学绝不是“脚踩西瓜皮，滑到哪里是哪里”，那种信马由缰、杂乱无序的教学，那种深一脚浅一脚、能力层级不分的教学，那种每一堂课基本雷同的教学，不仅会导致学生丧失语文学习的兴趣，而且不利于学生语文核心素养的养成。语文教学要形成相对完整的系统，按照不同年级、不同学习程度进行规范有序的设计安排，“学习任务设计应体现出任务的整体性、有机性及延伸性，以解决教学程序梯度层次模糊问题”①。在这方面，江恒源的《分周教学方法纲要》提供了很好的借鉴。它把高中整个教学落实到每一周，将语文知识和语文能力的培养有层次、有序列地分解到每一次教学里，引导学生拾级而上、不断攀升，对当下语文教学具有参考价值。

## 六、要为学生语文学习提供丰富的资源和便利的条件

语文课程必须确立开放意识，不断拓展学生语文学习的路径，丰富学生语文学习的资源，让学生在广阔知识背景下享受语文学习的乐趣。高中语文教学要积极创造教学条件，引导学生亲近图书馆，与名家名著对话。江恒源重视学校图书馆建设的经验值得我们借鉴，他不仅要求学校要为学生提供丰富的图书资源，还主张图书馆位置要靠近国文教室，目的是方便学生的阅读，体现了“以学生为本”的教学理念。当前，不少学校的图书馆变成了一种摆设，既不能发挥服务教学的功能，又缺乏对学生阅读心理和阅读诉求的关注。成尚荣有一篇文章，题为《把学校建在图书馆里》。文章题目蕴含的观点虽然是一种文化愿景、一种理念的光照，却启示我们语文教学必须为学生的阅读创造便利的条件，让学生在图书中行走，在阅读中浸泡。唯有如此，语文教学才能引导学生通过真正“在场”的学习推开语文的美丽之门，瞭望语文的万千气象。

随着时代的不断发展，语文教学也不断面临着新的挑战，语文教师应该学习语文先贤筚路蓝缕的探索精神，继承和吸纳他们优秀的语文教育思想，以学生的语文素养提升为宗旨，大胆探索，勇于创新，不断开拓语文教育发展的新局面。

---

① 顾咏梅. 高中语文阅读教学中学习任务设计的实践反思 [J]. 中学语文教学，2020，498 (12)：26－28.

# 第八章

# 江恒源的农村干部人才建设思想

近代以来，中国农村变迁与农村人才培养具有紧密的关系。具备科学民主思想的进步知识分子、拥有现代科技知识的农村人才是“联系村庄与外部世界的中介”[1]。关注农村干部人才建设是中国乡村建设研究的一个重要问题。多年来，学界对梁漱溟、晏阳初、陶行知、黄炎培等中国乡村建设代表人物的思想研究成果颇丰，但对乡村建设中具有重要影响的其他人物研究却比较薄弱，乡村干部人才建设研究也存在许多不足。在中华职业教育社开展的农村改进工作中，江恒源不仅在实践中带领中华职业教育社成员深入试验区开展乡村建设，而且在理论上对农村教育、农村改进、农村自治的内涵、重要意义、指导原则、建设模式、人才建设、实施策略等方面进行了卓有成效的研究，对中国乡村建设运动产生了重要影响。

## 第一节　江恒源农村干部人才建设思想的主要内容

近代伊始，清朝被西方列强的坚船利炮打开了国门。一系列不平等条约像巨大的绳索，把混沌沉睡的中国紧紧捆住，任人宰割。民族危亡使一些有识之士充分认识到，中国一再挨打的一个重要原因是科技落后、人才缺乏，而人才缺乏的根本原因在于教育落后。于是，他们强烈呼吁清政府开办新式学堂，试图通过举办新式教育，学习科学知识，掌握现代科学技术，进而提高中华民族的科学文化素质。这种“教育救国”的呼声成为近代中国知识分子改造中国的一种进步思潮，表达了当时和此后所有关心中国前途和命运的社会力量的真诚愿望[2]。五四运动前后，民主思想、科学思想的传播，激起一部分教育团体和教育家笃信“教育救国”。蔡元培提出了“人才救国论”，认为“国家富强，恃乎人才，人才陶铸，端赖教育”[3]。中国社会是以农村为主的社会，

---

① 宣朝庆. 地方人才培养与社会重建：民国乡村建设研究中长期轻忽的一个问题 [J]. 天津社会科学，2011 (4)：132.

② 苗春德. 中国近代乡村教育史 [M]. 北京：人民教育出版社，2004：25.

③ 中国蔡元培研究会. 蔡元培全集（第3卷）[M]. 杭州：浙江教育出版社，1997：314.

20世纪二三十年代，农村人口占全国人口的80%以上。“欲救中国，必先救全中国农民。欲改造中国，必先改造全中国农村社会”①。

然而，清末以来新教育培养的毕业生不愿回到农村，“所办中等农业学校太无成绩，毕业学生竟和农民不发生丝毫关系；而所谓最高学府的大学农科或农学院，更是高高在上”②。在这种社会背景下，具有强烈爱国主义精神和社会责任感的黄炎培，决定把中华职业教育社工作的重心由城市转向农村，试图通过农村改进运动改变农村，进而改变中国。在思考农村改进道路时，他首先感悟到人才的重要与缺乏③。1928年，江恒源接替黄炎培担任中华职业教育社办事部主任，正值昆山徐公桥农村改进试验初期，他感到农村改进的首要难题在于“缺乏农村建设人材”④，尤其是缺乏干部人才。搞农村改进工作，如果没有一支热爱农村、有抱负、有学识、有能力、志愿服务农村的干部人才队伍，农村改进就“是一张纸上所写的空话”⑤。因此，农村改进最急切的工作是培植人才，“养成第一号人才若干，第二号人才若干，至少要使全县的百分之八十以上的人都能读书识字，使其家给人足，要百分之二十是能做领袖的才行”⑥。他希望“知识分子都能到乡下去，与农民切实携手，灌输他们的智识，这样，对内的革命——扫除文盲，建设农村既可成功，而对外的革命—打倒帝国主义，解除压迫也可成功，中国才能有救”⑦。乡村建设需要什么样的干部人才、如何稳定干部人才、如何培养干部人才等一系列实际问题，成为江恒源经常思考并着力解决的重要课题。在理性思考与实践探索中，江恒源形成了他的农村干部人才建设思想，其主要内容包括以下几个方面。

---

① 刘旭光，连云港市政协学习文史资料委员会，中国民主同盟连云港市委员会. 江恒源教育文集(1)[M]. 北京：群言出版社，2020：850

② 刘旭光，连云港市政协学习文史资料委员会，中国民主同盟连云港市委员会. 江恒源教育文集(4)[M]. 北京：群言出版社，2020：1295.

③ 姚惠泉，陆叔昂. 试验六年期满之徐公桥[M]. 上海：中华职业教育社，1934：31.

④ 刘旭光，连云港市政协学习文史资料委员会，中国民主同盟连云港市委员会. 江恒源教育文集(4)[M]. 北京：群言出版社，2020：1356.

⑤ 刘旭光，连云港市政协学习文史资料委员会，中国民主同盟连云港市委员会. 江恒源教育文集(3)[M]. 北京：群言出版社，2020：1037.

⑥ 刘旭光，连云港市政协学习文史资料委员会，中国民主同盟连云港市委员会. 江恒源教育文集(5)[M]. 北京：群言出版社，2020：1667.

⑦ 刘旭光，连云港市政协学习文史资料委员会，中国民主同盟连云港市委员会. 江恒源教育文集(5)[M]. 北京：群言出版社，2020：1667.

## 一、关于农村干部人才

“天下事，非人莫办。”[①] 做什么事、如何去做、做得如何，主要取决于人，特别是干部人才。干部，是个外来词，意为框架、骨干、军官、高级管理人员等。后来其军队官员、社会团体和企事业首脑的含义，逐步为许多国家所通用。《现代汉语词典》的“干部”释义有两个：一是指在国家机关、军队、人民团体中的公职人员（士兵、勤杂人员除外）。二是指担任一定的领导工作或管理工作的人员。江恒源农村改进文献中并没有使用“干部”一词，但他所说的能“做领袖的”人才即农村干部。江恒源认为农村干部来源有三类：一是青年人才，农村青年人才年轻有为，接受新思想较快，是农村改进工作的有生力量；二是农村工作人员，“这是一种中级人才，如乡村师范等学校的毕业生”等；三是指导人才，“在理论上技术上，有专门研究的人”[②]。本节的农村干部人才是指中华职业教育社选拔培养出来的，长期驻守乡村，通过教育扶贫治愚，改善乡风陋习，指导农业生产，实现农村“自治”，改变贫穷落后面貌的农村指导人才、管理人才。

## 二、关于农村干部选才原则

在农村干部选用问题上，江恒源主张“为事择人”[③]。他说，农村改进的目的是要使农村达到无旷土、无游民，农民生活状况日趋改善，知识日进，地方生产日增。改进工作包括农事、工艺、义务教育、平民教育、职业训练、卫生、自卫、消防、自治、改良社会风气、村政建设等 21 项事业，事务多，任务重，工作十分复杂。这些人“论地位，论报酬，则是极低极薄。非具有特别认识、特别抱负、特别修养的人，绝不肯跑到乡间，为此枯槁寂寞之举。”[④] “为事择人”就是针对农事、卫生、医学、合作社、乡村自治等艰苦的农村改进工作选用那些有特别认识、特别抱负、特别修养的农村工作志愿者。因为，这样的人对于做事具有浓厚的兴趣，能够了解农

---

① 刘旭光，连云港市政协学习文史资料委员会，中国民主同盟连云港市委员会. 江恒源教育文集（3）[M]. 北京：群言出版社，2020：1037.

② 刘旭光，连云港市政协学习文史资料委员会，中国民主同盟连云港市委员会. 江恒源教育文集（4）[M]. 北京：群言出版社，2020：1360.

③ 刘旭光，连云港市政协学习文史资料委员会，中国民主同盟连云港市委员会. 江恒源教育文集（2）[M]. 北京：群言出版社，2020：725.

④ 刘旭光，连云港市政协学习文史资料委员会，中国民主同盟连云港市委员会. 江恒源教育文集（3）[M]. 北京：群言出版社，2020：1037.

民心理并且容易取得农民的信任。“为事择人”，要做到“尽可能地广征博访，测验甄选，一经入社以后，非至万不得已，决不轻易更动甚至黜退”[①]。由此观之，“为事择人”的原则着眼于选用人才对农村改进事业的适应性，这是江恒源对农村工作需要的理性认识。

## 三、关于农村干部的选拔

首先，侧重选拔本地人才。农村改进是一项系统性、艰苦性、复杂性和长期性的事业。这项工作连续性强、见效慢，需要一批“永久牌”人才长期扎根乡村，以乡村为家，脚踏实地，苦干实干。中华职业教育社最初选用的人才，虽然工作有热情、有信心，但基本上都是外地人，他们在生活习惯、语言交流等方面与农民存在一定障碍，农民对他们的认同感并不高，农村改进工作效果不够理想。江恒源指出，“外来的乡村小学教员、外来的农民教育馆馆长、外来的乡村改进会的干事”“来到乡村，办理改进事业，是一时的，不是永久的，是过渡的办法，不是长远的办法。办到后来，仍然是要交还农民自办”[②]。他认为，要推动农村改进持续发展，就必须“以当地人才继续举办为度，故一切设施，以本区人为主体”[③]，“倘使一般农民，不能自动，不能起来接受，不能自尽主人的责任，那末，一切改进事业，仍是空虚，不是实在”[④]。要想保证农村改进长久进行下去，就要充分选用当地人才。1934年，黄炎培在总结徐公桥农村改进工作经验时指出，我们“踏进徐公桥，首先注意两事：一用人，二用财”，“用人以就地取材为原则”[⑤]。中国近代乡村建设运动从轰动一时到渐渐枯萎的一个重要原因，就是缺乏农村本地人才。没有农村人才的本地化，乡村建设就会成为无源之水、无本之木。

其次，侧重选拔青年人才。乡村建设时期，中国人口有“四万万五六千万，十六岁以上二十六岁以下的青年，约数应该有一万万人，而散在农村方面的，至少当

---

① 黄炎培，江恒源，杨卫玉等. 从困勉中得来—为纪念中华职业教育社二十四周年作［M］//黄炎培教育文集（4），中国文史出版社，1995：16.

② 刘旭光，连云港市政协学习文史资料委员会，中国民主同盟连云港市委员会. 江恒源教育文集（2）［M］. 北京：群言出版社，2020：748.

③ 刘旭光，连云港市政协学习文史资料委员会，中国民主同盟连云港市委员会. 江恒源教育文集（3）［M］. 北京：群言出版社，2020：1032.

④ 刘旭光，连云港市政协学习文史资料委员会，中国民主同盟连云港市委员会. 江恒源教育文集（2）［M］. 北京：群言出版社，2020：748.

⑤ 黄炎培. 从六年半的徐公桥得到的小小经验［M］//黄炎培教育文集（3），中国文史出版社，1994：235..

有八千万人。都市方面的青年训练，固属重要，而农村方面青年的训练，则重要尤甚”[①]。江恒源认为，这八千万青年“是国家的宝贝。农村改进事业能否长期坚持下去并取得成功，取决于能否建立一批“能改良农事、能管理政治，且愿永留乡村之青年”[②]。青年人才是人力资源中富有生机活力，具有较高文化水平、组织纪律性和活动能力，能够进行创造性劳动的群体，是“农村之柱石”“国家之栋梁”[③]。黄炎培在开展农村改进工作初期，强调要多选用稳健而有相当才能的青年，因为农村青年人才生长在农村，熟悉农村社会。充分发挥本地农村青年人才的作用，有利于推动农村工作。江恒源说，农村青年“数目既多正在有为，若训练儿童，有点缓不济急，训练四十岁以上的人，又是老大无成，顶好能把十六岁至三十岁的青年农民，加一番训练，使他们能生产，能自卫，能自治，无事的时候，自食其力，国家有事，就是国家的后卫军。”[④] 晏阳初在组织开展乡村建设时，也强调把青年作为农村运动的重要目标，认为他们“是推动乡村工作的中心力量”[⑤]。可见，乡村教育家对青年人才重要性的认识是不谋而合的。

## 四、农村干部的合格标准

中国吏治文化中，“好官”有一定标准，总体要求是德才兼备。虽然中华职业教育社选定的农村干部与政府任命的官员有着本质不同，但是对他们的要求与“好官”的标准基本上是相同的。农村改进工作目标是“以经济、文化、政治三者连锁合一，改进农民整个生活”，做到“土无旷荒，民无游荡，人无不学，事无不举”，“达到真正自治”[⑥]。要想完成这样艰巨的任务，负责的农村干部若没有相当高尚的品德、丰富的学识和出众的能力，是难以胜任的。为此，中华职业教育社曾对农村干部标准进行过认真讨论。江恒源总结后提出了如下标准：“知、情、意三方健全，德与才同

---

① 刘旭光，连云港市政协学习文史资料委员会，中国民主同盟连云港市委员会. 江恒源教育文集(4)［M］. 北京：群言出版社，2020：1419.

② 刘旭光，连云港市政协学习文史资料委员会，中国民主同盟连云港市委员会. 江恒源教育文集(3)［M］. 北京：群言出版社，2020：857.

③ 刘旭光，连云港市政协学习文史资料委员会，中国民主同盟连云港市委员会. 江恒源教育文集(3)［M］. 北京：群言出版社，2020：857.

④ 刘旭光，连云港市政协学习文史资料委员会，中国民主同盟连云港市委员会. 江恒源教育文集(4)［M］. 北京：群言出版社，2020：857.

⑤ 宋恩荣. 晏阳初文集［M］. 教育科学出版社，1989：77.

⑥ 刘旭光，连云港市政协学习文史资料委员会，中国民主同盟连云港市委员会. 江恒源教育文集(3)［M］. 北京：群言出版社，2020：1034.

时兼备”①，“有服务乡村的决心与兴趣；有万分表示同情于农民的热忱；有百折不回万分坚定的恒心与毅力；有不畏艰苦自愿牺牲的勇气；有刻苦耐劳勤勉任事的习惯；有事前研究，事后反省的细心；有和蔼诚恳谦和的态度；有强健坚实的身体；有流利清朗的口才；能做优良的小学教师；能设施种种社会教育；能体察地方需要，拟成合于实际且易实行的计划；能和地方长老合作，并得其信任”②，等等。江恒源认为，上述标准最主要的有三个，即“有脑能思考，能计划能调度；有口能演说，能谈话；有手能执笔写文，能执枪御盗，能下田操作；有足能到农家去访问，去调查；能到其他各机关去联络，去请教，去请帮忙。能养成这样人才，可以说达到教育的目的，合于预定的目的。”③ 从上述内容可以看出，有决心、有兴趣、有通识文化、有复合能力，能“为农民之友，顺农民之欲，为农民之先，解农民之困”④，是江恒源农村干部标准的价值取向。在《理想的乡村中学》一文中，江恒源对农村干部的合格标准又进行了补充，他说，农村改进的主要任务是改造农民生活、改良农村组织、发展农民自治、增加农产数量、推广农民教育、提高农村精神文明程度等，需要有爱乡爱国的意识和情感，改良乡村环境使之进于美善地位的知识和心，公正廉明的德性，舍己爱群的同情心，尤其需要有“自动”精神和“自治”能力。“自动”能力主要看农村干部是否具有组织团体、领导民众，筹集公款，管理公款，支配公款，改良风俗习惯，改良农事、增进生产，判断是非，临机应变的才能⑤。他认为，唯有“自动”意识和知能的干部，才能够担负起乡村建设的重任，实现“自卫卫国，自养养人，自治治群”⑥ 之改进目的。

---

① 刘旭光，连云港市政协学习文史资料委员会，中国民主同盟连云港市委员会．江恒源教育文集（2）[M]．北京：群言出版社，2020：750.

② 刘旭光，连云港市政协学习文史资料委员会，中国民主同盟连云港市委员会．江恒源教育文集（3）[M]．北京：群言出版社，2020：1039－1040.

③ 刘旭光，连云港市政协学习文史资料委员会，中国民主同盟连云港市委员会．江恒源教育文集（3）[M]．北京：群言出版社，2020：1040.

④ 刘旭光，连云港市政协学习文史资料委员会，中国民主同盟连云港市委员会．江恒源教育文集（3）[M]．北京：群言出版社，2020：1034.

⑤ 刘旭光，连云港市政协学习文史资料委员会，中国民主同盟连云港市委员会．江恒源教育文集（2）[M]．北京：群言出版社，2020：749.

⑥ 刘旭光，连云港市政协学习文史资料委员会，中国民主同盟连云港市委员会．江恒源教育文集（4）[M]．北京：群言出版社，2020：1369.

## 五、农村干部教育培训的必要性和方略

### （一）对农村干部进行教育培训是改进农村的需要

乡村建设是一项前无古人的事业。一些爱国爱乡的知识分子深入乡村，面对不熟悉的环境和对象，工作总是出现这样那样的问题。对此，黄炎培指出，农村人才不仅要挑选出合适的，还要对他们进行“充分的训练，很灵活地运用起来，确是最下层最切实的工夫”①。江恒源指出，从前办理农村改进的人大多数皆是半路出家，他们本着一腔热血、一些学识、一些才能，“认定从前教育与一般穷苦农民，不发生何种关系，愿意扩大教育范围，增进教育效力，以救济农民”②。他们一面做、一面学，那种热心、同情、毅力，可谓超人一等，遗憾的是“并没有进过什么农村改进学校，学过什么农村改进课程”③。还有一类改进家虽然接受过一定的学校教育，有热情、有学识，但“实际办起改进事业来，未必皆能一样合宜，皆能一样合于事前的希望”④。因此，江恒源主张，农村干部从事乡村建设既要经过教育、农事、经济、村政、人事、卫生、历史、军事、文学等课程的系统学习，又要参加社会实践，包括经济及生产（包括农事合作）、文化及教育（包括教育、卫生等）、村政及组织（包括自治、行政、保卫、集会等）的工作锻炼，做到既有理论知识，又有实践经验。江恒源认为，农村改进的历史使命，就是要“注重青年的训练”“把他们训练得能自教教人，自养养群，自卫卫国”⑤。

### （二）农村干部教育培训的方略

为了及时输送农村改进工作亟需的初级干部，中华职业教育社曾设立徐公桥乡村改进讲习所、漕河泾农学团等教育训练机构，在一定程度上缓解了农村工作干部匮乏的压力。但是，这种临时性培训方式，存在系统性、专业性不强，以及适应性偏低的

① 刘旭光，连云港市政协学习文史资料委员会，中国民主同盟连云港市委员会．江恒源教育文集(1)［M］．北京：群言出版社，2020：238.

② 刘旭光，连云港市政协学习文史资料委员会，中国民主同盟连云港市委员会．江恒源教育文集(3)［M］．北京：群言出版社，2020：1039.

③ 刘旭光，连云港市政协学习文史资料委员会，中国民主同盟连云港市委员会．江恒源教育文集(3)［M］．北京：群言出版社，2020：1039.

④ 刘旭光，连云港市政协学习文史资料委员会，中国民主同盟连云港市委员会．江恒源教育文集(2)［M］．北京：群言出版社，2020：747.

⑤ 刘旭光，连云港市政协学习文史资料委员会，中国民主同盟连云港市委员会．江恒源教育文集(4)［M］．北京：群言出版社，2020：1556.

不足。江恒源认为，为了培养适应农村工作实际的专业化干部队伍，促进乡村建设持续发展，需要设立专门的教育机构培养农村干部。这样的特殊学校要做通盘思考和全面兼顾：在办学思想上要“打破虚荣心的升学观念”，彻底改造民国以来脱离实际、不切实用的新教育传统；在培养目标上，为乡村建设永续发展培养具有中等教育水平，熟悉农村，热爱农村，“切于乡村生活”，改良生产，完善村治和乡村文明的农村青年干部；在入学与学制上，“入学资格，当于高小毕业。入学时年龄，在十六岁以上，二十岁以下。修业年限，少则三年，多则五年”；学业考核上，“无呆板的毕业考试，以真正能用新法种田，确实能增加产量，真正能组织团体，确实能筹办公益为毕业的标准”；在办学设施上，校舍有祠堂庙宇或简易乡村式房屋即可，“只要宽敞明洁，虽茅屋亦未尝不可”①，这样的学校“因为简易，才可以推广。因为经济，才可以多设”②，此外还需有四百亩田地供教师和学生开展农事实习所用，“校舍之傍，必附有广场，附有农田，广场可资运动，农田可资耕作。仪器标本，最好由教师自制”③；在办学规模上，一校的学生不宜过多，至多不得过两百人；在办学经费上，经费“不宜过多，也不能过少。教师和学生，如能注意农事实习，有田百亩，耕作得宜，收获之资，可以补助经费之一部分”④。江恒源尤其重视课程设置与教学实施两个方面。在课程设置上，江恒源主张文化课要注重本国文化和地方特点，全面了解本地区政治、经济、文化等实际情况，“除关于农事、经济、政治、教育课程外，中国文化史、个人人格修养、体格锻炼、军事训练，均应特别注重”；自然课要将职业教育和社会生活、课堂教学内容要积极向课外拓展，重视实物考察，讲究实际应用；“调查社会、召集会议、代写文书、调停争议，皆属治事，即皆为学校课程”⑤。他还就教学模式与方法上提出了自己的主张，“最切要的第一步工作就是要使头与手接近起来”⑥，要求边工作、边学习，使实地工作、书本研究、开会讨论和导师讲习四位一体；“不专重读书。耕田、治事，或视读书尤重。不专注重输入式的教授，自修讨论，应与讲授并重。更不必终年上课，

---

① 刘旭光，连云港市政协学习文史资料委员会，中国民主同盟连云港市委员会. 江恒源教育文集（2）[M]. 北京：群言出版社，2020：750.

② 刘旭光，连云港市政协学习文史资料委员会，中国民主同盟连云港市委员会. 江恒源教育文集（2）[M]. 北京：群言出版社，2020：750.

③ 刘旭光，连云港市政协学习文史资料委员会，中国民主同盟连云港市委员会. 江恒源教育文集（2）[M]. 北京：群言出版社，2020：750.

④ 刘旭光，连云港市政协学习文史资料委员会，中国民主同盟连云港市委员会. 江恒源教育文集（2）[M]. 北京：群言出版社，2020：752.

⑤ 刘旭光，连云港市政协学习文史资料委员会，中国民主同盟连云港市委员会. 江恒源教育文集（2）[M]. 北京：群言出版社，2020：857.

⑥ 刘旭光，连云港市政协学习文史资料委员会，中国民主同盟连云港市委员会. 江恒源教育文集（5）[M]. 北京：群言出版社，2020：1667.

农忙则返家，农隙则到校。阴天则读书讲论，晴天则下地工作"[①]。江恒源提出的农村干部教育的办学定位与目标、人才标准、课程内容和实施方式等，均切合农村发展实际需要，其教学方法与教学模式是灵活的、实际的、生活的、社会的，不是教人读死书，也不是教人做死事，符合农村应用型人才培养规律。虽然这些构想因为抗战爆发没有付诸实施，却表现出江恒源开放的教育视野、理论联系实际的价值导向和注重实效的行事作风。

## 第二节　江恒源农村干部建设思想的启示

江恒源的农村改进思想特别是他的农村干部人才建设思想是中华职业教育社农村改进实验区工作的经验总结，具有丰富的内涵和价值。他的农村干部人才建设思想不仅对当时乡村管理人才培养有重要的指导价值，而且对当下农村干部队伍素质的提升也有深刻的启发意义。

### 一、按照新农村建设要求完善农村干部选拔标准

选拔什么样的农村干部，事关农村工作的根本问题。江恒源强调农村干部要有改变农村面貌，献身"教育救国"的抱负和修养，熟悉农村，热爱农村；要具备计划、宣传、组织、协调能力，"能下田操作"；调查研究践履笃实，与农民打成一片等。这些要求对于当前农村干部建设仍有借鉴价值。农村干部是社会主义新农村的建设者，是农村社会组织和经济组织的管理者，也是现代农业产业化的经营者。我们认为，新时代的农村干部必须具备以下三个要求：一是"懂农业、爱农村、爱农民"[②]，在农村居住、在农村生活；二是具有组织管理才能、一技之长和专业技能；三是能为农村经济社会发展作出贡献。在上述三个要求中，"懂农业、爱农村、爱农民"是核心，是根本。农村干部应该具备的素养如下：一是关心时事政治，了解国家法律政策。有较强的马克思主义理想信念，爱学习、有思想，政治敏锐性强，是农村国内外时事政策的明白人，是农村政治与经济生活中的领头人[③]；二是坚定的理想信念和崇高的思想境界。有自愿留在农村、建设社会主义新农村的理想和信念，有热爱农村、热爱农民的

---

① 刘旭光，连云港市政协学习文史资料委员会，中国民主同盟连云港市委员会．江恒源教育文集（3）[M]．北京：群言出版社，2020：857.

② 中共中央．中国共产党农村工作条例 [N]．人民日报，2019-09-02（01）.

③ 马贵舫．农村人才开发之道 [M]．北京：国家行政学院出版社，2012：11.

火热心肠，有为农业农村现代化建设服务的博大境界、奉献精神和实事求是的工作作风；三是有较强的自主创新意识，善于观察问题，分析问题，调动各种有利因素，汇集各方资源发挥作用，除旧布新，提高劳动生产率，改善农村生活质量，提高农民生活水平[①]；四是具有高等教育背景和文化水平。他们的知识结构不囿于传统农业经济，要能适应现代农业和农村城镇化、产业化发展要求，并与时俱进地接受有关农业经济的新事物、新观念。

## 二、改革制度，“就地取材”，实现“扶贫”干部本地化

江恒源提出的农村改进应“以本区人为主体”[②]，培养土生土长、“永留乡村之青年”[③] 的干部建设思想是很有远见的。外来的教员、干事等人才来到农村，绝大部分因为经济、家庭、环境等因素不会长久留在农村。这个问题在当代中国农村依然存在。20 世纪 60 年代末至 70 年代中期，成千上万的城市知识青年上山下乡，结果他们最终还是返城了。改革开放以来，为了改变农村贫穷落后的面貌，党中央组织了一批又一批城市干部奔赴农村，但是这些干部工作三五年之后就返回了城市。农村出身的大学毕业生宁可留在城里做些与专业毫不相干的工作，也不愿回到农村。农业院校毕业生“学农不爱农”“学农不务农”“学非所用、用非所学”。正在实行的大学生“村官”计划和选调工程，虽然为“三农”工作干部队伍输入了新鲜血液，但是一直存在着队伍不稳定、农民不大认可、大学生不太适应、投入与成效不成正比等问题。多数大学生“村官”仅仅把到农村看作是一次锻炼、一个过渡，实际上并非真心扎根农村。资料显示，截至 2017 年底，2008 年以来国家统一招录的大学生“村官”在岗人数仅为 10 年招录总人数的 30%[④]。选调生流失问题也很突出，2013—2018 年，“山东省 S 镇公务员建档 130 余人，实际工作人数不足 60 人”[⑤]。在农民看来，大学生“村官”是上级派来的，是“干三年就走的外人”，是难以融入乡村社会的“外乡人”。因此，“造就一支懂农业、爱农村、爱农民的三农工作队伍”[⑥]，留住人心已成为当前农村干部建设的最

① 马贵舫．农村人才开发之道［M］．北京：国家行政学院出版社，2012：11.

② 刘旭光，连云港市政协学习文史资料委员会，中国民主同盟连云港市委员会．江恒源教育文集（3）［M］．北京：群言出版社，2020：1032.

③ 刘旭光，连云港市政协学习文史资料委员会，中国民主同盟连云港市委员会．江恒源教育文集（3）［M］．北京：群言出版社，2020：857.

④ 高珏．乡村振兴背景下大学生“村官”的培养定位［J］．上海农村经济，2019，379（3）：39-40.

⑤ 陈洪连，吕玉雪．乡村振兴与选调生人才管理［J］．东方论坛，2019，157（3）：107-116.

⑥ 中共中央党史和文献研究院．习近平关于“三农”工作论述摘编［M］．中央文献出版社，2019：6.

大难题。我们认为可以采取以下措施解决农村干部流失问题：首先，选拔培养“村官”和“选调生”需要“就地取材”，瞄准当地的有志青年；其次，创新农村干部工作体制机制，把“村官”和选调生纳入公务员系列或事业编制，从根本解决他们“不是官，也不是民”的尴尬身份问题；再次，提高经济待遇，“村官”和选调生经济待遇须略高于或等于城市公务员或事业编制人员；最后，推进城乡一体化建设，逐步缩小基础设施、物质生活、医疗卫生、文化娱乐等各方面的城乡差别。

## 三、划区创办农业农村干部学院，定向培养农村干部

培养大批知农、爱农、适农、留农之农村干部需要专业的办学机构。从创办农村改进讲习所、漕河泾农学团、农村服务专修科，到设想创办理想的乡村中学，江恒源一直在思考如何造就大批面向农村、服务农村、扎根农村的干部问题。但是，在旧中国战乱频仍、民不聊生，在城乡存在巨大差异的情况下，寄希望于少数觉悟高、有修养、乐于奉献的有志青年去改变乡村面貌和农民命运，显然不切实际。江恒源提出的设立专门教育机构定向培养农村干部的设想，为当代农村干部队伍建设提供了有益参考。改革开放以来，随着市场经济的发展和城乡一体化建设进程的加快，农村村落和农村人口已经大幅度减少。但截至 2016 年，第三次国家农业普查结果显示，全国仍有村落 596 450 个（含在农村的居委会），即使到 2030 年之后，我国城镇化率可以达到 70%以上，中国仍然会有约 5 亿人生活在农村[①]。正如习近平所说，“不管城镇化发展到什么程度，农村人口还会是一个相当大的规模”[②]。这么庞大的人口规模和村镇，需要国家培养大批农村干部。现实的情况是，农业大学并不完全“姓农”，即使“姓农”也不是面向农村定向培养农业生产人才和乡村管理人才，地方党校和行政学院主要培训在职党政干部，这导致现代化所需要的农村基层干部队伍不足、不稳定，仍然是社会治理体系最薄弱的环节。因此，创办面向农业农村、以农村学生为主体、政治上有地位、经济上有保障、毕业留在农村工作的专业干部学院十分必要。其中，“面向农业农村”是指办学定位，学校培养从事面向“三农”的基层干部；“以农村学生为主体”是指招生对象，主要招收土生土长的农村学生；“政治上有地位”是指学生的政治身份，学生毕业后，在农村工作试用期满，经上级组织考核合格后，将其纳入公务员序列或事业编制，以“提高职业发展合法性”[③]；“经济上有保障”是指物质待遇，薪酬待遇由政府财政正常支出，其标准要略高于或

① 孔祥智，等. 乡村振兴的九个维度 [M]. 广东人民出版社，2018：44.

② 中共中央党史和文献研究院. 习近平关于“三农”工作论述摘编 [M]. 中央文献出版社，2019：10.

③ 秦浩. 建立健全大学生村官职业发展机制 [J]. 中国党政干部论坛，2016，332 (7)：52-54.

等同于城市公务员和事业编制人员；“毕业留在农村工作”是指毕业生工作去向，即终身扎根农村，献身“三农”事业。办好这类学院须坚持三个原则，一是划区设立。中共中央组织部、教育部和农业农村部要统筹规划，根据各省区、农业特点和布局，改造现有农业大学或新办农业农村干部学院。二是理论联系实际。根据区域农业农村实际、现代农业发展要求和国际化趋势，构建理论学习与实际应用紧密结合的课程体系，特别是通过“工学交替”教学模式，让每一个毕业生都能够在农村工作中得到实际锻炼。三是筑牢理想信念根基。政治地位、经济待遇和工作生活环境固然很重要，但是培养党员大学生坚定的理想信念和崇高的思想境界才是解决农村人才问题的决定性因素。

# 第九章

# 江恒源与江苏农民生计调查

中国现代社会调查大体兴起于20世纪初。1903年前后，浙江、江苏、湖北等留日学生同乡会相继成立专门的社会调查组织，设计并进行有计划的社会调查。与此同时，国家也开始成立专门调查机构。进入民国后，社会调查得到进一步发展。不仅政府部门继续组织全国范围的人口调查和地方性的物价调查，高校、科研单位和学者出于学术认知与研究目的，也进行了教育、经济、民族、民俗等方面的社会调查。20世纪二三十年代，一大批知识分子在五四新文化思潮的影响下，为了拯救国家危亡，深入市井乡村，了解真实的中国，探求民族自救之路，形成了引人注目的“中国社会调查运动”。从1927—1935年的9年内，国内大小规模的调查报告共9 027个，平均每年1 000个以上。[①] 中华职教社组织的面向江苏17个县开展的农民生计调查就是其中一个大型社会调查。

## 第一节　江苏农民生计调查的背景与基本情况

五四时期，随着民族民主运动的不断高涨，以及人们对世情、国情认识的逐步深入，一些关心时局发展和国家命运的人士越来越清楚地认识到，中国是一个农业国，劳工阶级的大多数是农民，要解决中国的问题首先要解决农民问题。于是，他们纷纷寄希望于乡村教育的发展，以教育来改造农民阶级和改进乡村社会，乃至挽救整个中国的命运，故而积极倡行“到农村去”，与农民“打成一气”。一些关注乡村教育进步和乡村（农）社会改造的学人，积极著文发表有关乡村教育的意见，强调乡村教育应该承担起改良社会的责任，认为乡村教育应参照西方“以学校为社会的中枢”的思路开办乡村学校，以“半耕半读的办法”开展农业教育、农村教育和农民教育，来解决贫苦农民子女的读书问题。受此思潮的影响，中华职教社认为中国是一个农业大国，

---

① 李文海. 民国时期社会调查丛编（二编）·乡村经济卷（中）［M］. 福州：福建教育出版社，2014：9.

农村和农民问题一直是社会改造和进步的关键，农村是新式教育的一片荒原，改变中国面貌要从农村做起。

## 一、农民生计调查的背景

黄炎培是中华职教社的倡导者和创始人，是中国职业教育的奠基人和开拓者。他十分重视社会调查，认为社会调查是实施和改革职业教育的第一步。黄炎培郑重地将调查研究写入职教社的组织纲要，并将之作为中华职教社从事职业教育的一项重要任务。1920 年 10 月，黄炎培牵头成立了农业教育研究会，调查各地农业教育状况，征集社会对农村教育制度的意见，探讨农村教育的改进办法。他曾多次和江恒源一起前往昆山、苏州、镇江等地的农村开展调查。提出大职业教育主义后，黄炎培试图通过农村改进试验帮助农民提高科学文化知识，使他们掌握先进的农业生产技能，提高农民的生活水平。1926 年 10 月，经过多次实地考察，黄炎培和江恒源最终选定了交通、环境等条件相对较好的江苏昆山徐公桥作为农村改进实验区。后因种种原因，此项工作没有取得实质性的进展。1928 年 7 月，江恒源接替黄炎培担任中华职教社办事部主任，上任后的重要举措之一就是谋划如何通过职业教育推动农村改进事业。“关于农事知识之灌输、技能之养成，皆教育之所有事也”[①]。教育虽然十分重要，但经济是基础。江苏南北自然条件、经济基础、文化习惯等存在较大差异，“欲谋农民生计改良，势不能不详悉其现在生计状况”[②]。而调查农民生计，本为“实施农教之下手工夫，不能不切实以行，查明症结之所在。否则，一切徒托空言，无裨实际”[③]。由于中华职教社是私营教育机构，开展农村改进完全依靠自筹经费，必须循序渐进、量力而行，做到“用力小，收效大；费时少，成功多”。于是，他与职教社其他同仁研究决定开展一次大范围的农民生计调查，在了解农民真实情况之后，再决定设置什么样的农村学校，采取何种教育方针，以继续拓展农村改进事业。

## 二、江苏农民生计调查的基本情况

中华职教社发起的这项调查，从 1929 年 2 月 20 日开始至 5 月 10 日结束，历时 70

① 李文海．民国时期社会调查丛编（二编）·乡村经济卷（中）［M］．福州：福建教育出版社，2014：3.

② 李文海．民国时期社会调查丛编（二编）·乡村经济卷（中）［M］．福州：福建教育出版社，2014：3.

③ 李文海．民国时期社会调查丛编（二编）·乡村经济卷（中）［M］．福州：福建教育出版社，2014：3.

天，其中整理表格和完成数据统计用时 10 天。中华职教社原拟调查江苏省 61 个县的农民生计状况，力图做到覆盖范围广、收集材料齐全，使调查结果更加客观真实。但是，由于涉及范围大、工作人员少、事情繁多，中华职教社作为一家私人教育机关很难独立完成规模庞大的调查活动。于是，中华职教社决定缩小范围，在“江苏省内择定情形不同之 10 余县，着手调查”①。调查人员根据江苏省情划定了三类地区，“一类如旧苏属、松属、太属、常属各县，皆产量较多，人稠地狭；一类如旧扬属、淮属各县，产量颇丰，农民密度，较差于前，宁镇两属，于旧扬属为近；一类如旧徐属、海属各县，地广而农民不甚稠密，地力多未尽”②。经过反复权衡，他们最终选定 17 个县，并分为三类。其中，第一类包括嘉定、太仓、崇明、川沙、松江、昆山、常熟、武进、无锡 9 个县，第二类包括镇江、江宁、兴化、泰县、盐城 5 个县，第三类包括丰县、灌云、赣榆 3 个县。

参加本次调查工作的人员都是居于江苏各地的中华职教社的热心同志，共有 19 位调查员。黄炎培亲自参与，其他人员有武仲衡、黄颂虞、陆左霖、徐兰墅、陆规亮、徐柏才、陈敬如、徐元龙、杨福庆、高践四、法审仲、丁兆麟、宋调公、顾康伯、顾君义、祁益三、王公玙、许长卿。为了尽快完成调查任务，各位调查员就近面向农户开展调查，每人至少调查 30 户。调查的主要方式为亲自到乡村走访，登门调查。如果遇到交通不便、人手不够或特殊情况，调查员可以委托亲友详细询问农民，并根据实际调查实际内容填写相关表格。黄炎培负责调查川沙县农民生计情况，“因川沙情形复杂，约亲友五六人，各就所在地，按照表式，分头调查”③。

中华职教社为此次调查活动设计了两种表格：一种是甲种表格，即《农民一家一年间经济收入状况调查表》；另一种是乙种表格，即《标准农民一家一年间经济收入状况表》。所谓“标准农民”指的是“年在三十以上，四十以下，妻年亦相若，上有不能胜操作的老父老母，下有未尽能任操作的子女三四”④ 的农民。这种农民的家庭状态近乎古人所说的“八口之家”，“所种的田，在北方则百亩左右，在南方则三十亩左右”⑤。表格内容共有 6 项：①基本信息，包括姓名、住址、年龄、父母年龄、子女人数；

① 李文海. 民国时期社会调查丛编（二编）·乡村经济卷（中）［M］. 福州：福建教育出版社，2014：3.

② 李文海. 民国时期社会调查丛编（二编）·乡村经济卷（中）［M］. 福州：福建教育出版社，2014：5.

③ 李文海. 民国时期社会调查丛编（二编）·乡村经济卷（中）［M］. 福州：福建教育出版社，2014：23.

④ 刘旭光，连云港市政协学习文史资料委员会，中国民主同盟连云港市委员会. 江恒源教育文集（2）［M］. 北京：群言出版社，2020：418－419.

⑤ 刘旭光，连云港市政协学习文史资料委员会，中国民主同盟连云港市委员会. 江恒源教育文集（2）［M］. 北京：群言出版社，2020：419.

②种田亩数，分为己田、佃田、租田进行统计；③副业，包括手工业、商业、佣工等；④一年间庄稼收获的总量及买卖价格；⑤一年间支出的雇工费、肥料费及其他费用，如果耕种的是自己的田地，还应统计丁漕附税等；⑥一年间除去一切用费后，农民净收入数[①]。

调查活动结束后，中华职教社共收到甲表555份，乙表42份。调查人员通过整理统计，制作了大量表格，包括《每户平均口数比较》《自种田与租种田亩数比较》《自种与租种户数比较》《每户种田亩数比较》《每户农作物种数比较》《555户之农作物一栏》《雇工状况及工价比较》《每户雇工费及肥料费比较》《副业比较》《无锡农民36户之农业收入与副业收入一栏》《收入比较》《无锡、川沙、江宁三县农作物每亩产量》《江宁等12县稻之每亩产量》《农作物售价一栏》《每亩净收入比较》《灌云农民30户之生活费及盈余金一栏》等。经过简要分析，中华职教社最终完成了《农民生计调查报告》。

## 三、江苏农民生计调查内容与结果

本次调查涉及农民拥有的土地、亩产量、副业、雇工、肥料、费用、净收入等，具体内容如下：①种田。调查发现，各县农民户均种田34.7亩，多数农民耕田为20亩左右。其中，农民所种田地最多的达250亩（灌云），最少的为0.7亩（镇江）；每户平均种田亩数以灌云为最多，在百亩以上；无锡最少，在10亩以下。农户种植的作物主要有稻、麦、豆、高粱、玉米和棉花6种。②雇工。全省普遍存在雇工现象，所雇包括长工和短工，但无锡是唯一例外，因为当地农民种田较少，并且用机器以辅助人工种田。除盐城外，江北各县雇长工者较多。江南各县雇工农户占比不超过50%，不雇工的农家以武进、常熟、松江三县为多。③雇工及肥料费用。长工每年工价最多的达120元（当时流通的是银元），最少的仅有15元，两者悬殊。除了武进、无锡的农民间或用机器打水浇田，其余各县基本依靠人工，不使用机器，也不用化学肥料。④粮棉产量及售价。江北各县种田较多，但缺乏地力，粮食亩产量普遍比江南各县少很多。各县农民极少种植棉花。⑤副业。无锡、武进两县种桑者较多。泰县有一部分农户种植花生。无锡有大量农户种植茭白，平均每亩售价46元。苏北灌云几乎家家有副业，武进、无锡次之，赣榆、常熟最少，有副业者占被调查户数的59.1%[②]。黄炎培调查的川沙县61户农民中，有副业的家庭43户。男子从事的副业主要有木匠、泥水

① 李文海. 民国时期社会调查丛编（二编）·乡村经济卷（中）[M]. 福州：福建教育出版社，2014：23.

② 李文海. 民国时期社会调查丛编（二编）·乡村经济卷（中）[M]. 福州：福建教育出版社，2014：15.

匠、芦匠、裁缝、鞋匠、捕鱼等，女子从事的副业为织花边、织毛巾等。⑥收入。每亩净收入之多少因已田、租田和佃田而不同。已田只纳漕粮附税，各县所纳数额不等，最多的每亩纳税 1 元左右，最少的每亩纳税约为 0.2 元；租田耕种每亩至少需要交租金四五元，最多的可达每亩八九元；佃田耕种要将收获物的 1/2 交给田主：可见，耕种己田、租田和佃田的每亩净收入，可以有数元之差。十七县中，只有无锡一县农民一年间净收入"可及一百元以上至二百元"①。江北各县除泰县，农民净收入大都不满 10 元②。总体上看，"标准农民"一年的净收入不丰不啬。

中华职教社开展的这次江苏农民生计调查只选择了 17 个县，每个县只调查了 30 个农户，调查结果未必能全面反映整个江苏省的农民生计状态。但是，调查收集了大量材料，有助于人们了解江苏农民生计的一些真实情况。首先，江苏南北，农民收入差别很大。受粮棉亩产量与售价、雇工工资、资本投入、粮种品质，以及从事副业的多寡、肥料是否充足等因素的影响，江苏农民生计状况从南到北呈现出明显的地区差别。南部无锡、太仓等 9 个县的农民比较富庶，北部的灌云、大丰等 3 个县较为贫穷，中部的镇江、江宁等 5 个县处于中间状态。苏南地区农民除了衣食所费，部分农户还有一二百元的余款③。海州地方，土地肥沃，气候温和，宜于农事。近年以来，生活有所好转，不过"他们的金钱，不去使子弟受教育，拿来乱七八糟，随便使用，作威作福"④；（2）苏南地区部分农民富裕的主要原因：①采用新式农具，特别是使用了灌田吸水机，省却许多人工，可以外出做工；②有蚕桑等养殖副业。无锡农民生计之所以不甚困乏，主要依赖蚕桑等副业收入；③农隙之暇可以到工厂做工。黄炎培调查的四十三户川沙县农民都有副业，其中工二十五户，商十五户，农一户，教育一户。每户种田虽少，但他们全靠副业收入维持生活，甚至略有盈余⑤。总体来看，外省一般人认为江苏"还算富庶之区"，"但实地到乡间去看一看，仍然也要大吃一惊"⑥，也即江苏绝大部分农民与全国一样贫困。

---

① 刘旭光，连云港市政协学习文史资料委员会，中国民主同盟连云港市委员会．江恒源教育文集（2）[M]．北京：群言出版社，2020：421.

② 李文海．民国时期社会调查丛编（二编）·乡村经济卷（中）[M]．福州：福建教育出版社，2014：19.

③ 刘旭光，连云港市政协学习文史资料委员会，中国民主同盟连云港市委员会．江恒源教育文集（3）[M]．北京：群言出版社，2020：933.

④ 刘旭光，连云港市政协学习文史资料委员会，中国民主同盟连云港市委员会．江恒源教育文集（3）[M]．北京：群言出版社，2020：933.

⑤ 李文海．民国时期社会调查丛编（二编）·乡村经济卷（中）[M]．福州：福建教育出版社，2014：23.

⑥ 刘旭光，连云港市政协学习文史资料委员会，中国民主同盟连云港市委员会．江恒源教育文集（2）[M]．北京：群言出版社，2020：418.

## 第二节　江恒源改善农民生计思考与建议

1929年10月，江恒源在整理细读《农民生计调查报告》之后，先后发表了《调查江苏十七县农民生计状况后的感想》《富教合一主义》等文章，深入剖析了农民贫穷落后的根源，提出了“富教合一”思想和帮助农民致富的对策。

### 一、关于农民致贫的因素

在江恒源看来，当时致使农民陷入贫困境地的因素是多种多样的，主要涉及以下方面。

#### （一）农政不兴，杂税繁多

江恒源认为，中国自古以来的良吏大都关注民生、关注民众，重视兴修水利、改善农田。宋明之后，农政日渐废弛，即使善良的官吏也不过主张“政简刑轻”，并不能真正帮助农民谋取福利。民国以来，政府所收的苛捐杂税一天比一天多，有的省份为了横征暴敛、搜刮民财，竟然勒逼民众种植鸦片，农民如果不种就要被迫缴纳“懒民捐”①。南京国民政府时期，田赋附加税成为地方政府财政收入和各地军阀军费筹集的重要来源。1933年，江苏省许多地方的田赋附加税“已超过正税10余倍至26倍以上”②，多如牛毛的杂税压得农民喘不过气来，生计十分困顿。

#### （二）帝国主义的经济侵略

江恒源指出，中国手工业产品比外国机器工业生产出来的商品价高，因而缺乏竞争优势，只能被市场淘汰。外国商品占据了市场，对中国经济进行掠夺，“外货输入愈多，则中国之社会经济愈益贫困”③。当时，外国货大量涌入农村，致使国内农产品因为低价外货的充斥而无处销售，加速了农村经济的破产，严重影响了农民的收入。中国本来是一个自给自足的农业国家，但是自鸦片战争至民国时期，西方资本主义国家以其过剩的商品摧毁了中国农村的手工业，同时又低价收购中国的农产品，导致农村

---

① 刘旭光，连云港市政协学习文史资料委员会，中国民主同盟连云港市委员会．江恒源教育文集（3）［M］．北京：群言出版社，2020：1107.

② 国风．农村税赋与农民负担［M］．北京：经济日报出版社，2003：19.

③ 刘旭光，连云港市政协学习文史资料委员会，中国民主同盟连云港市委员会．江恒源教育文集（3）［M］．北京：群言出版社，2020：1105.

经济陷入困境。以粮食进口为例，1931—1935年中国粮食进口量为近代以来最高峰[①]。上海市商会在给财政部和实业部的呈文中表示，如果任由外国农产品倾销国内，那么“我国不亡于外患，亦将亡于农村经济之破产”[②]。

### （三）天灾人祸，连年不断

一方面，当时的中国政治腐败，战乱频仍，积贫积弱；另一方面，中国科学知识和农业技术不发达，对频发的水旱之灾、病虫之害既无法预防，又无法治理，只好听其自然。人祸与天灾交织，加剧了中国农村的贫困。比如，河决口、湖泛滥，无人过问“治河濬湖之事”；数月不雨，赤地千里，成了旱灾，无人过问“凿井防旱之事”[③]。即便长江下游地区那些所谓富庶之区，农民除去穿衣吃饭所用，每年收入也所剩无几。除了天灾还有兵匪掠夺，“农民竭尽一年劳力之所得，除自养外，还要养活一万万官吏、军人。兵匪来了，所过成墟，万家走避，田不能耕，谷不得种，也没有人过问”[④]。这些天灾人祸皆因“中国政治的不良，影响到乡村方面，以致土匪如毛”[⑤]。自古以来，中国就是一个自然灾害频发的国家。20世纪20年代以后，自然灾害爆发得更加频繁。据史料记载，1924年有9个省爆发水灾，1925年黄河决口，1928年华北8省遭受旱灾，1929年河北遭水灾、陕西遇旱灾，1931年江淮流域16省爆发水灾，1933年黄河决口，1934年14省遭逢旱灾、13省遭受水灾[⑥]。在自然灾害频发的同时，连绵不绝的战争进一步加剧了农村破产。“凡兵过一地，驻一地，则见树木被砍伐死尽，桥梁堤岸被拆毁无遗，至一遇战争，则整个乡村为之荡然，尽成灰爆”[⑦]。

### （四）土豪压榨，高利贷盘剥

江恒源认为，正是由于“农村经济的破产受地主高利贷以及一切苛捐杂税的压迫”，才使得“农民无以自存”[⑧]。一方面，由于社会组织不良和治理不善，那些噬人的

---

① 向玉成．三十年代农业大危机原因探析—兼论近代中国农业生产力水平的下降［J］．中国农史，1999，18（4）：106－112.

② 章有义．中国近代农业史资料（第3辑）［M］．北京：生活·读书·新知三联书店，1957：415.

③ 刘旭光，连云港市政协学习文史资料委员会，中国民主同盟连云港市委员会．江恒源教育文集（2）［M］．北京：群言出版社，2020：415.

④ 刘旭光，连云港市政协学习文史资料委员会，中国民主同盟连云港市委员会．江恒源教育文集（5）［M］．北京：群言出版社，2020：1669.

⑤ 刘旭光，连云港市政协学习文史资料委员会，中国民主同盟连云港市委员会．江恒源教育文集（2）［M］．北京：群言出版社，2020：415.

⑥ 朱庆葆，王科，崔军伟，等．改造乡村中国［M］．南京：江苏人民出版社，2019：19.

⑦ 沈毅．《独立评论》研究［M］．沈阳：辽宁美术出版社，2008：117.

⑧ 刘旭光，连云港市政协学习文史资料委员会，中国民主同盟连云港市委员会．江恒源教育文集（5）［M］．北京：群言出版社，2020：1669.

土豪对农民强取豪夺；另一方面，因为人工太贵、农具不良、肥料太贵、外货充斥、谷价低落等因素，高利贷者趁机通过放贷盘剥百姓。20世纪二三十年代，由于士绅阶层向城市流动，新式知识分子也滞留在城市，导致“乡村政权的绅士阶层失去了最基本的力量补充”[①]。士绅阶层的分化引起了乡村政权的蜕化，致使乡村政权纷纷落入劣绅豪强之手。农民不但要承受军阀和土豪劣绅的强取豪夺，还要承受高利贷者的无情盘剥。每年二三月青黄不接的时候，农民种田需要种子和肥料的时候，或者遇到病丧祸不单行的时候，就是地主和高利贷者凶狠贪婪地攫取农民钱财的时候。有的地方高利贷“每月按照算术级数而倍增其利息”，“借银一元，每日还利一角，十日合并以复利计算，因此本息一元在一个月以后，便可得本息约八元”[②]。

### （五）缺少教育，陷入愚陋

农民终年辛勤劳作，一年收入除去衣食所用，余下的钱连祛除灾患、改良种子、增加产量等需要都无法满足，更不要说供孩子上学读书了。“农民既因未读书，当然缺乏御患应变的知能。因穷，乃益愚，这是必然之势。”[③] 20世纪二三十年代的中国，有80%的人是文盲。1921—1925年的一项调查显示，“全国7省17县2 866户农家，未受学校教育的佃户占比65.6%，而受教育者的受教育年限平均不过2.9年”[④]当时全国包括田主、“半田主”、佃户在内的家庭中7岁至16岁的儿童，累计有69.6%的人未曾入学读书，这一时期江苏省、上海市虽然佃耕农受教育者占比达到了43%，但是他们所受的学校教育“止于小学，绝无就学于中学者”[⑤]。可见，没有接受教育的机会，缺乏科学文化知识，是农民生计陷入困顿的又一个重要因素。

在江恒源看来，二十年代末的旧中国是一个十分贫穷落后的半封建半殖民地国家。政治上，农政不兴，没有什么水利设施可以抵御旱涝水灾，军阀混战，兵匪横行，百姓流离失所；经济上，官府苛捐杂税繁多，土豪劣绅横征暴敛，残酷剥削压得难以喘息，帝国主义经济侵略使农村经济陷入破产；文化上，农民缺乏防治虫害的科学知识，其子弟因贫困而无法接受教育。1933年，中国近代经济学家章乃器在《崩溃中的中国经济社会》中，从国际资本主义的剥削、长时期的内战、国内工业品的侵入、水旱天灾和苛捐杂税等五个方面对中国农村经济破产原因进行了研究，两者对比，江恒源早于章乃器四年之久的观察分析是很有见地的，甚至与今日教科书之描述定性并无二致。

---

① 朱新山．乡村社会结构变动与组织重构［M］．上海：上海大学出版社，2004：55.

② 涂文学．20世纪前半叶中国城市化研究［M］．北京：生活·读书·新知三联书店，2022：167.

③ 刘旭光，连云港市政协学习文史资料委员会，中国民主同盟连云港市委员会．江恒源教育文集（2）［M］．北京：群言出版社，2020：416.

④ 朱其华．中国农村经济的透视［M］．东京：中国研究书店，1936：68.

⑤ 朱其华．中国农村经济的透视［M］．东京：中国研究书店，1936：68.

## 二、关于农民生计改善的思考

江恒源针对此次江苏农民生技调查的结果进行了深入思考，就职业教育如何帮助农民改善生计的问题，提出了看法和建议。

### （一）生计改善前提：农民拥有基本的生产资料

江恒源认为，农民致富的重要前提是，农民必须拥有基本生产资料。首先，解决农民缺少土地问题。江恒源指出，民国既然承认民众的生存权，就应当授给农民一定数量的耕地。如果农民缺乏足够的耕地，那么他们的农业生产必然面临巨大危险①。其次，解决农民劳力匮乏问题。农民只有土地而无劳力，则不足以开展农业生产。江恒源将劳力可分为三种，即人力、畜力、机械力，一人使用机械的效用可抵数十人的体力劳作，因此江恒源主张应当创造机械力②。再次，解决农民资本不足问题。土地、肥料、农具、机械等都是生产资料，生产资料的添置需要投入资金。对于中国农民而言，最重要的是流动资金，最缺乏的也是流动资金。江恒源认为，如果农民资金不足，国家就应该尽力协助，否则没有农民生活和农业生产就没有回旋余地，自然难以改变贫穷落后的面貌。最后，解决农民技术落后问题。针对当时农业生产技术落后的问题，江恒源指出，“欧人所以称雄能一世者，实因其有近代之机器，以养成其新的技术”③。一般来说，上述四个方面的问题如果能够解决，农业生产与农民生计就能得到很大改观。但是，江恒源认为这还不够，还要抓好社会治安，“如农民天天与土匪斗争，则损失极大。如欲振兴农业，则先须平匪。其次如助力亦甚重要”④。江恒源不但认识到农业生产资料的重要价值，而且看到了掌握农业生产技术对于提高农业生产效率的潜在价值，还认识到农村安全稳定是解决农民生计问题的重要保障。这是他超出同时代许多人的远见卓识。遗憾的是，江恒源意识到土地问题的重要性，但关于如何让农民获得相应的土地，他不切实际地寄希望于民国政府，反映了他与那个时代的其他“教育救国”论者一样，思想上都具有一定的局限性。

---

① 刘旭光，连云港市政协学习文史资料委员会，中国民主同盟连云港市委员会．江恒源教育文集（3）［M］．北京：群言出版社，2020：1109.

② 刘旭光，连云港市政协学习文史资料委员会，中国民主同盟连云港市委员会．江恒源教育文集（3）［M］．北京：群言出版社，2020：1109.

③ 刘旭光，连云港市政协学习文史资料委员会，中国民主同盟连云港市委员会．江恒源教育文集（3）［M］．北京：群言出版社，2020：1109.

④ 刘旭光，连云港市政协学习文史资料委员会，中国民主同盟连云港市委员会．江恒源教育文集（3）［M］．北京：群言出版社，2020：1109.

### （二）核心理念：实施“富教合一”主义

经过对江苏 17 县农民生计调查结果的深入思考，江恒源创造性地提出了“富教合一”主义。他认为，今日农民的一切病象，都是一个“穷”字造成的，要改变今日农民的穷困境况，以及改善他们的生活水平，治本之策是把“穷”病医好。对于如何治疗，他解释说，“治病之要，当然要使他富。而于教他致富之际，施以适当教育，便是最良好的知识教育和道德教育”[①]。在江恒源看来，“富教合一”就是“一面教他致富的方法，同时使他得着了许多人生实用知识和道德行为的最好训练”[②]。他认为要想使农民走上致富道路，必须把农村经济和农村教育结合起来，做到随富随教、即富即教、以教致富、以富促教[③]。江恒源坚持教富相互促进的原则，认为这“可以说是现在解决农村问题最根本最紧要的方法，也可以说是解决全国社会问题政治问题最重要的办法”[④]。从这些精彩的阐述可以看出，“富教合一主义”既是经济发展理念，也是职业教育理念。它将农村生产与农民教育相统一、教育与职业相结合、职业教育与农业开发相联结，进而达到提高农民物质生活水平和文化生活水平的目的。

### （三）拓展路径：解决农民生计困难

江恒源认为，教育虽然对经济有促进作用，但是不能从根本上帮助农民解决土地、劳力租税、资本等方面的问题。但是，农村有一些工作领域是职业教育大有作为的。

（1）普及农业科学知识，防除病虫害

江恒源认为，农民未必需要了解所有的农业知识，但必须全部掌握基本农业常识。江恒源主张结合农民需要传授农业知识和农业技术。江恒源说：“你晓得本地种子不好，就好介绍金陵大学的好种子给他，至于其他农业指导，也是如此。”[⑤] 在精选粮食种子方面，江恒源认为“此则赖大学农科专司研究，农事试验场专司试验，研究有结

---

① 刘旭光，连云港市政协学习文史资料委员会，中国民主同盟连云港市委员会. 江恒源教育文集（2）[M]. 北京：群言出版社，2020：424.

② 刘旭光，连云港市政协学习文史资料委员会，中国民主同盟连云港市委员会. 江恒源教育文集（2）[M]. 北京：群言出版社，2020：424.

③ 刘旭光，连云港市政协学习文史资料委员会，中国民主同盟连云港市委员会. 江恒源教育文集（2）[M]. 北京：群言出版社，2020：424.

④ 刘旭光，连云港市政协学习文史资料委员会，中国民主同盟连云港市委员会. 江恒源教育文集（2）[M]. 北京：群言出版社，2020：424.

⑤ 刘旭光，连云港市政协学习文史资料委员会，中国民主同盟连云港市委员会. 江恒源教育文集（2）[M]. 北京：群言出版社，2020：587.

果，试验有成效，再由专司推广人员，联合乡村教育机关，以普及其效用于农民”[①]；对于家禽家畜和农作物遭遇灾害的问题，如牛羊鸡豚生瘟症、麦子抽黑穗、稻子生螟虫等，江恒源认为农民总有迷信的观念，他们往往将灾害归于命运、年岁，不能怪他们迷信，因为他们不懂得用科学方法可以防除。江恒源主张，“遇到这种情形，应当用极诚恳的态度，指导他们用方法去防除”[②]。他还要求职教社同仁应当在力所能及的范围内，尽力帮助农民做大规模的兴利除害工作，比如造林、治河、祛除病虫害等。

（2）培训农民生产技能，因地制宜发展副业

江恒源认为，中华职教社成员有相当一部分是职业学校的教师，要负责调查乡村的农业生产情形，并指导农民开展农业种植和病虫害防治，比如指导农民怎样应用农具、怎样驱除螟虫，还要研究所在地的土质，根据土质选送好种子给农民，平时对于十里以内应做的事情如增加农民收获量，要特别注意。许多地区习惯采用单一栽培制，即在一块田地中每年种植单一的农作物，这种栽培制度使得负责作物种植管理的人忙闲不能调剂。为了解决农忙时人工紧张的问题，江恒源提倡推广抽水机、打稻器等新式农具。乡民未必了解这些新式农具的功能和使用的好处，那么就需要把他们召集起来，“详细讲给他们听，构造怎样，装置怎样，实地试验给他们看，效用怎样，利益怎样，用口不足，要继之以手，用言不足，要助之以图”[③]。农民明白了使用新式农具的益处了，高兴采用了，就可以省却很多人工，也能提高粮食产量，同时又学到了一定的农技知识。这就是江恒源所说的教他致富，教他科学常识[④]。江恒源认为，苏南农民比苏北农民富裕的一条重要原因就是苏南农民善于从事副业。苏北农民专靠土地吃饭，生活绝对难以维持，应该在农闲时开展副业，以弥补土地产物贫乏造成的收入不足。比如，拥有了温和的气候、适宜的风土、良好的水利等大自然环境，苏北农民就可以从事养蚕、养蜂、养鸡、养鱼等副业。

（3）办好合作事业

农村职业教育不仅要教农民文化知识、普及农业技术，还要教育农民团结起来，建立互助合作组织。民国时期，由于专制统治、军阀混乱、土匪猖獗，广大农村社会不仅存在“贫”“愚”“弱”的现象，而且存在明显的“私”“散”的现象。为了改变这

---

① 李文海．民国时期社会调查丛编（二编）·乡村经济卷（中）［M］．福州：福建教育出版社，2014：22．

② 刘旭光，连云港市政协学习文史资料委员会，中国民主同盟连云港市委员会．江恒源教育文集（2）［M］．北京：群言出版社，2020：473－474．

③ 刘旭光，连云港市政协学习文史资料委员会，中国民主同盟连云港市委员会．江恒源教育文集（2）［M］．北京：群言出版社，2020：424．

④ 刘旭光，连云港市政协学习文史资料委员会，中国民主同盟连云港市委员会．江恒源教育文集（2）［M］．北京：群言出版社，2020：424．

种状况，江恒源提出乡村改进要建设农村合作事业，以农民合作来帮助最困难的农户。当时的农民时常遭受多重损失：新谷登场，欠债待理，于是就将一部分粮食贱价出售，这是第一重损失；欲购买肥料，苦于没有资金，不得不以高利借债，于是又遭受第二重损失；购用各物如农具、肥料和其他生产资料，自己去市场购买就需要旅费，托人购买则价格未必低廉，于是更遭受第三重损失①。要想农民避免上述损失，“惟有提倡组织各种合作事业，以救济之”②。在昆山徐公桥试验区，中华职教社引导农民开展合作，试办借贷合作社，由中华职教社先期筹款垫款，“用资借贷，所收息仅 7 厘，成效颇著”③。中华职教社还指导吴江蚕农成立了制丝合作社，帮助农民发展蚕业，也取得了明显效果。徐公桥及吴江的这些经验很快也被职教社推广运用到其他农村改进试验区，有效地推动了职教社的农村改进工作。

## 第三节　江苏 17 县农民生计调查研究的当代价值

江苏 17 县农民生计调查研究，彰显了黄炎培、江恒源等职教先贤忧国忧民、改善民生的爱国情怀和工作作风，对于当下“大兴调查研究之风”，丰富和发展农村经济和职业教育，提高农村职业教育的适应性、乡土性具有重要启示。

### 一、为当代中国农村调查研究树立了典范

农村调查是认识社会、解决社会问题最基本的手段和途径。著名社会学家费孝通指出，“认识中国社会，认识中国人，不认识农民生活，不认识农村经济是不行的”④。他坦言，自己对中国社会的看法，对中国传统农业经济向现代经济转变方式的看法，几乎都是在农村调查中累积起来的⑤。“正确的决策离不开调查研究，正确的贯彻落实同样也离不开调查研究”⑥。作为中华职教社的领导者，黄炎培和江恒源率先垂范，带头深入农村走访调查。黄炎培亲自蹲点川沙县开展调查，写出了约 4 000 字的《民国十

---

① 李文海．民国时期社会调查丛编（二编）·乡村经济卷（中）[M]．福州：福建教育出版社，2014：22－23.

② 李文海．民国时期社会调查丛编（二编）·乡村经济卷（中）[M]．福州：福建教育出版社，2014：23.

③ 李文海．民国时期社会调查丛编（二编）·乡村经济卷（中）[M]．福州：福建教育出版社，2014：23.

④ 费孝通．社会调查自白[M]．北京：北京出版社，2017：40.

⑤ 费孝通．社会调查自白[M]．北京：北京出版社，2017：40.

⑥ 中办印发《关于在全党大兴调查研究的工作方案》[N]．人民日报，2023－03－20 (1).

七年的川沙农民》调查报告。江恒源亲自组织调查，全面研读调查材料，深入思考农民生计问题，写出了多篇富有真知灼见的研究文章，为农村改进工作提供了正确的指导思想，针对农村问题提出了许多富有成效的解决方略。他们的求真精神和务实态度一直成为职教社的优良传统和行事作风，影响了一代又一代职教人。改革开放以来，我国农业生产经营组织、农业基础设施与技术装备、农民收入、农村教育等方面出现了前所未有的新情况、新问题，需要我们深入开展调查研究，摸清事实，找到症结，制定有效的解决方案。2023 年 3 月，中共中央办公厅发布《关于在全党大兴调查研究的工作方案》，要求领导干部要带头开展调查研究，改进调研方法，以上率下、做出示范。在此背景下，黄炎培、江恒源以“实在的真精神”开展调查研究，对于转变领导干部工作作风，提高农村工作决策质量，具有积极的借鉴意义。

## 二、为科教兴农、富农提供了理论依据

调查研究是获得真知灼见的源头活水，是做好工作的基本功[①]。江苏 17 县农民生计调查是系统的、周密的、客观的。江恒源的“富教合一”主义，正是基于此次调查得出的正确结论。二千多年来，从孔子的“庶富教”，到王通、王夫之等人的“富而教之”，儒家先贤的“先富后教”思想可谓陈陈相因。黄炎培虽然提出“富教兼施”的教育主张，但是没有阐述“富”与“教”的内在关系，反而回到了“先富之”“后教之”的认知老路。江恒源通过江苏农民生计调查，重新审视了教育与经济的辩证关系，认为农民要致富，须从教育着手，教导他们用科学的方法去发展农业经济，增加农业产量。农民需要教育，更需要职业教育，没有职业技术，农民就没有致富本领。但“单教他们富是不行的”，有些地方，“民众虽是富裕，而道德却很堕落，这是很危险的”[②]。他强调，“富而后教不行，单教他们富也不行，我们要提倡‘富教合一’主义，随富随教，即富即教”[③]。在他看来，“富”与“教”的关系是相互促进、相辅相成的。江恒源的理论创新在于突破了二千多年来儒家先贤“先富后教”的金科玉律，使我们认识到农村职业教育是振兴乡村的基础和动力，职业教育能帮助农民掌握科学文化知识，培养现代农业生产技能，促进农民脱贫致富。当然，农民富裕之后更需要教育来引导，教他们正确“用富”，引导他们积极投身农村社会主义精神文明建设。

---

① 中办印发《关于在全党大兴调查研究的工作方案》[N]. 人民日报，2023-03-20 (1).

② 刘旭光，连云港市政协学习文史资料委员会，中国民主同盟连云港市委员会. 江恒源教育文集 (2) [M]. 北京：群言出版社，2020：476.

③ 刘旭光，连云港市政协学习文史资料委员会，中国民主同盟连云港市委员会. 江恒源教育文集 (2) [M]. 北京：群言出版社，2020：476.

## 三、为增强农村职教适应性找到了正确方法

“调查研究是谋事之基、成事之道”①。职业教育的特质是职业性，至于职业教育的适应性如何，只有通过调查研究才能得出正确结论。黄炎培指出，“办理职业教育，事前必须有缜密调查”，以决定社会需要和职业趋向；“事后尤须有详细考查”，以评估培养的人才是否适应职业岗位要求②。农村职业教育怎么办，不经调查研究就会陷盲区、走弯路。事实证明，中华职教社举全社之力开展农民生计调查，为开创农村改进事业做好了充分准备。没有这次调查研究，就没有徐公桥试验区农村改进工作的成功实践。农村职教扎根于农村，也应服务于农村。当前，随着乡村振兴战略的实施，我国需要转变农业发展方式，拓展农业生产、加工、储运、物流产业链，优化种植、养殖业结构，拓宽农民增收致富渠道，促进农民物质财富积累、文化素质和城镇化需求和谐发展。面对农村形势的新变化，美丽乡村建设的新要求，职业院校只有深入农村社会、乡镇企业进行调查研究，和农民做朋友，与企业做伙伴，了解农村产业发展需要和新型农民的技能需要，才能有效对接农村产业结构调整专业结构，探索职业农民培训的新模式，增强农村职教的吸引力和社会影响力。

江苏 17 县农民生计调查是民国时期一次具有重要影响、成果显著的大型社会调查活动。中国人民大学清史研究所教授李文海先生主编的《民国时期社会调查丛编》（二编）乡村经济卷（中），把《江苏十七县农民生计调查报告》作为开卷之作，其重视程度可见一斑。本次调查使用的问卷设计合理，内容具体翔实，统计分类出色，问题分析客观，建议富有针对性，实为民国农村经济调查之典范。这些成果不仅为职教社农村改进试验区建设提供了重要依据，为江恒源农村职教思想的产生和发展奠定了基础，也为中国经济史提供了一份具有历史价值的经济数据。更为重要的是，该调查过程及其成果对于当下开展调查研究，指导农村经济发展，促进乡村振兴等，都具有重要的参考价值。

---

① 中办印发《关于在全党大兴调查研究的工作方案》[N]. 人民日报，2023-03-20（1）.

② 黄炎培. 河车记［M］//黄炎培教育文集（第 3 卷）. 北京：中国文史出版社，1994：263.

# 附录一

## 江恒源教育活动年谱

**1901 年**

秋　　先生[①]赴海州，应州考。此次参加州考的考生近 3 000 人。五场考完，榜单上唯余 150 多人，先生列第 61 名。

**1902 年**

4 月 18 日　　先生赴南京应院试，正场考题为“孙叔敖举于海”，取得第三名，顺利通过岁试，进学成为秀才。

**1905 年**

夏末秋初　　先生南行至苏州，报考江苏师范学堂初级师范本科，试题为“试述本朝学术源流派别”。

8 月 29 日　　江苏师范学堂录取名单揭晓，共录取 90 名师范生，先生名列第 15 名，进入初级师范班学习。

**1906 年**

秋　　江苏省立师范学堂添办优级师范班，先生因成绩优异，符合投考优级师范条件，初级师范未毕业即考入优级师范班，专修师范及博物两科。

**1908 年**

冬　　先生优级选科课程修完，经考试毕业，名列第一，由省报部核定授予师范科举人及学部小京官。随后留校任助教，因应海州中学堂聘而止。

**1909 年**

是年　　先生回海州中学堂任教，在校内建立博物标本陈列室，以供教学的应用；同时并率领学生制成了许多动植物标本，在海属地区开创先河。冬，以校款绌，先生随海州中学堂监督卢殿虎、同事杨静山赴省请愿资金。

**1913 年**

是年　　时任江苏省教育司司长黄炎培以书信约先生就任苏州第二中学校长，先生以年轻学浅，未敢应聘。

---

① 为表敬意，教育活动年谱中对江恒源以“先生”相称。

**1917 年**

7 月　　先生由京回江苏，任江苏省教育厅视学。秋，视学苏北。

8 月 16 日　　江苏省拟成立检定小学教员委员会，先生以省视学身份任常任委员。

9 月 13 日　　中华职业教育社成立后进行社员补录，先生以省视学身份入选普通社员。

**1920 年**

2 月 1 日　　先生与蒋梦麟、赵国材等任中华职业教育社北京队长，负责在北京征求社员。

**1921 年**

秋　　先生此时起至 1926 年离开北京，一直受中国大学聘任在其附属教授中学国文。

**1922 年**

1 月　　先生受聘于平民大学，任专预科主任，教授大学预科伦理学。

先生着手编写《高中国文教学法商榷》。

**1923 年**

9 月中旬　　先生赴宁正式接受省立第八师范学校校长任命。

**1924 年**

2 月　　先生以学力有限，正式辞去江苏省立第八师范学校校长一职。

**1925 年**

是年　　先生除受聘中国大学、平民大学，还受朝阳大学所聘教授预科伦理学。

**1926 年**

2 月 22—25 日　　中华职业教育社在苏州召开会议，先生以农商部佥事之名，由南京赴苏州参加会议。

3 月 10 日　　先生应校长潘仰尧邀请，以农商部佥事身份到中华职业学校职工教育馆演说。

3 月 26 日　　《申报》消息，江苏教育厅厅长胡庶华辞职，定江恒源继任。

4 月 1 日　　先生正式接任江苏教育厅厅长。

5 月 7—12 日　　先生赴句容、丹徒两县视察教育情况，后撰写《丹徒城外两个优良乡村小学笔记》。

7 月 16 日　　先生视察私立纯一学校，参加吴县教育会第一学区教育会、童子军联合会、吴县教育局举办的欢迎活动。

7 月 17 日　　先生偕吴江教育局长等前往吴江视察江苏省立第一师范学校分校暨县立中学。

7 月 18—20 日　　先生以沪为中转站，先后到松江和昆山视察、讲演。

7月21日　先生上午抵扬，至省立第五师范学校专诚挽留校长任诚，后视察扬州教育。

9月13日　为整理江苏各地方教育，先生亲自拟定考察地方教育办法呈报省长。

10月5—6日　先生视察东海教育并召集相关人士谈话。到省立第十一中学验收该校理科实验室工程并向学生发表讲演。

10月7—10日　先生到徐州视察地方教育，并对千余名中等学生及教界来宾讲演，讲题为《青年修养的方法》。

11月9日　先生在川沙教育会长黄炎培、省视学章伯寅的陪同下到达川沙开始准备视察川沙和南汇两县的教育情况。

12月25日　中华教育改进社试验乡村学校在尧化门小学举行"我们的信条"联合宣誓活动，先生和陶行知以及试验学校教员等嘉宾参加，并在台上证誓。为众人热情所感染，先生连续上台发表演说，并提出两种口号。

**1927年**

1月9—10日　先生作为特邀人员赴嘉定出席中华职业教育社职业教育会议并参观考察嘉定教育，黄炎培等同行。

2月14日　先生以及沈信卿、黄炎培、黄伯雨、袁观澜等参加在南京召开的江苏教育行政委员会议。先生代表教育厅有多项提议在会上经详细讨论后通过。

5月19日　国民党在南京成立国民政府后，江苏省教育会被解散，中华职业教育社屡受打击。当日，因"学阀"罪名被通缉，黄炎培乘坐"西京丸"离开上海。临行前，黄炎培作函和先生告别。

8月7日　中华职业教育社第一届评议员会选举。先生同王云五、黄伯樵、姜琦等5人当选，连同原任期两年的6名评议员组成评议员会。

10月3日　中华职业教育社在青年会堂举行秋季评议员会议。先生以及王云五、姜琦、章伯寅、邹秉文等出席。会议讨论相关议案后进行了主席选举，先生与王云五各得4票，先生以年长当选为评议会主席。

12月23日　河南省政府会议同意河南教育厅厅长张鸿烈以办公棘手为由提出辞呈后，随即决定电请国民政府委任江恒源继任斯职，并荐任河南省政府委员。

是年　先生在家乡创办的河西小学，由公家接办，并迁至西庄。

**1928年**

1月17日　国民政府委员会第三十三次会议决议任命冯玉祥为河南省政府主席，任命冯玉祥、先生等9人为省府委员，先生同时兼教育厅厅长。

2月17日　全国教育会议议规程经国府会议通过，定于5月召开，先生等13人被推为会议筹备员及常务委员。

年初　为准备出席中华民国大学院第一次全国教育会议，先生领衔撰写《全国教育经费保障条例》《颁布各省区教育经费独立官署组织大纲案》《教育经费会计条例》《建议请大学院颁布中学校毕业考试委员会规程通令各省区市尅期施行案》《大学院应设立大学暨专门学校毕业生考试委员会考试全国大学暨专门学校毕业生给发证书及授予学位案》等提案。

6月26日　中华职业教育社评议会票选先生继任办事部主任，杨卫玉连任副主任。当时中华职业教育社被沪市教育当局所嫉视，处境不佳。

7月11日　中华职业教育社开办事员会，先生正式接任办事部主任，黄炎培被推为农村改进股主任。黄炎培说：今日大乐，不惟放手兼放心。

**1929年**

1月6日　昆山徐公桥乡村改进会会所落成及农民教育馆开幕，活动由中华职业教育社办事部主办，社会各界五百余人参加，先生报告农村教育和农村改进工作。

2月23—24日　先生赴无锡梅园参加中华职业教育社年度专家会议。黄炎培、陶行知、陈鹤琴等近三十人参加，先生报告社务。

3月12日　中华职业教育社举行职业心理专家研究会议，谢循初、陈鹤琴、陈选善等七人出席并讨论职业心理测验问题，先生主席会议。

4月13日　上海职业指导所举行职业指导者谈话会，实业界领袖陈万运、项松茂、叶汉丞等人参加。先生主席并致辞。

光华大学济南惨案周年纪念开会，廖世承主席，先生出席并演讲“职业教育的意义目的与范围”，后发表于《光华期刊》1929年第5期。

7月29日　中华职业教育社与中央大学区立上海中学、上海10县教育局合办的暑期讲习会开幕。学员由县教育局派送，讲演内容分为小学教育和职业教育两个方面，共17讲，先生与陈鹤琴等分任讲师。

8月10—12日　中华全国职业教育联合会第七届年会在杭州国立艺术院开会，此次会议通过多项有关职业教育议案。先生出席报告社务和会议筹备情况并演讲。

10月　先生撰文正式提出“富教合一主义”，明确“教育是跟着致富方法走的，是以物质为基本的，不是谈空话，强迫人家不吃饭去做好人的”。先生主张一方面要从帮助农民发展生产、改善经济着手，如通过推广新农具、引进良种、开发副业、组织合作社、发放农贷等；另一方面要通过各种形式教农民读书识字。

**1930年**

6月16日　中华职业教育社举行董事部常会，先生报告社务，并被续聘为办事部主任。

7月20—22日 中华职业教育社第十一届会员大会及全国职教机关联合会第八届年会召开，马相伯、李石曾、蔡元培、郑西谷、钮永健、杨杏佛、钱新之、高践四、刘湛恩等各界来宾600余人参加。20日上午，行中华职业教育社新馆启钥典礼，由董事长钱永铭亲手将钥匙转授先生，并由先生招待来宾参观职业教育成绩展览会。20日下午，开第一次全体会议，先生作大会报告，蔡元培、马相伯等致辞。21日，分组讨论，先生主席职业教育组。22日，先生、黄齐生等相继报告讨论情形，后先生主席闭幕式并致辞。

8月2—19日 应广东中山县教育局邀约，先生乘法轮到香港转至广东中山讲学。7—12日，在中山县暑期讲习会议演讲义务教、职业教育等；13日，参观广州中山大学教育学院附属小学；14日，参观广州市立商业学校职工学校、私立女子职业学校和省立第一中学；15日，参观岭南大学农科并参加广东省政府餐会。16日，参观仲凯农工学校；19日，自香港乘法轮士芬斯号离港返沪。

9月13日 中华职业教育社增设教育学术讲座，即日举行第一次学术演讲，听众达百人，先生主席报告筹备经过及旨趣与将来之希望，首讲人为广西省教育厅长雷宾南，主题为成人教育。

9月20日 东北大学教育考察团谢厚藩等30人到中华职业教育社参观，先生及黄炎培等接待并介绍情况。谢厚藩、刘穗九报告湖南及东北教育情形。

9月27日 中华职业教育社举办第二次教育学术讲座，邀请妇女节制协会宣传部主任章乃器夫人杨美真、国立同济大学校长胡庶华为讲师，先生主席报告会。

**1931年**

1月11日 中华职业教育社举行春季评议员会，蔡元培、刘湛恩等出席，先生代表办事部报告社务状况。

1月24日 先生与黄炎培等到镇江黄墟，出席黄墟乡村改进区一周年纪念会，演示多种随带新农具并演讲。

2月20—22日 先生赴苏州参加中华职业教育社年度专家会议。20日报到。21日，会议在留园召开，蔡元培等为主席团，先生报告提案情况，会议共提出职业学校办学问题、职业补习教育、农村教育和农村经济等议案27个，均经讨论形成决议。22日，上午组织参观江苏省立农具制造所，下午会议结束，先生受推起草《中华职业教育社宣言》。

3月19—31日 先生及黄炎培、潘仰尧等即日起出发至大连再转至沈阳考察辽宁职业教育。3 月 20 日，参观德炮垒、参观青岛大学、观象台。3 月 21 日，于船中作《理想的乡村中学》，中午到大连，至青年会访客，参观满蒙资源馆。3 月 22 日，参观日本南满铁道株式会社所设工业专门学校附设职业教育部。3 月 23 日游大连，后作诗《大连星之浦》《大连老虎滩》。3 月 24 日午至沈阳，至辽宁省教育厅访厅长吴家象。3 月 25 日访商工会会长金哲忱，至省教育厅会晤王化一，撰写《参观大连职业学校以后》。3 月 26 日，至东北大学参观。3 月 27 日，至西郊塔外参观省立高级中学及农村职业学校校长。至冯庸大学。3 月 28 日，沈阳各界欢迎并在省教育会讲职业教育，同时接洽职教年会事宜，晚六时见张学良。3 月 29 日，至青年会，访省主席臧式毅并长谈。3 月 30 日，参观北陵、大含英屯、先观小学等，后至东北大学访宁恩承。3 月 31 日，至司令部、省教育厅向张学良等辞行，晚至东北大学为农科学生讲《做学主义的人生观》。

4 月 2—24 日　先生一行自沈阳出发，取道朝鲜，赴日考察。4 月 3 日，晨至朝鲜京城，副领事季达等迎接入领署。总督府视学官玄锦云以车来导游仁川总督府、博物馆、高等工业学校、帝国大学、图书馆等。午后游京城女子实业学校。4 月 4 日，见总督斋藤实，访稻叶君山。4 月 5 日，晨至釜山，领事陈正甫等迎接，后乘船昌庆丸，晚六时到日本下关后乘急行车直赴东京。4 月 6 日至东京青年会、日华学会客。4 月 7 日，访公使馆汪衮甫公使、督学龙山义光，详问教育状况。随后接连在东京、爱知县、西京、神户等地考察各学校机关。

5 月 6 日　中华职业教育社十四周纪念日，办事部在比乐堂举行纪念式，黄炎培讲述开创史，先生等讲演日本的职业教育，下午在比乐堂聚餐并举行社校联欢会。

9 月 21 日　上海市教育局召开教育救国联合会讨论抗日问题，决议组织成立上海市教育界救国联合会，先生及杨卫玉等 1 人被选为执行委员并参加第一次委员会。

9 月 22 日　上海教育界救国联合会在中华职业教育社举行第二次委员会并通电全国共御外侮，呼吁加紧学生军事训练，厉行对日经济绝交。会议公推胡庶华为临时主席，先生为书记，并推先生接洽翻译事宜以致电国联和各国民众。

**1932 年**

3 月　中华职业教育社积极帮助地方维持会办理职业指导，委托上海职业指导所切实开展调查，并于救济组中特设职业指导股，先生受推为主任。

4月2日　中华职业教育社举行春季评议员会，蔡元培主持，议决先生及杨卫玉连任，同时征求董事会同意。

4月4日　中华职业教育社举行董事会，钱新之主席，依评议会所请仍聘先生与杨卫玉。

5月6日　中华职业教育社在中华职业学校职工教育馆举办成立十五周年纪念会，蔡元培以及先生致辞，黄炎培报告立社经过。因国难当头，纪念活动从简，决定只编著《职业教育之理论与实际》，总结15年来研究和实践的成果以为纪念。

6月10日　教育部职业教育设计委员会在教部会议室开第二次会议，先生以及张轶欧、穆藕初、顾树森等10余人参加，讨论职业学校组织法草案、职业教育设施原则等。

8月9—11日　先生在福州出席中华职业教育社第十二届年会暨全国职业教育讨论会第十届大会。会议期间，与会人员相继参观五里亭乡村改进试验区、农林中学、惠儿院、福建省职业教育展览会、福建造纸股份有限公司等。

11月　中华职业教育社开办第二中华职业补习学校，先生任校长，商务印书馆、中国国货公司、中华国货产销协会、冠生园、世界书局等各家纷纷选送职员参加学习。

**1933年**

1月　中华职业教育社将原设职工补习晨校、第一中华职工补习夜校、通问学塾和业余图书馆合并为第一中华职业补习学校，先生兼任校长。

1月12日　私立兴华小学在南京饭店开校董会议，推举大夏大学教育教授、儿童教育专家董任坚为主席校董，先生等为校董。会上，先生介绍了欧美日本各国儿童教育新趋势，希望学校应注重健康、科学、艺卫的训练。

2月27日　中华职业教育社与南京路商界联合会各推代表联合成立职业补习教育委员会，并决定下学期于南京路增设补习学校，努力推行职业补习教育，先生与周菊忱受推为正副主席并进行筹备。

2月28日　先生会同上海教育界260余人公告全国教育界，认为教育界应以身作则倡导救国抗日工作，认定一切教育事业应以爱国救国为灵魂。

6月18日　先生与黄炎培、姚惠泉、彭一湖等赴徐公桥，与吴县实业人士张云博以及高践四商谈。

9月13日　黄炎培和先生共同为《中华职业教育社社歌》撰词，后作曲家黄自谱曲。歌词强调“先劳而后食，人群之天职”，鼓吹劳工神圣，双手万能，发出“我们重任在肩，同心结社，去研究、试验、实践”的誓言，以此唤起民众解脱贫困，“国家终将强盛”。

9月22—24日 教育部在部会议室开师范学校教学科目讨论委员会会议，先生等委员以及教育官员参加会议。会议对师范科暂行标准、教学科目、师范教员以及各科课程讨论颇多。

**1934年**

1月6日 中华职业教育社在漕河泾农学团举行农村问题座谈会，先生与黄炎培、江恒源、杨卫玉、黄齐生、陆叔昂等40余人参加。先生赠联：大事业从田园做起，真快乐自辛苦得来。

1月25日 中国教育学会第二届年会在南京召开，理事会推定先生与陶行知、陈礼江等5人组成生产教育问题研究委员会。

1月27日 中华乡村教育社在栖霞山栖霞乡村师范学校举行成立大会，选出理事16人，先生与何玉书、陈剑修、黄质夫、梁漱溟等当选。

2月24日 中华职业教育社在漕河泾沪西围场举行第八次专家会议，先生与顾树森、陶行知、黄炎培、李公朴等30余人参加。会上，先生先报告开会宗旨，后报告职业补习教育近况及中华职业教育社合作代办各学校概况、农村事业近况等。先生与俞庆棠、陶行知、李公朴、黄炎培、黄齐生等受推为民族复兴教育设计委员会委员。

2月25日 中华职业教育社在沪西围场开民族复兴教育设计会，推举黄炎培、俞庆棠和先生为常务委员，讨论复兴民族精神训练教材方案等，先生与杨卫玉获推主持征集行动材料事宜。

5月 先生为中华职业学校题写校训“敬业乐群”，同时撰写《中华职业学校职业市市刊》序。其中有言：人各有业，不敬，无以致其精；人必有群，不乐，无以宏其用。敬业乐群，本校校训，固昭昭矣……。

6月6日 上海教育界由市教育会、大中教联、小学校长联欢会等各团体筹备在务本女中举行教师节庆祝大会，先生与全市教育界代表出席并发表演讲，提出小学教育应中国化、职业化和社会化的主张。

7月1日 中华职业教育社徐公桥改进区六年试验计划已告完成，在无逸堂举行移交地方接管典礼，内政部等政府代表，各团体代表俞庆棠、卢作孚、王揆生、刘国钧，以及中华职业教育社和徐公桥改进会同志、徐公桥村民参加。活动由先生主席，相继报告工作后，先生代表中华职业教育社向当地移交接管纪念碑。纪念碑文曰：本社主办之徐公桥乡村改进区原定六年试验计划，业已完成。谨于本日移交于地方接管，深信必能继续以往，精神益加奋勉，俾发扬而光大农村事业前途，实利赖之。中华职业教育社办事处主任江恒源。

7月 先生积极筹办沪郊农村改进区。该改进区分倡导、协作、自主三期，用最经济的人力、财力作广义的教育试验，以学校为中心逐步推动农村改进，使学校与社会打成一片，推行教政富合一，辅助完成地方自治，藉以树立区单位、村单位农村改进的轨道。

8 月 5 日　为中华职业教育社择定沪闵路颛桥东北赵家宅一带进行沪郊农村改进事业，上海县属各机关团体在颛桥农民教育馆开会欢迎先生等中华职业教育社同志。县长致欢迎词后，先生发表沪郊农村改进区计划。

12 月 7—9 日　全国职教会议举行，各省代表、各机关代表及教育部人员 60 余人参加会议，先生与何清儒、章之汶、卢恩绪、王志莘等以教育部聘任会员身份参加。7 日，举行开幕式和第一次大会，先生于会上演讲职业指定之意义及功用。8 日，举行第二次大会，先生与郑西谷等临时提议推行农业教育方案等，会议议决提案修正通过。9 日，举行第三次大会，讨论通过各提案，先生提议请订定小学职教陶冶办法以期普及职业教育案、改进中国农业教育案等。

**1935 年**

3 月 6—9 日　先生参加湖北教育专家及江苏省教育界代表联席讨论会。先生与教育厅厅长程其保以及钮永建、董任坚、刘湛恩、陶行知、晏阳初、艾险舟等多人参加。8 日，先生演讲《职业教育问题》。9 日，在职业教育组讨论上，先生作为指导专家，修正通过教育厅提出的湖北省职业教育改进计划讨论案。

7 月 19—21 日　先生在青岛参加中华职业教育社第十五届社员大会和第十三届全国职教讨论会。19 日，开幕式有各省市社员 200 余人参加，先生与黄炎培、王儒堂、沈成章、雷法章、沈信卿、刘湛恩、欧元怀、顾树森等为主席团。王正廷主席致辞，先生报告社务。21 日举行第二次大会和闭幕礼，先生最后致辞。

**1936 年**

2 月 2—3 日　先生出席中国教育学会第三届年会。2 日，何雪竹、陈继承、吴国桢等邀宴先生及与会专家，并讨论非常时期教育问题。3 日，中国教育学会年会继续讨论。后举行闭幕式，先生出席并作闭幕致辞。在学会理事改选中，先生任中国教育学会候补理事。

5 月 19—21 日　先生出席十省市识教讨论会。19 日开幕，吴铁城主席致开幕词，各市代表分别报告实施识字教育经过，先生和陶广川、蒋建白等被推定为行政组审查委员。20 日，会议讨论提案，先生在专家会议上发表意见。21 日，与会专家继续讨论，下午参观，即行闭幕。

7月2日　　中华职业教育社举行的校董评议员联席会议，先生报告最近社务、江苏省补助费变更经过以及报告年会地点变更原因。时江苏省款补助中华职业教育社年资忽为江苏省当局取消，其借口为该社有反对政府行为。经先生多方奔走，始获恢复。

8月16—18日　先生出席职业教育社十六届年会暨全国职业教育讨论会。16日上午，举行开幕式，先生被推定为主席团主席，并报告大会筹备经过及本届大会意义，下午开分组会讨论职教问题，尤其关注四川省职教。17日，分组开会。18日，上午讨论，下午行闭幕礼，先生主席并致答谢词。会议关于四川职教方案缮送省府，以供采择。

**1937年**

2月13日　　中华职业教育社在中华职业学校举行专家会议。顾树森、程时煃、刘湛恩、郑西谷、俞庆棠、欧元怀、黄炎培等参加。先生首先致开会辞，后报告社务。先生和姚惠泉、何清儒等均对职业补习教育发表了较为详细的意见。

5月6—8日　中华职业教育社在上海举行第十七届社员年会、二十周年纪念大会，同时举行第十五届全国职业教育讨论会。闭幕式上，先生受推起草致中央政府电文和大会宣言等，孟禄博士出席并演讲。

5月9日　　先生和黄炎培、杨卫玉等出席农村工作人员谈话会。先生谓："将生死置之度外，一切事业当能成功，可谓天助者人助之。"下午，先生和黄炎培、杨卫玉等召集各职业学校校长及代表进行个人谈话，以了解各地职教状况。

**1938年**

1月10日　　先生在重庆和中华职校贾观仁校长一起筹建重庆中华职业学校。先生和贾观仁、陈福昌前往北碚寻觅校址，巴蜀学校校长周勖成大力帮助，同意拨出该校一部分校舍供新开设的中华职校所用。

12月4日　　中国教育学术团体联合办事处举行第一次全体理事会议，决议推先生和郭有守为研究组副主任，推先生和张伯苓为常务理事会召集人。

**1939年**

3月1—9日　第三次全国教育会议召开，先生及全国200余名代表参加。先生和朱家骅、吴贻芳、俞庆棠等被聘为教育部专家。在会上，先生先后领衔并和陈剑修、黄炎培等联署多项提案，包括《请废止大学研究院暂行章程第十条并准许各大学助教职员在职研究案》《大学各学院高年级课程标准应富有弹性以便发展案》《在抗战期间宜加紧推行短期职工训练职业补习教育及职业指导工作案》《学校急宜注重眼之卫生案》《在抗战建国大时代中教育上应特殊注意之事项案》。

3月10日　教育部于第三届全国教育会议后召开中学课程标准讨论会，顾毓琇主持，全国各省教育厅厅长及先生等特聘专家20余人参加。

6月19日　先生和贾佛如在重庆致电黄炎培，描述职校、工厂被毁情况，告知人员安全。后中华职业学校由重庆迁设江北乡区黄桷坪丛山中。

8月8日　董必武、沈钧儒、李璜借张澜寓所宴请先生和黄炎培、章伯钧等，讨论一届四次国民参政会的提案问题。后先生和中华职业教育社同志谈社务。

**1940年**

3月11—16日　全国各省市国民教育会议召开，先生出席会议。11日，先生与顾毓琇修正草拟的各省市国民教育会议决议致蔡元培亲属的唁电和声讨汪逆电文。会中，先生与程其保、郑通和、李清栋、马客谈、陈锡芳、吴其铖、薛钟泰、冯策、王介庵等临时提出多项动议，分别是《各省市因国民学校增加其所需师资训练经费请由中央酌予补助案》《沦陷省区情形特殊中央对于战地国民教育之实施似应另订特殊办法兹谨拟具办法要点提请公决案》《请教育部通令各省市遵照师范学校规程对于师范生一律给予膳食案》等。16上午，会议闭幕，陈立夫主席，先生演说，呼吁普及国民教育。

10月14日　毛泽东在给刘少奇、陈毅、黄克诚的电文《注意吸收民族资本家及其代表参加根据地建设》中说，他们注意吸收陶行知等生活教育社人员去参加苏北文化教育工作是对的，这是主要方面。但同时亦应注意黄炎培、江恒源等所领导的职业教育社在江浙两省知识分子中有颇大影响，因为黄江二人等不仅在文化教育界有地位，而且是经营工商业的民族资本家著名代表，因此也应吸收职业教育社社员及其有关的各方人员，参加我党领导的文化教育和财政经济事业。同时，还应经过韩国钧等地方绅士，对苏北以外的江浙民族资本家及其代表如张一麟、黄炎培、江问渔、褚辅成、穆藕初等加以联络，向他们说明苏北事件真相，约请他们派人或介绍人参加苏北之地方政权工作等。

10月30日　中央宣传部在关于向全国教育界各小派别小团体推广统一战线工作的指示中谈到，黄炎培、江恒源所领导的中华职业教育社站在抗日民族统一战线之内，是很有历史且颇有地位的一派，该社的教育主张及实施，一般地是为民族资产阶级服务的，它团结了社会上比较开明的一部分上层分子，并在他的活动地区里也得到一部分职业青年的欢迎，应欢迎中华职业教育社中的人员并帮助他们前赴各根据地。

**1941 年**

1 月 14 日　毛泽东发电给周恩来和叶剑英，就争取江浙民族资产阶级问题作指示，要求对黄炎培、江恒源、张一麟、褚辅成等江浙民族资产阶级之代表加以联络争取工作，并说明欢迎他们派人和介绍人参加苏北的政权工作和民意机关工作，以便经过他们扩大我们争取江浙民族资本家的范围，并帮助我们巩固苏北根据地。

**1942 年**

7 月 31 日　贾观仁辞职，先生接任中华职业学校校长一职。先生来渝之前，由杨卫玉代理。

11 月 4 日　先生参加中华职业教育社假交通银行召开的董事会正式辞去办事部主任一职，改推为常务董事，同时任中华工商专科学校筹备委员，定该校明年春季始业前开学。

**1943 年**

9 月 18—27 日　先生参加国民参政会第三届第二次大会。先生领衔《建议政府规定办法通令各省改善县政工作人员待遇。以期吸收优秀人才，健全县政机构，树立建立基本案》《建议政府请确定师范教育制度加紧培养各级师资案》《建议政府请特别重视大学专科训育，规定各校设置学生生活指导部，并慎重导师人选似期养成学生健全人格，训练学生处世知能案》等提案。在会议咨询时，孔祥熙以嬉皮笑脸态度答复参政员询问，先生立即起立纠正，指出他是政府大员，态度应当庄重点。孔当即收敛。期间，先生为贵州遵义地院首席检察官夏玉芳查办“贿纵案”被枪击书面询问案，连署者众。时国民党参政员斥共产党益急，先生极不喟然，坚持正义的主张。

是年　先生与黄炎培通信不断，谈诗谈中华职业教育社谈国家大事。

**1944 年**

11 月 10 日　黄炎培为先生撰写先生六十岁表祝寿词。词曰：先生就中华职业教育社主任主持后，社务益进展，各项事业呈一日千里之观，徐公桥亦是充实完成于先生之手。祝寿辞曰：“服务之余，持《人文》月刊。民纪二十年，日本之行，当未几，九一八难作。翌年上海一二八，至八一三，先生主救济组难民如潮至，从容安排。淞沪苦战，社迁武汉，与先生走徐州、走豫东南，走湘西，由桂黔滇，职教事业，遍布西南诸都会。大恙，勉受同人全力怂恿，辞社务，养病于湄潭。今先生六十，遥祝康疆长寿，吾社幸甚。国家幸甚。”

11月　黄炎培在中华职业教育社为先生生日与同仁食面。黄炎培等众多好友醵资为先生寿，先生悉数捐赠浙大在湄潭所办的小学，以充教育经费。

**1946年**

3月20—4月2日　第四届二次国民参政会会议召开，先生参加，领衔提案《建议政府对于具有新理想新方法之教育在统一法令下酌察情形从宽准其试验案》《请政府急迎恢复县市教育局案》《建议政府请从速调整并加强师范教育以巩固建国基础增进建国工作效能案》《建议政府对于具有新理想新方法之教育，在统一法令之酌察情形从宽准其试验案》《请政府按照江苏省县经费预算，如数核发，俾地方经费有着，不致再遭课派，藉苏民困案》《建议政府请从速审查已颁行之全部法令规章分别存废且加修正力求简化以期增加行政工作效能案》。临时动议有《请政府于伪币收齐向日本索偿后以所余专用于伪币行使地区之平民福利事业案》《立即提请政府对于截止兑换伪币日期一事迅予变更案》。

5月6日　先生上午参加并主席中华职业教育社立社29周年纪念会。下午召开中华职业教育社理监事和校董联席会。

6月29日　先生与黄炎培、杨卫玉、孙起孟、何清儒倡议创办比乐中学，即日成立学校董事会，先生任董事长。该校于普通中学中设职业科，使学生能同时受到职业教育和高中教育，既于升学不致有妨，又便于就业。

8月13日　上海《文汇报》刊登先生与黄炎培、杨卫玉、何清儒、孙起孟联名文章《中华职业教育社创设比乐中学意旨书》，意旨书论述了两个问题：一是为什么办比乐中学；二是怎样办比乐中学。关于第一个问题，因为大多数青年到了初中年龄就会想到将来的职业问题，教育在此时应该用种种方法明示或暗示各种职业的意义、价值和从业的准备等，以免青年走向与他天性或天才不相近的道路，此即职业指导。然后他们按着指导，升入分科高中。作此试验，中学六年不变更规定课程而能养成职业能力，升学不致有妨，就业更加便利。关于第二个问题，拟试验学费合作制，即学生的学费视学校决算，由学生平均分摊；采取小级制每级限20余人，提高教学效率。

9月4日　中华职业教育社举行改选后第一次理监事联席会议，同时召开社员联谊会，理监事会推定钱新之任理事长，先生和黄炎培等任常务理事，总干事为杨卫玉。

10月20日　中华工商专科学校上午在本市永嘉路蓉园举行自渝迁沪后第一届开学典礼，先生与黄炎培校董，马寅初、郭沫若、叶圣陶教授，以及师生300余人参加。先生说明学校创办宗旨是培养专门知识、优良品格的干练人才。随后召开中华工商专科学校校务会议，先生请辞校长一职，与叶圣陶等任国文教学，并讨论选取教材之方针。

**1947 年**

5 月 6 日　先生与黄炎培、杨卫玉、孙起孟、何清儒、贾观仁等联名发表《中华职业教育社成立三十周年宣言》，论述中华职业教育社之宗旨及今后努力方向。其后，先生出席中华职业教育社三十周年纪念会，并致谢词。词曰：回顾三十年，本社赖各界之赞助得有今日，准自审仅开职业教育之风气而已。从明日起，第二个三十年开始，当为发展时间，感于职责之重大，惟有加倍努力。

9 月 16—17 日先生与黄炎培、杨卫玉应蒋孝义之约至川沙，参观至元医院中小学校、川沙新中国农场创办之高级农业职业学校等。

9 月 23 日　蒋孝义创办的川沙暮紫桥新中国高级农业职业学校举行第一次校董会，先生被推举为董事长。

12 月 16 日　先生与黄炎培、杨卫玉、孙运仁就程其保、程时煃所发的教育问题十五通，公同一一答复，将发表于《教育与职业》，文曰《对于中国今后教育设施的意见》。

**1948 年**

2 月 20 日　上午，中华职业教育社举行年度专家会议，先生主席，后以常务理事身份作报告，言专家会议向例每年举行，并常往外埠开会，本届原拟在外埠举行，因种种困难，未能成功。会议决定围绕今后工作重点、人才培养、职业学校课程分配及与专科学校衔接、专科学校与职业学校之训导、普通中学训练与职业教育训练如何并进、职业指导之推行与改进、职业补习教育之推行与改进、伤残重建教育等问题展开讨论。

3 月 4 日　先生和比乐中学校务主任庞翔勋、教务主任杨善继等与黄炎培谈比乐中学事。《大公报》举行第十二次时事座谈会讨论中学课程标准，先生受邀参加并说：中学这一阶段是人生最重要的，现在大公报来谈中等学校课程标准，尤令人感到中学教育的不可忽视。先生指出现在中学多注重升学，以至于把学生当成了机器，要全面发展。先生提出四点建议：一改良现有的中学课程标准，二改正授课方式上的错误，三把教育从全体看，应该注重教训合一，使学生受到完全的教育。四应该补救课程与课程脱节的现象。

6 月　《位育校刊》第 3 期刊登《位育中小学校歌》，该校歌由先生撰词，吴逸亭谱曲。歌词为：黄浦江，水洋洋，大小朋友聚一堂。用我手，用我脑，大家工作一齐忙。莫怕工作忙，身心俱康强。国旗兮飞扬，庭树兮芬芳，琴韵兮悠扬。爱我国，爱我校，爱我先生，爱我同窗。人生目的不可忘，将来国事谁担当？创造，创造，生长，生长，位育意义深且长。

**1949 年**

7 月 23—27 日 中华全国第一次教育工作者代表会议筹备会议在北平举行。会议中心任务是讨论筹备召开全国教育工作者代表会议，以团结全国教育工作者，从事恢复和发展人民的文化教育事业。该会发起人以及来自全国各解放区、待解放区和人民解放军、国内各少数民族、海外华侨的教育工作者代表 127 人出席了会议。会议推选先生与方兴严、成仿吾、徐特立、马叙伦、孙起孟、陈鹤琴、黄炎培、董必武、叶圣陶等 21 人为大会主席团成员。

10 月 7 日　先生与黄炎培等参加教育工作者代表会议筹备委员会在北京饭店召集的政协代表教育工作者座谈会。

**1950 年**

2 月 25 日　先生为中华职业教育社附设中华职业学校校长问题大费周章，后黄炎培回信同意贾观仁辞职。经研究，中华职业教育社决定聘江恒源继任校长，聘任庞翔勋为副校长兼教导主任。在副校长到职前，暂请比乐中学副校长杨善继兼代副校长职务。

3 月 20 日　上海市人民政府教育局正式批文同意贾观仁辞职，改聘江恒源继任校长，庞翔勋任副校长。

3 月　先生辞去比乐中学校长职务，由杨善继任校长。

**1951 年**

5 月 22 日　先生及夫人到京参加北京文化教育委员会召开的会议。到后即与黄炎培在中华职业教育社略谈，午后长谈。

11 月 14 日　先生致信中华职业教育社：因患心脏病不能到校执行职务，业已万分抱歉，幸有副校长庞翔勋秉承市教育局，忠诚任事，百端整饬，校务毕举。因旧病加剧，身体更感不支，因此请求准予辞去校长，以便安心疗养。庞副校长在校任事经年，成绩卓著，本人保荐学校庞翔勋任副校长升任校长职务，呈请中华职业教育社鉴察校准，以利校政进行。

是年　先生先后任上海市人民政府委员、文化教育委员会委员、华东军政委员会委员等职。

**1952 年**

是年　比乐中学董事会改组，先生任董事长。董事会主要在经济上给学校以支援。

**1959 年**

中华职业教育社选举产生第四届理监事会，在沪理事有先生、潘仰尧、胡厥文、陈鹤琴、姚惠泉、顾树森等。

**1960 年**

1 月 17 日　中华职业教育社开会选举，理事长为黄炎培，先生与胡厥文、孙起孟任副理事长。

**1961 年**

2 月 24 日　上午 3 时，先生逝世。黄炎培闻耗撰《江问渔先生哀词》。

# 附录二

## 频将旧制赋衷情：江恒源古体诗的家国情怀

情动于衷而发之于歌咏，是具有赤诚之心、浓烈情怀人士的常例。尤其是那些历经颠沛、去国怀乡的人，或心系国家、民族大事，或心忧多难的民生，或心怀乡土、亲友，往往“登山则情溢于山，观海则意满于海”[①]，更易于将一腔热忱倾注于诗篇。生活在乱离时代的江恒源，亦是如此。江恒源自幼受传统文化熏染，在古典诗词创作方面用力甚勤。政协连云港市委员会文史资料委员会于2012年将其诗歌汇集作为内部资料付印，题为《补斋诗存》。江恒源在《自序》中说“少时性好诗歌，间有吟咏，但三十岁后始稍存稿，五十岁后遭逢离乱奔走四方……因检历年诗稿，稍加整理，择其较可讽诵者，录出一部，古近各体得一千零数十首。”江恒源的一生主要的事迹可以归结为两个方面：一是为救亡图存、民族振兴而奔走呐喊；二是为教育事业呕心沥血，建树颇多。在为国事、为教育奔走呐喊的一生中，江恒源将拳拳爱国之心、深沉爱民之意、绵绵怀乡之情，一一倾注于旧律，为其诗作平添了浓郁的家国情怀。今人吟诵其诗、想象其人、揣度其情，尚有戚戚于心的感慨。

### 一、拳拳爱国之心

江恒源一生始终关心国家和民族的命运，关心百姓的疾苦，积极参政议政，具有强烈的忧患意识和使命感，为救国图存摩顶放踵，以切实的行动诠释着一位爱国者的思想情怀。在他的诗歌中，爱国之情主要表现为相互联系的三个方面。

#### （一）心忧国运，关心民生

这类作品在江恒源的旧体诗中占据重要地位，如《感时杂诗》《由汉入川舟次，闻敌军入济南，痛而作歌》《归来杂诗》《大水谣》《山头小儿哭》《述怀十二首》《初夏闲居即事戏效剑南体》等。据江恒源自述，他现存最早的诗歌创作于寓居北京的1922—1925年。这些诗篇大多反映了辛亥革命以来军阀混战、政治混乱的社会现状，蕴含着深沉的忧患意识。江恒源目睹了军阀权贵“左手执戈矛，右手索金帛”的凶横贪婪之相，以及政客们“衣冠集上都，借口为谋国”，实则为一己之私玩弄权术的黑暗政治，

① 黄霖. 文心雕龙汇评［M］. 上海：上海古籍出版社，2005：94.

犀利地点出其严重危害——“兵骄民以疲，将悍国以踣”（《感时杂诗》）。他震惊于军阀混战带来的荒凉破败景象，“华屋矗霄汉，今成瓦砾堆。骸骸向人笑，阶砌生毒苔”（《春郊野望》）；他对百姓遭受的苦难充满感伤与同情，“大兵朝来劫吾屋，日暮复来强吾宿。吾父被虏不能归，吾母遍体血染肉。村中东邻复西邻，家家受祸皆惨酷。居无室兮食无粥，空有此身不如死之速”（《山头小儿哭》）；在《大水谣》中，他描述了百姓在水灾过后“沿岸老弱肩相扶，得地暂息免为鱼。上有皓皓之烈日，下临污秽之残储”的悲惨处境。面对“小儿卧地泣呱呱，其母对泣眼为枯”的悲惨景象，诗人忍不住发出了“郑侠一幅流民图，我亲见之心欲酥”的沉痛叹息。

“七七事变”之后，日寇铁蹄在中华大地上肆意践踏。江恒源一面以沉痛之笔记录侵略者的罪行和现实的惨状，一面以悲悯之情叙述百姓艰难的生活和不幸的命运。敌机轰炸重庆时，他写下了《六月十一日，游渝市西郊待老山，遇敌机来袭，诗以纪之》一诗，描绘了“苍茫暮色不可辨，火花怒发亘天红。宇宙惨变鬼神泣，是何魔物呈顽凶”的惨相，并以“欲语先太息，四顾心忧忧”倾诉深沉的忧伤和无比的愤怒。江恒源尽管怀有报国的热情和心志，但是毕竟是一介书生，只能自叹力量单薄，通过诗歌抒发有心杀贼而不能力挽狂澜的遗憾。他在《述怀十二首》（十）中写道：“天意亦胡醉，我生竟不辰。中原犹俶扰，东土已沉沦。野老吞声哭，江花带血皴。平生饥溺想，杯水拯车薪。”他呼吁同仇敌忾、一致抗日——“屈指几人杰，同心复国仇”；他反复吟唱“只余一事难忘却，何日天池洗甲兵”（《初夏闲居即事戏效剑南体》）、“愿倾一天雨，洗尽万方兵”（《夜坐听雨》），传达了广大民众渴望祥和安宁生活的心声；他期盼战火早日平息、抗战胜利早日到来，“行看直捣黄龙日，痛饮还须尽百壶”（《赠中华职业学校诸位同仁》）。然而，抗战胜利了，诗人希冀的和平幸福的生活并未如愿而来。在《还都行》中，江恒源以“河山还我人欢娱，喜极翻教泪满据”的诗句，写出了杜甫“初闻涕泪满衣裳”式的兴奋与激动，但这股喜悦并没有持续多久，旋即被悲惨的现实所遮蔽，“国虽胜利民则痛，京畿千里冷烟芜，淮泗之民且为鱼，千幅万幅流民图”。

## （二）抒发壮志，感慨困顿

国家与民族面临的危机和人民大众遭受的苦难，催生了江恒源的责任感和使命感，使他确立了纾解时难、救民困苦的人生目标。在《谒中山先生故居》中，他描绘孙中山的塑像“神采尤奕奕”，赞美孙中山“奔走四十年，赤手建民国。居室乃如斯，奚异舜与墨”的伟大功绩，满怀对革命先驱与领袖的敬仰之情，隐然有自我激励、功业自许的情志。在《除夕述怀》中，他痛心于“斯时我两京，沦为犬羊窟。伤心佳丽地，哀草凝碧血”，大有悲不忍言的酸痛与苦楚——“欲以诗写哀，惨但不忍述”。面对这种情景，江恒源直抒胸臆以言明志向，倾吐了“人生天地间，本如远行客。男儿志四方，敢辞跋与涉……还我旧山河，重见汉宫阙”（《除夕述怀》）的豪迈之语。在《述怀十二首》（三）中，他表达了不辞劳苦为国奔走的决心，“易帜兴炎汉，扬帆遁夜初。烽烟满江表，奔走敢辞劳”。江恒源还殷切地期待儿子、儿媳能够以所学的知识报效祖国，“忧时自发丝千缕，报国丹心血一腔。上舍多才须作育，为师责重在为邦”（《过江送希明儿媳赴遵义任浙江大学教职》）。

有些诗篇中，江恒源一改直抒胸臆的做法，以含蓄的手法抒写报国情志，为诗歌增添了一股深沉蕴藉的力量。《夜深不寐望月感赋》中的“驱百苦无术，仰望空恨恨”显然是有象征意义的，这样的写法将情志寄托于具体的物象，变直切为深婉，更易感发人心。《湄居冬日杂感十首》（一）中的“蟏蛸挂户侧，松柏荫涧边……士苟志康济，何须慨暮年”，含有左思咏史诗的激愤不平，但多了一份坚毅与执着；《湄居冬日杂感十首》（二）中的“遥念荆楚士，喋血满山红。悠悠洞庭水，何由采芙蓉。登高徒怅望。乱百失西东”，在惋惜荆楚将士为国捐躯的同时，寄寓了屈原式的侘傺不得志的郁闷，隐藏着难以言说的痛楚。

正是出于对国事的关心、对国运的关切，江恒源对弄权误国、贻害苍生之辈给予辛辣的嘲讽和无情的批判。《偶有所感书成一律》中的“群儿自相贵，竖子竟成名。地僻蚊喧阵，林昏鬼弄兵”，大有“时无英雄，使竖子成名”的感慨。日本发动“九一八事变”，中国军队几乎没有任何抵抗就放弃了沈阳，江恒源对此义愤填膺，以反语讽喻的方式揭露这一丑事，“将军传令无抵抗，为国何妨徇礼让……将军之量真宽宏，名城连弃禁无声”（《无抵抗》）。当然，江恒源也意识到了局势的复杂、抗战的艰难，而对国事持慎重的态度，“煌煌军国事，入座敢轻论”（《赴渝都出席国民参政会途次口占》）。

### （三）庆祝胜利，歌颂祖国

江恒源经历了抗日战争和解放战争两个历史时期，每次战争的胜利都让他兴奋不已，为国家迎来新希望、民族踏上新征途而挥毫赋诗。在《胜利篇》中，他怀着复杂的心情回顾了“七七事变”以来中华大地上发生的战事：从“芦沟夜黑鬼夜号”到“吴淞百暗腾江涛”；从“烛天烽火迷江表，健儿白骨乱蓬蒿”到“两京宫阙湮尘土，哀鸿在野声傲傲”。他盛赞“吾民神勇志益决，目光洞烛秋毫末”，坚信祖国“得天多助古训昭，潜龙宁是池中物”（《胜利篇》），必将迎来抗日战争的胜利。他一面表达了“但愿万国为一家，从此兵戈永不用”的美好愿望，一面警醒世人要“吾济痛定还思痛”（《胜利篇》）。随着抗战胜利，陷于敌手的台湾也被国民政府接收，江恒源为国家统一感到由衷的自豪。当蔡邦华、苏步青等人奉命赴台湾接收教育机关时，江恒源写下了充满热情与期待的送行诗，“五十年前事可哀，幽幽遗恨满蓬莱。河山还我雪奇耻，战百散尽祥百开……台澎学子乐无涯，乘槎使者天边来”（《国立浙江大学蔡邦华……赴台湾检收文化教育机关。于其行也，做歌送之》），在抒发洗雪国耻的豪迈情怀的同时，也为台湾青年迎来新生活而倍感欣慰。

当然，最让江恒源激动不已的是解放战争的胜利，以及中华人民共和国的成立。江恒源一向热衷国事，为国家治理、民众生活建言献策。1936 年 5 月，江恒源曾与黄炎培、夏丏尊等一道以上海文化界的名义致电蒋介石，敦促政府速定对外方针，领导各方一致抵御外辱。1938 年 3 月，江恒源与黄炎培、晏阳初等人一起面见蒋介石，提出“发动群众参加抗战”。1939 年 8 月，江恒源与黄炎培、冷通（字御秋）应蒋介石之召，面陈对抗战前途、青年问题、江苏问题的看法。然而，正如他在诗中所说的那样，“中流思抵柱，此意竟谁论”（《题中流抵柱图》），他的次次热望均被无情的现实浇灭。江恒源从中国共产党为国家、民族所做的一切中看到了希望，在《七十述怀三十首》（二十二）中，他倾诉了自己乃至人民对解放上海的热切期待——“盼望仁师眼欲枯，市民一夕几惊呼”，“再教易帜迟三日，要向牢城索病躯”。1949 年上海解放时，他率先欢迎解放军入城并发表讲话，得到了陈毅的赞许。祖国西南解放时，他快意至极地写下了“桑下曾留三日宿，城中大展五星旗。闻到巴山新获捷，却叫喜极泪沾衣”（《沦老以和鲁迅七律诗原均见示，不禁技痒，因依均成律》）的诗篇。在《一九四九年十月一日中华新国成立》一诗中，江恒源将中华人民共和国成立称为历史上石破天惊的奇迹，认为值得大书一笔，“一九四九年堪记，此是神州再造时”。当受邀前往北京参加全国政协会议商讨国是时，他按捺不住激动的心情，“北上京华未敢迟，协商大计奠邦基”，并重复使用了“一九四九年堪记，此是神州再造时”（《七十述怀三十首》之二十三）的诗句。如果不是因为他激动的心情难以平抑，那么对于一位追求“原可从禽标独鹤，仍多杂树一发奇花”（《论诗四首》之三）的诗人来说，这种简单的重复是不可思议的。

## 二、深沉的乡土情怀

江恒源自弱冠起游学于苏州、北京，其后在北京、江苏、上海、河南等地任职。抗战期间，江恒源奔走于贵州、重庆、湖南等地，饱受颠沛流离之苦。对他来说，寓居的上海也难以久住，故土板浦镇更是遥不可及。因此，他心中常涌动着难以排遣的怀念故土、依恋家乡的思绪，创作了大量思念家乡的诗作，代表作品有《困和廉老忆竹图诗，大动怀乡之念，遂成此律，仍用前韵》《离乡日久，欲归不得，秋夜对月，百感萦心，小饮微醉，信笔书此》《冬日出湄邑南门，登高远眺，思乡怀友，百感萦心，诗以写之，并寄沦清海上》《湄居冬日杂感十首》（三）、《归来杂诗》（七）等。这些诗歌抒写的乡土眷恋情怀大致可以分为两个层面：一是对故土灌百县板浦镇的思慕之情，笔者称之为怀念故乡之情；二是对寓居地上海的思念之情，笔者称之为思念家乡之情。

之所以作这样的划分，是因为在笔者看来故乡与家乡是相对的而又有关联的两个概念，而且都是具有情意化倾向的概念。故乡侧重指祖辈生活的地方，或者本人曾经生活过的地方；家乡侧重指当下家庭及日常生活所在的地方。对江恒源来说，故乡与家乡在他心中引发的情怀是有差异的。

### （一）怀念故乡之情

弱冠之前，江恒源在故乡读书、交游、成家；弱冠之后，他离开灌云板浦到苏州的江苏师范学堂就读。此后，除了1909—1911年在故乡任教于海州中学堂、1923年夏季至冬季在故乡担任江苏省立第八师范学校校长，以及视学苏北、探视父亲、调查灌云赋税之时曾归乡逗留数日，其余大部分时间均寓居上海，或者因战乱而辗转各地，板浦遂成为令他魂牵梦萦的故乡。江恒源只能在梦里重游故土，正如他诗中所说，“山下樱桃红欲滴，几番归梦到云台”（《感怀二首寄示故乡好友》其一）。

江恒源写给故乡的诗作并不多。原因有二：其一，虽然板浦是江恒源生于斯、游于斯的地方，但是年轻时就接受了新思想、新观念的江恒源并非死守故土的传统文士，他为了实现人生目标而辗转各地，板浦不可能占据他心灵的主要领地；其二，一个人对故乡的思念往往维系在故乡亲友的身上，随着移家上海和故乡亲友“渐行渐远”，江恒源很难再把板浦作为乡愁的唯一寄托之所，这一点从他写给故乡好友的“兴亡仍是吾济责，大好金瓯正残破”（《感怀二首寄示故乡好友》其二）之类的诗句中可见一斑。然而，这并不意味着江恒源对故乡的情感有所淡化。在《离乡日久，欲归不得，秋夜对月，百感萦心，小饮微醉，信笔书此》一诗中，江恒源先以“人老惯思乡”点明主旨，继而透露离乡日久而不得归的感伤与遗憾——“看遍海上花，不见云台柳”。经过简要的铺垫之后，江恒源的思乡之情便一发而不可收：“读到蓼莪诗，怆怀先父母”，其中“蓼莪诗”指的是《诗·小雅·蓼莪》，该诗有“哀哀父母，生我劬劳”“哀哀父母，生我劳瘁”[1] 的诗句，江恒源借此表达对父母辛勤养育自己的感恩之情；“急难远鸰原，念念足与手”使用了《诗·小雅·棠棣》“脊令在原，兄弟急难”[2] 的典故，表达了对故乡兄弟的思念；“更有童年交，别久情弥厚”传递了对故乡往昔好友的思慕。江恒源怀着拳拳之情吟唱出“我生百台下，海滨有故乡。先人庐墓在，寝馈乌能忘”的诗句，倾诉了“十年离乡县”而不得归的无奈心情——“余岂不怀归，一省梓与桑。长淮烟尘暗，北望道阻长”（《归来杂诗》其七），以及有国难奔、有家难投的苦楚。值得注意的是，《归来杂诗》所谓的“归来”是指诗人从贵州湄潭返回上海，即从异乡返回了“家乡”，由此怀念不得“归去”的“故乡”，其中蕴含的思致与贾岛《渡桑干》

① 十三经注疏［M］．阮元，校刻．北京：中华书局，1980：459.
② 十三经注疏［M］．阮元，校刻．北京：中华书局，1980：408.

中“无端更渡桑干水，却望并州是故乡”的思致暗合，令人读后生出无限悲感。

### （二）思念家乡之情

1927年，江恒源辞去江苏教育厅厅长之职，携妻儿移寓上海。此后，上海成为他一家人的主要生活地。1938—1941年，江恒源因战局变化和工作需要流转于汉口、重庆、昆明、贵阳等地，家人仍然留在上海。1941年冬天江恒源携家人迁居湄潭，1946年重回上海定居，直至辞世。在诗人的心中，上海是家之所在、情之所系的地方。从1938年离开上海至1946年重回上海定居的近十年的时光里，江恒源在诗中提及的“家乡”“故乡”“乡土”，大多指的是“上海”。这一时期抒发思乡之情的代表作有《冬日出湄南门，登高远眺，思乡怀友，百感萦心，诗以写之，并寄沦清海上》《困和廉老忆竹图诗，大动怀乡之念，遂成此律，仍用前韵》《归来杂诗》《春日感兴》《郊外看花闻啼鸟感赋》，以及《湄居冬日杂感十首》中的部分诗篇等。

在流落他乡的日子里，江恒源无时无刻不在思念着家乡。湄潭的春天风景秀丽，“梨花自胜雪，桃花红欲燃”（《郊外看花闻啼鸟感赋》），然而在江恒源看来，“虽信美而非吾土兮，曾何足以少留”[①]，婉转动听的鸟啼声“声声劝归去，使我心忧煎”。诗人由眼前的美景感受到了家乡风物的孤独寂寞，“故园春色好，待我已五年。我行久不归，花发为谁妍”（《郊外看花闻啼鸟感赋》）。这种写法大有“我与家乡心心相映”的意味。湄潭的冬天是落寞的，“木落远山明，日冷长溪寂”，诗人出湄潭南门登高远眺，思乡怀友念亲之情油然而生，写下了《湄居冬日杂感十首》寄托对家乡及家乡亲人的思念，“登高望烽火，故乡渺何极……念我素心人，万里音尘隔”。值得细读的是《冬日出湄邑南门，登高远眺，思乡怀友，百感萦心，诗以写之，并寄沦清海上》一首：

> 人生何终极，嘉会不可常。我行忽万里，冉冉滞他方。出郭门直视，桑梓亦成行。登高望四野，四野何苍茫。寒江流浩浩，草木枯以黄。飘风西南来，林鸟双飞翔。回首盼中原，毒雾蔽崇岗。故乡渺何许？蓬篙依孤狼。眷我同心友，江海遥相望。昔时同游宴，近日参与商。仰视浮云驰，中心摧以伤。

该诗体现了江恒源乡愁诗、亲情诗抒情的重要特征，那就是他往往将思乡思亲之情与对国家、民族、人民的深厚情感熔为一炉，使得前者有了坚实的现实基础，形成了沉郁苍健的风格特色，属于师法杜甫、仿效《古诗十九首》的成功之作。其中，“人生何终极，嘉会不可常”蕴含的对人生短暂、聚少离多的感慨，是《古诗十九首》常见的主题；“出郭门直视，桑梓亦成行”“仰视浮百驰，中心摧以伤”很有汉末古诗劲

---

① 王璨．登楼赋［M］．朱东润．中国历代文学作品选．上海：上海古籍出版社，1979：185．

直质朴的格调，“出郭门直视”更是直接借用了《古诗十九首》的原句；“回首盼中原，毒雾蔽崇岗。故乡渺何许？蓬篙依狐狼”，显然使用了比兴象征的笔法；“昔时同游宴，近日参与商”，很容易引发对杜甫“人生不相见，动如参与商”诗句的联想。

江恒源反复咏叹游子情怀，为难以返回家乡而悲叹不已。《湄江秋思》（二）云：“季鹰万里念药鱼，话到乡关几叹吁……家有松菊迷三径，到处烟尘暗九区。”《春日感兴》云：“忍坐萧斋著恼公，愁怀我欲诉东风。一声杜宇暮山碧，万片桃花流水红。寒食清明都过了，离人归计又成空。十年冷却江南梦，劫后沧桑泪眼中。”《困和廉老忆竹图诗，大动怀乡之念，遂成此律，仍用前韵》云：“乱后乡园少素书，教从何处觅吾庐？草荒三径菊松冷，日瘦一村鸡犬虚……春鸿秋燕得归去，我比微禽尚不如。”他清醒地认识到，有家难归的真正原因是国家危难、时局动荡，因此他常常将思乡、思亲情怀的抒发置于国家运势的大背景下。在《湄居冬日杂感十首》（三）中，他叹息“人生百年内，忧患每相随”，再次借鉴《古诗十九首》的写法，以表达忧患意识开篇；然后概要描绘了“中原乱无象，浮百任风吹”的现状，令人联想起王璨的《七哀诗》（《七哀诗》为组诗，其一的首句为“西京乱无象”）描绘的景象；直到篇尾，才点出抒情的重心所在，“临流一长啸，聊慰羁旅思”。《湄居冬日杂感十首》（五）中也有“世乱感乱离，岁暮思亲友。怊怅步城隅，归来且饮酒”的惆怅郁闷。而那些专为思家而写却没有点明对象的诗篇，则蕴含着别样的情怀。在《重九客中思家》中，诗人满怀忧郁的思乡之情，“梦萦桑梓空搔首，醉插茱英更断肠”，但是“戎马关山行不得”，时局动荡，战火蔓延，萦绕在诗人心头的只能是可盼不可实现的归家愿望和“凭栏涕泪满衣裳”的凄苦身影。

既然乱离颠沛之中日夜思念家乡，那么一旦回到家乡就应该有“自日放歌须纵酒”“漫卷诗书喜欲狂”的欣喜了吧？事实并非如此。1946 年，江恒源由湄潭经重庆返回上海。目睹上海的破败情形，他难以抑制自己的哀思，由“思之甚切”转为“视之甚哀”。《归来杂诗》（一）中的“悲风浮云去，游子复归来”，在沉着厚重之中透露出轻松愉悦，但是归来所见的“劫火燃残灰”为诗歌平添了忧虑的调子，以致诗人发出了“莫唱江南曲，桃李有余哀”的悲凄之音。在《归来杂诗》（二）中，他怀着“未涤客衣垢”的迫切心情回到上海，“驱车返故居，惠然来戚友”，大有乱后重逢不胜欣喜的意味。然而，“乍见互惊疑，何事非云狗”一句使抒情的基调急转而下，一股“妻孥怪我在，惊定还拭泪”的乱世凄凉弥漫开来，结篇的“夜深犹未眠，华灯灿户墉”，则将读者带入了杜甫《羌村三首》“夜阑更秉烛，相对如梦寐”的诗境。

## 三、深厚的亲友情怀

乱离思家国，颠沛怀亲朋。在为生活奔波于各地、为国事呐喊于四方的日子里，江恒源记挂远在家乡的亲人，思念分散各地的好友，在孤单寂寞的旅途中唱出一支支情意绵长的歌谣。这些诗歌大致可以分为写给亲人的诗篇和赠寄友人的诗篇两类，具有与其怀乡诗歌同样的抒情特点，即将国事、家运和亲情交织融汇在一起。

### （一）写给亲人的诗作

江恒源写给亲人的诗有《题内子佩兰小像》《诫诸儿》《重九客中思家》《喜闻次儿离沪西来已抵广德》《寄家书感赋一绝示明儿》《寄示次儿希和》等。其中，写给妻子屠佩兰的诗作较少，仅有2篇；写给子女的诗作较多，几近30首。这些诗篇抒写的思想情感因倾诉的对象不同、创作的情境不同而有差异。

1941年，妻子屠佩兰儿经辗转由香港取道重庆，与漂泊在重庆的江恒源相会。江恒源写下了《内子由沪来渝，感慰之余成五律一首，并示诸儿辈》。在诗中，江恒源回顾了自己当年仓皇离家的情景，也抒写了战乱之中亲人相聚的无限悲凉，“相看惊老瘦，交语感酸辛”。在《题内子佩兰小影》中，诗人怀着感佩之情道出妻子的辛苦，“伴我长征路几千，南来江海北幽燕”，发出了“漫夸旧事称梁孟，愿共清贫到百年”的忠贞誓言。在写给孩子们的诗中，江恒源展示了一位父亲对孩子的关心爱护、热情鼓励和严格要求，也流露了对子女不幸遭际的沉痛悲伤。在《寄示次儿希和》中，诗人带着由衷的喜悦赞美儿子“和儿和儿汝真好，国之良才家之宝”，并怀着美好的心情祝福儿子“吾愿吾书如春风，一吹吾儿无烦恼。吾愿吾书如爱日，一煦吾儿增文藻”，一派护犊深情充溢于字里行间。在《喜闻次儿离沪西来已抵广德》中，诗人为儿子平安归来而高兴，“佳讯初传喜若狂，飞来雏燕就新梁”，并以“身经虎口千重险，路走羊肠万里长”表达了对儿子的关切之情。而《诫诸儿》是写给孩子们的诗，诗人以传统的严父教诲孩子的口吻，用“秋实春华贵及时，堂堂白日去难追”警醒孩子们韶华珍贵、时光易逝，希望孩子们能牢记生活的艰难，能够反躬自省、诚信为人，“寡过未能宜自省，持躬有道在无欺”。在关心孩子们生活的同时，江恒源还提醒孩子“殷勤应识倚闾心”，不要忘了父母殷切的期待。江恒源要求孩子们要认识到时运的艰难，走好自己的人生之路，将‘旧暮宁忘征路远，时艰倘见道根深”作为箴言铭记在心，并期待孩子们能时常想念身居远方的父亲，“知否沪滨小儿女，看花曾忆到黔东”。

此外，江恒源还写下了许多痛惜女儿早亡的诗篇。孩子降生之时，作为父亲的江恒源似乎并没有太多的欣喜，所写的诗作具有浓郁的理性色彩，“人生偶相逢，关系成父子，势等水与萍，一循自然理”（《生子》之一），看似达观而超逸。当孩子遭遇不幸时，他难以抑制心中的无尽悲伤。1927年，三女儿希文在南京夭折，江恒源写下了《哭小女十首》，回忆了小女的聪明秀美、善良孝顺，为她年幼而亡深感痛心。他在诗中反思了自己对小女关爱甚少，“至今苦思量，愧煞为人父”，写出了女儿亡后的凄凉处境，“深宵苦风雨，四郊多白杨。汝坟在何许，念之断人肠”。两年之后，他的二女儿因病而亡，在《哭次女念慈》中，江恒源因伤怀幼女的夭亡而“刻骨而镂心，写成手抖擞”，如今再次遭逢人生之大悲，反倒“有意欲作诗，一字转无有”（《哭次女念慈》）。1934 年，四岁小女儿慧珠夭亡，江恒源已经陷入“屡遭伤痛不觉悲”的伤心欲绝、痛哭无泪的境地了。

### （二）写给朋友的诗作

与寄给家人、亲人的诗篇相比，江恒源写给朋友的诗篇最多。这些朋友要么是早年与江恒源相交，一直往来密切、情谊深厚的人；要么是与他志同道合、携手行走在教育事业或救国道路上的人。其中，有两个人值得关注，一个是对他影响最大的黄炎培；还有一个是与他交情最厚的章沧清，江恒源与他酬唱的诗篇数量最多。

黄炎培作为我国近代职业教育的创始人和理论家，其毕生精力都奉献给了职业教育事业，江恒源是黄炎培职业教育事业的忠诚的追随者。江恒源写给黄炎培的诗歌虽然只有 22 首，且有一部分属于唱和之作，如《和黄任老感怀绝句依原韵》（二首）以及和黄炎培的《青山道哭亡者》两首诗，但是二人交情匪浅。黄炎培因妻子去世而哀伤不已，江恒源赋诗劝慰他要“悟彻推迁理，吾心未许灰”，并以“正看擎天手，从容拨劫灰”勉励对方，希望他摆脱伤怀，带着“近日花已谢，明年春复来”（《读任老青山道哭亡者……兼述所怀》之二）的乐观心态对待生活。能以如此诗篇劝慰如此处境下的黄炎培，二人关系之亲密自不待言。江恒源一向将黄炎培视为伯乐和知己，曾激动地吟唱“黄公真爱我，千里寄诗来。小别才三日，相思已百回”（《奉答任之先生送返湄潭之作》）。在《寄黄任之先生》中，江恒源赞美黄炎培是国中杰士，叹服其“饥溺平生志，驰驱万里心”的理想抱负，为自己能在“时极风百变”的社会中拥有这样一位“交愈管鲍亲”的朋友而感欣慰。江恒源在该诗中对黄炎培唱出“每怀知己感，俯仰泪沾襟”的心曲，并非单纯因为二人私交甚密，而是因为二人均有为国为民的理想与抱负。相比之下，江恒源写给章沧清的诗歌更多，据粗略统计有 91 首，在江恒源千余首存诗中占有较重的分量。章沧清与江恒源是灌云板浦同乡，二人在赴南京参加乡试时订交，友情历经五十年而坚如磐石，可谓生死知己。在与章沧清唱和之作中，江恒源抒写的思想情感丰富而复杂：有些作品回忆了二人早年订交的往事，抒写纵横论文、指点江山的豪迈情怀，或者抒写视对方为知己的深厚情怀，如《秋气萧森夜不能寐……因成长歌，既赠沧清，且简诸友》《天涯行寄沧清海上》《奉酬沧老见怀之作依原均》；有些作品感慨今昔别离，表达了对章沧清的殷切思念，如《湄江水三章寄沧清海上》《谢沧清寄小像》《寄怀沧老》（三首）；有些作品倾诉了对章沧清的生活、身体的关切和美好祝福，或者赞美章沧清的文才和名望，如《丁亥除夕感慨并赋简沧老》《闻沧清自沦陷区出险到沪喜而寄之以诗》（四首）、《寄怀韫九四首并简沧老》（四）

等；有些作品属于二人应答唱和之作，纯粹出于怡悦情性和融洽情感的需要，如《得沧老和诗，报以短章》《奉寄沧清海上》《沧老有赠，依均和之》《春日感兴寄示沧清海上》等。江恒源与他人交往持有的赤诚之心以及他珍惜友情、珍重友人的品性，于他写给黄炎培、章沧清的诗篇中可见一斑。

江恒源写给其他朋友的诗歌也为数不少，如《有怀几伊武昌却寄》《藕老以受谤去官诗以慰之》《悼张季鸾》等。江恒源除了借助诗歌表达对朋友的关切慰问之情、感慨知音之意外，还有两个重要的主题：一是热情赞扬朋友的爱国情怀、报国之志和治事之能，或者以国家大事、理想壮志激励友人；二是抒写对友人不幸遭际的深切同情和对亡故朋友的缅怀之情。属于前一主题的有《次均奉和廉先先生见赠之作》《赠程炳骧君》《青木关教育同仁集会即事并赠友好》《有怀几伊武昌却寄》等。在《赠程炳骧君》中，他称赞程炳骧“浑金璞玉世所宝，吾子原与凡品殊”，并以“况今四海满兵革，众生颠倒需人扶”期许对方。在《有怀几伊武昌却寄》中，江恒源向朋友描述了“山河破碎家何在，粉墨飘零曲未终”的黑暗混乱现状，告诫对方“莫向新亭挥涕泪”，热切期盼朋友勇于承担道义和责任，“东林往事今谁继，要仗先生振士风”。而当朋友因官场上的尔虞我诈被免职时，江恒源坚信朋友是清白无辜的，认为朋友被免职的根本原因是“金本坚贞宁畏火，桐因孤直易侵霜”。他劝慰友人来日方长，应从长计议，因此热情告知朋友“河山未复公长寿，报国还需热烈长”（《藕老因受谤去官诗以慰之》）。属于后一主题的诗歌有《悼张季莺》《哭君义即题其遗像》《挽刘君禜门》《悼楚湘》等。无论哪一种主题的诗篇，江恒源都没有把它当作游戏文墨之作，均能“感于哀乐，缘事而发”[①]。如《悼张季莺》云：“季子忽残去，初闻涕泪流。望将身是惜，痛念国之仇。大业自千古，哀音遍九州。忠魂招不得，百暗蜀江头。”

“我有情怀自歌啸，畴无疾苦不呻吟。”（《论诗四首》其一）江恒源以创作实绩印证了自己的艺术主张。由上述对其诗作的简要分析可见，国家情、民生情、怀乡情和亲友情是江恒源旧体诗思想情感的重要成分，四者融汇一体，成为绵延于诗篇中的家国情怀。其实，江恒源一生为了国家、民族和职业教育，为了家乡和他走过的每一个地方，都付出了艰辛的劳动和大量的心血，践行了自己为中华职业教育社撰写的社歌所说的誓言，“重任在肩、同心结社，去研究、实验、实践……使无业者有业，有业者乐且无疆”[②]。抗战期间，江恒源曾与冷御秋等人在武汉成立了十多个难民救济所，半年时间内救助难民达十万人以上。1939年，民盟的前身统一建国同志会成立，旨在调解日趋表面化的国共矛盾，江恒源就是发起人之一。中华人民共

---

① 班固. 汉书［M］. 颜师古，注. 北京：中华书局，1980：1756.

② 上海市地方志办公室. 中华职业教育社的发起与成立［EB/OL］. ［2018－02－22］. http：//wwwshtonggovcn/Newsite/node2/node2245/node82329/node82334/node82357/userobject1ai11098. html.

和国成立后，江恒源担任全国政协委员、国务院教育委员会委员。这些经历是江恒源抒写爱国情怀、乡思亲情诗作的绝好素材，但是由于种种原因，此类重要事件未能在他的诗作中得到全面而深刻的反映，在一定程度上制约了其家国情怀的现实深度，实为一件憾事。

# 后　记

瞻前时需顾后，继往乃为开来。为此，我们几位同好成立项目组，不揣孤陋，研究江恒源教育思想，以期获得启迪与借鉴。本研究幸得连云港师范高等专科学校重视，列为校本研究项目，在政策、经费等方面获得巨大支持而得以顺利进行。

本书由项目组成员分工合作完成。刘燕负责撰写绪论、第一章、第三章、第四章，王志蔚负责撰写第六章、第八章、第九章，李明高负责撰写第二章、第七章，刘旭光负责编撰《江恒源教育活动年谱》。王志蔚、刘旭光、尚继武、张廷亮参与了第四章、第五章和第七章部分节次的撰写。刘燕负责统稿，尚继武负责文字校对。刘旭光、连云港市政协学习文史资料委员会、中国民主同盟连云港市委员会编纂的《江恒源教育文集》为研究提供了丰富详实的素材。此外，尚继武研究江恒源古典诗词的一篇文章，可为感受江恒源的教育情怀和认识其教育思想提供别样视角，故收录之。

课题组在研究和撰写过程中，借鉴、引用了大量时贤先哲的理论观点，在为研究打开思路的同时也强化了这本小书的理论性。课题组成员对此深怀感佩之心，但受篇幅所限，无法一一致谢。在此，仅借小书一隅，广致谢忱！

受知识视野、学力水平和理论方法的局限，本书无论研究广度还是研究深度，都存在较大的提升与改进空间。粗疏浅陋之处，诚请方家提出批评意见和建议，以便修缮使之臻于完善。

**校本研究“江恒源教育思想谫论”项目组**

**二〇二四年四月十六日**